동물의 행동은 우리가 관리하는 환경과 반드시 관련이 있다.
보호자로서 우리가 할 일은 동물들이 올바른 행동을 하는 것이
나쁜 행동을 하는 것보다 더 쉽도록 그리고
더 많은 보상을 받을 수 있도록 환경을 관리해주는 것이다.

― 동물행동 분석가, 수전 프리드먼

고양이는 훈련이 불가능하다거나
행동을 바꾸기 힘들다고 말하는 사람이 있다면 정확하게 알려주자.
클리커 트레이닝을 비롯한 긍정 강화 교육, 환경 관리, 행동 수정,
이 세 가지면 모두 바로잡을 수 있다고.

― 공인 고양이행동 컨설턴트, 마릴린 크리거

Cat vs. Cat
Copyright ⓒ Pam Johnson-Bennett, 2004
Korean translation rights ⓒ PetianBooks, 2018
All rights reserved including the rights of reproduction in whole or in part in any form. This edition published by arrangement with Penguin Books, an imprint of Penguin Publishing Group, a division of Penguin Random House LLC through Shinwon Agency.

이 책의 한국어판 저작권은 신원 에이전시를 통한 Penguin Books사와의 독점계약으로 '페티앙북스'가 소유합니다. 저작권법에 의하여 한국 내에서 보호를 받는 저작물이므로 무단전재 및 복제를 금합니다.

CAT vs CAT

슬기로운 다묘생활

다묘 가정을 위한 고양이 행동학 백서

팸 존슨 베넷 지음 김소희 옮김 서울대학교 수의과대학 명예교수 신남식 감수

페티앙북스

일러두기
· 전문 용어는 매끄럽게 번역하기 어려운 경우 외래어를 그대로 사용했다.
· 외래어는 기본적으로 맞춤법 총칙 '외래어는 외래어 표기법에 따라 적는다'는 규정에 따랐다. 단, 고유명사의 경우 국내에서 더 많이 통용되는 것으로 따른 것도 있다.
· 원서상에서 training으로 언급된 것은 주로 교육으로 번역했다. 문맥에 따라 훈련 또는 트레이닝으로 번역하기도 했다.
· 행동학적 면에서 도움을 줄 수 있는 특정 상품은 국내에서 판매되지 않아도 그대로 옮겼다.
· 이 책의 사진 저작권은 shutterstock.com에 있다. (고양이 얼굴 일러스트 ⓒNadya_Art)

프롤로그
고양이가 인간 그리고 다른 고양이들과 어떻게 의사소통하는지 알려주는 책

고양이는 미국에서 가장 인기 있는 반려동물로, 많은 사람이 둘 이상의 고양이와 생활을 공유하고 있다. 이 아름다운 생명체는 청결하고 조용한 데다 실내에서만 생활할 수 있고, 별도의 교육 없이도 자연스럽게 모래화장실에서 대소변을 본다. 그렇다보니 많은 사람이 더 많은 고양이와 살고 싶어 고양이를 둘, 셋, 넷 그 이상으로 늘려나간다. 당신도 여러 마리의 고양이와 집과 마음을 나누고 있다면 정말 축복받은 것이다. 여러 마리의 고양이와 함께 산다는 것은 큰 기쁨이니 말이다.

하지만 안타깝게도 다묘 가정은 독특한 곤경에 처하기도 한다. 다묘 가정에서는 고양이 하나가 행동 문제를 겪을 경우, 문제가 확대될 수 있을 뿐만 아니라 문제를 일으키는 원인을 찾기도 어렵다.

나는 수많은 다묘 가정으로 가정상담을 다니는데, 문제는 대체로 고양이들 간의 관계에서 비롯된다. 보호자가 고양이를 서로에게 소개하는 방법을 모르는 탓에 고양이들은 첫 만남부터 서로를 경계하게 되고, 서열상 더 나은 지위를 찾으려고 애쓴다. 또 영역 충돌 때문에 화장실 문제가 일어나기도 한다. 정말 안타까운 건 보호자들이 고양이들이 함께 어우러져 살게 해주는 방법에 대해 배우고 이들이 평화롭게 공존할 수 있는 환경만 만들어줬어도 생기지 않았을 문제가 대부분이란 사실이다.

우리는 고양이를 너무 사랑하지만 고양이가 근본적으로 영역 동물이라는 사실을 깨닫지 못하는 경우가 허다하다. 여러 고양이들을 한집에서 살게 할 경우 적당한 개인적 공간이 주어지지 않거나 영역이 너무 좁으면 고양이들이 스트레스를 받는다는 사실조차 모른다. 과잉 밀집은 고양이에게 엄청난 불안감을 주고 행복한 가정을 전쟁터로 만든다.

고양이는 우리에게 정말 많은 것을 준다. 우리는 모든 고양이가 행복하고 안전하고 편안하게 살아갈 환경을 만들어줄 책임이 있다.

이 책은 다묘 가정에서 일어나는 흔한 행동 문제를 피하는 방법을 가르쳐줄 것이고, 당신이 지금 위기 상황에 처해있다면 도움을 줄 것이다. 나는 이 책을 고양이의 일반적인 양육법과 교육에 대해 다룬 내 책 〈고양이처럼 생각하기〉와 짝을 이루게 하기 위해 썼다. 처음 고양이 부모가 되었거나 이제 될 참이라면 고양이 기본 양육 지식과 교육의 기초를 다룬 〈고양이처럼 생각하기〉를 반드시 읽기를 권한다. 이 책 〈슬기로운 다묘생활〉은 고양이가 인간과 그리고 다른 고양이들과 어떻게 의사소통하는지 알려줄 것이다. 어떤 행동 뒤에 있는 '이유'를 배우게 된다면 고양이가 우리에게 뭘 원하는지, 고양이에게 어떤 환경이 필요한지, 고양이들 간에는 무엇이 필요한지 더 잘 이해하게 될 것이다. 그러면 다묘 가정을 꾸릴 때 많은 행동 문제를 피할 수 있을 것이고, 사랑스러운 털북숭이 고양이들과의 삶을 진정 즐길 수 있을 것이다. 이미 당신이 노련한 고양이 부모라면 더 예리하고 객관적인 방법으로 당신의 다묘 가정을 관찰하고 원인을 파악하고 행동 수정 계획 지도를 그리도록 해줄 것이다. 당신이 처한 상황이 약간 손만 보면 되든 철저한 점검이 필요하든 간에 이 책에서 당신과 고양이들이 다시 행복해질 수 있는 해결책을 얻게 될 것이다.

나는 또한 이 책의 모든 내용보다 훨씬 중요한 것이 하나 있다는 사실을 솔직하게 말하고 싶다. "반드시 고양이들을 중성화시켜야 한다." 중성화되지 않은 고양이들은 평화롭게 공존할 수 없다. 중성화되지 않은 수컷은 틀림없이 스프레이를 해대며 싸울 것이다. 게다가 외출을 허락한다면 이들은 배회하고 싸우고 무차별적으로 짝짓기를 할 것이다. 중성화되지 않은 암컷은 반복해서 수컷을 부르는 '콜링'을 하고, 불청객 고양이들을 마당으로 모두 끌어들이고, 끊임없이 탈출을 시도할 것이다. 중성화되지 않은 동물에게는 특정 암이 발병할 위험도 높다. 중성화되지 않은 고양이는 호르몬의 지배를 받아 스스로 좋은 반려동물이 되지 못한다. 물론 다묘 가정에서 잘 지내는 것도 불가능하다.

나는 아주 어릴 때 입양한 '앨비'와 길고양이였다가 내 삶으로 들어온 '매리 마가렛' 그리고 '베베'라는 세 고양이와 살고 있다. 베베는 안전을 느끼기 위해 아주 넓은 개인 공간을 필요로 한다. 나는 베베가 '혼자만의 시간'을 원할 때면 언제든 갈 수 있게 집 안에 특별한 장소들을 마련해줬다. 내 고양이는 모두 중성화되었고 실내에서만 지낸다. 내가 그들이 원하는 것과 안전한 환경을 만드는 방법 그리고 환경풍부화에 대해 더 잘 이해하게 되면서 모두가 평화롭게 살아가고 있다. 집에 돌아와 이들이 서로에게 기대어 몸을 말고 있는 모습을 보면 심장이 녹아내린다. 내 소원은 당신도 나처럼 심장이 녹아내리는 기쁨을 수없이 맛보게 되는 것이다.

팸 존슨 베넷
Pam Johnson-Bennett

CONTENTS

프롤로그. 고양이가 인간 그리고 다른 고양이들과
　　　　　어떻게 의사소통하는지 알려주는 책　5

**제1장
고양이 세계
서열
이해하기**

고양이도 사회적 동물이다　15
고양이의 서열 파악하는 법　18
생후 2~7주 사회화 시기의 중요성　22
서열 체계를 뒤흔드는 상황들　25
고양이는 몇 마리까지 키울 수 있나?　26

**제2장
의사소통의
모든 것**

얼굴　31　눈 31 / 귀 32 / 수염 32
꼬리와 자세　33　꼬리 33 / 자세 34 / 털 37
울음소리　38　진동 패턴 : 입을 닫은 채 내는 소리 38 / 모음 패턴 : 입을 벌린 상태에서 내기 시작해 끝에는 닫는 소리 39 / 강렬한 강도의 패턴 : 입을 완전히 열고 내는 강한 감정 상태를 표현하는 소리 40
후각을 통한 의사소통　41　야콥슨 기관 41 / 소변 마킹 42 / 러빙 42

**제3장
영역의
중요성**

고양이는 공동 소유지를 교대로 사용한다　49
다양한 수직적 공간과 층이 있어야 고양이들이 평화롭다　50
좁은 집을 넓게 쓰는 법　52　캣타워 53 / 창문 해먹 56 / 숨을 은신처 56 / 터널 57 / 고양이용 계단과 선반 59
모래화장실과 스크래처의 개수와 위치가 중요하다　60
외출 고양이에서 실내 고양이로　61　적절한 자극 제공해주기 63

**제4장
소개 과정의
모든 것**

신참을 위한 보호실 준비하기　67　은신처 마련하기 68 / 사료와 모래화장실 68 / 안전한 환경 만들기 69 / 친밀한 페로몬, 펠리웨이 69 / 새 스크래처 70 / 장난감 70 / 고양이식 특급 호텔 71 / 공간이 제한적일 때의 고려 사항 71
나머지 집 안 준비 사항　72　모래화장실 추가하기 72 / 고양이에게 안전한 환경 갖추기 72 / 페로몬 뿌리기 73

소개 매뉴얼　74　격리 상태에서 시작한다 74 / 냄새가 묻은 양말 교환 76 / 방 교환 78 / 만나면 좋은 일이 생기네? 79 / 계속 진도 나가기 80 / 일이 잘 풀리지 않을 때 할 수 있는 일 82

새 가족이 될 사람 소개하기　83

두 가족 합치기　86

이사, 새 집 소개하기　88

갓난아기 및 어린아이 소개하기　90

개 소개하기　96

제 5 장
놀이

상호작용 놀이 방법　101　사냥 과정 모방하기 101 / 매일 15분짜리 놀이 세션을 두 번씩 갖는다 102

다양한 종류의 장난감이 필요한 이유　105　추천하는 고양이 장난감 106

고양이를 신명나게 하는 놀이 테크닉　109　분위기를 조성한다 109 / 사냥감을 흉내 낸다 109 / 음향 효과를 살린다 111 / 여러 차례 잡게 해준다 112 / 끝낼 때는 서서히 움직임을 줄인다 112

그룹 놀이 하는 법　114

전환 테크닉: 부적절한 행동 시 상호작용 장난감으로 관심 돌리기　116

고양이가 밤잠을 깨울 때　119

캣닢으로 스트레스 풀어주기　122　캣닢이 주는 혜택 122 / 캣닢 사용 시 주의사항 123 / 캣닢 사용법 124

제 6 장
식사 시간

그릇 취향　127

자율 급여　129

제한 급여　131

특별식을 먹는 고양이　134

깨작깨작파와 설거지파 함께 밥 주는 법　136

사람 음식을 노리는 고양이　137

행동 수정을 위한 트릿 사용하기　140

**제7장
모래화장실**

화장실은 최소한 고양이 수만큼 여러 곳에 둔다 143
화장실 청소는 최소한 하루 두 번씩 145
고양이가 싫어하는 모래화장실 종류 148 덮개형 화장실 148 / 자동 청소 화장실 150
화장실 기피 문제 없이 모래 바꾸는 법 152 방법 1. 다른 모래를 채운 화장실을 추가한다 152 / 방법 2. 새 모래를 추가하며 그 비율을 점차 늘린다 154 / 모래 높이 155 / 화장실 위치 156 / 영역 문제 고려하기 156 / 탈출 경로 확보해주기 157 / 그 외 화장실 기피 문제의 원인 159
스프레이는 고양이에게 자연스러운 행동이다 161
수평적 논스프레이 마킹 165
스프레이 문제 해결법 167 원인부터 찾는다 167 / 모조리 찾아내기 169 / 얼룩 지우고 냄새 중화시키기 170 / 그 지점에 대한 고양이의 연상 바꾸기 - 펠리웨이 활용하기 172 / 상호작용 놀이 치료 174 / 사료그릇은 전략적으로 배치한다 176 / 접근 방지물과 보호 176 / 서로에 대한 연상 바꾸기 177
무분별한 배뇨 해결책 178
화장실 소유욕을 보이는 고양이 180

**제8장
스크래칭 행동**

왜 스크래칭을 하는 걸까? 183 마킹 183 / 감정 표현 184 / 스트레칭 184
스크래처의 종류 185 수직형 스크래처 185 / 수평형 스크래처 186
스크래처의 올바른 위치 188
고양이가 가구에 스크래칭을 한다면? 190 접근 방지물로 막고 스크래처를 둔다 191
발톱 제거술은 잔인하다! 193

**제9장
공격성**

공격성은 비정상적인 행동이 아니다 197
고양이 간(수컷 간)의 공격성 200
두려움이 유발하는 공격성 202
영역 공격성 206
놀이 공격성 208
방향 전환된 공격성 211
고통이 유발하는 공격성 214

쓰다듬기가 유발하는 공격성 216
지위와 연관된 공격성 218
포식동물 공격성 220
모성 공격성 222
특발성 공격성 224
학습된 공격성 226
공격성에 대해 벌을 주면 안 된다 227
재소개 228
물렸을 땐 어떻게 해야 하나 231

제10장 스트레스 관리

스트레스 증상과 요인 237
스트레스 최소화시키기 240
고양이가 과도하게 그루밍을 한다면? 242
분리 불안 245
낯선 방문자로 인한 불안 247
동물병원 방문 스트레스 250

제11장 노화와 질병

아픈 고양이 255
노령 고양이 256
건강검진 258
노묘에게 사료 주는 법 259
노묘를 위한 환경 만들어주기 260 높은 곳에 쉽게 올라갈 수 있게 해준 다 260 / 화장실 261 / 놀이 시간과 운동 262 / 낮잠 시간 263
극한의 슬픔, 죽음과 애도 264

제12장 행동 문제 치료를 위한 팁

수의사와 동물행동전문가의 도움 받기 269
약물 치료 271 약물 개입 271
치료 기간 동안 가족의 책임감 273
새 집 찾아주기 274
안락사 275

제 1 장

고양이 세계 서열 이해하기

다묘 가정 양육자에게는 모든 고양이가 똑같이 사랑스러울 수밖에 없다. 그래서 고양이들도 서로를 사랑하는 가족으로 여길 것이라 생각해 다툼이 일어날 어떤 이유도 없다고 믿는다. 하지만 현실은 다르다. 고양이들은 '서로'를 동등한 존재로 보지 않고 그래서도 안 된다. 두 마리건 스무 마리건 간에 그들 사이에는 서열이 존재한다. 일부 고양이가 패권을 장악하고 있다는 사실에 마음이 불편하겠지만 서열은 고양이과 동물 사회에서 필수다. 자유롭게 배회하는 환경에서 서열은 공동체의 과잉 밀집을 막고 고양이에게 지위와 안전에 대한 감각을 심어준다.

고양이도 사회적 동물이다

　많은 사람이 고양이를 독립적인 동물로만 여긴다. 이 잘못된 믿음은 고양이가 혼자 사냥한다는 사실에서 비롯됐다. 작은 동물에 속하는 고양이는 작은 먹잇감을 잡아먹기 때문에 굳이 협력하지 않아도 혼자서 사냥이 가능하다. 바로 이런 행동이 고양이를 혼자 있기 좋아하는 고독한 동물로 오해하게 했다. 고양이에게 '비사교적'이라는 딱지를 잘못 붙이게 된 또 다른 이유는 이들의 영역 본능이다. 개를 키우는 양육자들은 두 번째 세 번째 강아지를 들이고도 별 어려움이 없다. 개가 자기 공간에 새로 들어온 다른 개를 비교적 쉽게 받아들이기 때문이다. 반면, 고양이의 경우엔 하악질, 할퀴기, 물고 뜯고 싸우기 같은 그야말로 '재난' 사태가 발생한다. 그래서 개와 달리 고양이는 사회적이지 않다고 여긴다. 하지만 영역 동물이라는 이유로 사회적 동물이 아니라고 단정할 수는 없다. 어렵긴 하지만 영역 문제만 잘 해결하면 두 고양이는 친구도 될 수 있고, 재밌게 어울릴 수도 있다.

　고양이 세상의 사회적 공동체는 혼자 사냥하며 살아가는 매우 독립적인 길고양이부터 아주 좁은 영역을 공유하는 길들여진 집고양이까지 다양하다. 집고양이의 먹이 공급원은 양육자다. 바깥 생활을 하는 고양이들이 서로 사회적 관계를 맺는 정도는 대개 먹이와 은신처의 이용 가능성에 달려 있다. 고양이는 공용 먹이 공급원이나 은신처 가까이에서 서로 아주 가깝게 붙어 공존한다. 이런 상황에서조차 고양이는 그룹 안에서 서로를 피할 수 있고, '혼자' 지낼 수도 있다. 독립적인 길고양이와 의존적인 집고양이 사이를 자유롭게 오가는 고양이들도 있다. 최소한으로 상호작용하는 길고양이들 그리고 외출고양이들 말이다.

가장 흔한 사회적 관계는 암컷 고양이와 그 새끼 고양이들이다. 새끼 집고양이는 일반적으로 입양을 위해 너무 일찍 엄마 고양이와 헤어진다(새끼 고양이는 최소한 생후 12주까지는 엄마와 한배 형제들과 함께 '살아야만' 정신적, 육체적으로 건강하게 자랄 수 있다). 반면 자유롭게 배회할 수 있는 환경에서 사는 새끼 고양이들은 어미와 더 오랫동안 함께 생활한다. 일단 어미를 떠난 다음에는 암컷 새끼 고양이는 대개 같은 영역 안에 머물고, 수컷 새끼들은 더 멀리 여행을 떠난다.

같은 공동체 속에 사는 암컷들은 공통 보금자리를 형성해 서로의 새끼를 돌보기도 한다. 이 체계는 강하지 못한 어미들에게 도움이 되고, 모든 새끼 고양이가 살아남을 가능성을 높인다.

친한 암컷 고양이들은 같은 영역 내에 살면서 한 마리가 사냥 나간 사이 다른 암컷이 새끼를 돌봐주는 등 공동육아를 하는 것으로 유명하다. ⓒSandor Gora

이런 모습을 볼 때면 밥 안 먹어도 배가 부르다. 서로에게 '베스트 프렌드' 사이인 고양이를 키우는 것이 모든 보호자의 바람이다. ⓒAlena Ozerova

암컷은 수컷이나 다른 외부 침입자들의 공격을 받을 위험이 느껴지면 새끼 고양이를 옮기곤 한다. 자유롭게 배회가 가능한 고양이 세계에서는 짝짓기 파트너 사이에 오랜 기간의 유대감 같은 것은 형성되지 않는다. 이들의 성(性) 세계에서 로맨스라곤 찾아볼 수 없다. 모든 것이 그저 생존일 뿐이다.

다묘 가정의 경우, 어떤 고양이들은 서로를 간신히 견디는 중일 수도 있고, 어떤 고양이들은 아주 친밀한 유대감을 형성할 수도 있다. 이들 관계는 고양이가 과거에 얼마나 잘 사회화되었나, 서로 처음 소개 과정을 어떻게 거쳤나에 크게 영향을 받는다. 또 고양이의 성격, 영역 분할에 대한 고양이의 이해 정도, 그리고 보호자가 잠재적 다툼을 다루는 방법에도 영향을 받는다.

톰(Tom)이란 단어는 성적으로 성숙한 시기에 이른, 중성화하지 않은, 번식을 할 수 있는 수컷 고양이를 의미한다.

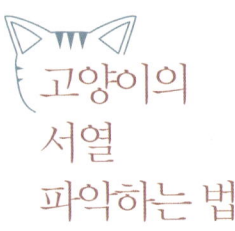

고양이의 서열 파악하는 법

 가정 내 고양이들 간의 서열은 미묘하게 움직이며 바뀐다. 서열 체계가 잘 잡혀있는 가정에서는 고양이들이 서로에게 안정감과 친근감을 느끼며 평화롭게 공존하지만, 무너지기 쉬운 서열 체계를 가진 가정에서는 간신히 균형을 유지하는 상태이기 쉽다.

 한두 마리 고양이가 모든 지배권을 움켜쥐고 있을 수도 있지만, 어떤 물건 또는 사건에 대해서는 다른 고양이가 지배권을 주장할 수도 있다. 대체로 서열 1위 고양이의 관심에서 벗어난 것들(또는 그 서열 1위가 그곳에 없을 때)로, 어떤 고양이는 양육자의 침대에 대한 소유권을 주장하기도 하고, 또 다른 고양이는 사료 급여대에서 더 우위를 차지할 수도 있다.

 나는 고양이과 동물의 서열 체계를 발판이 있는 사다리라 생각한다. 가장 순위가 높은 고양이가 제일 꼭대기 발판에 앉는다. 이상적인 세계에서라면 신참 고양이는 자기가 사용 가능한 발판들 중에서 가장 높은 것을 고를 것이다. 이렇게 간단하다면 싸움이 날 일도 없겠지만, 불행히도 신참 고양이가 자기가 매력적이라 느끼는 발판에 이미 앉아있는 고양이를 내쫓으려 할 수도 있다. 신참 고양이가 원래 있던 공동체 속에 잘 섞여 앉지 못하면 사다리 발판들이 조금씩 흔들리기 시작한다. 또, 원래 한 마리를 키우다가 한 마리를 더 키우게 될 때, 첫 번째 고양이가 자발적으로 자신의 제일 꼭대기 발판에서 내려갈 수도 있다(집에 다른 고양이들이 없을 때는 꼭대기 고양이가 되기란 쉽다). 새 고양이가 더 자신감이 넘친다면 기존의 고양이는 더 낮은 발판으로 내려가는 것을 오히려 편안해할 수 있다.

우리가 아는 사다리는 발판이 일정한 간격을 두고 떨어져있지만, 고양이 세계의 서열 사다리는 그렇지 않다. 어떤 고양이들은 지위가 비교적 비슷해서 발판이 거의 붙어있다시피 한다. 또 다른 고양이들의 발판은 아주 멀리 떨어져있을 수도 있다. 이렇듯 각 발판 사이의 간격이 균일하지 않기 때문에 서열 체계 내에 충돌이 일어난다. 서열 순위가 인접해있는 두 마리 고양이 간의 경쟁은 일상적으로 불안감을 유발하고 실제 싸움으로 이어질 가능성도 높다.

상위 랭킹 고양이의 타깃이 되어왔던 중간 랭킹 고양이는 제일 낮은 랭킹의 고양이를 반복해서 괴롭히기도 한다. 상위 랭킹 고양이에게 맞설 자신은 없어서 자기보다 아래에 있는 고양이에게 자신의 좌절감을 푸는 것이다.

집 안의 물리적인 수직적 영역을 잘 관찰해보면 고양이의 서열 순위에 대한 실마리를 얻을 수 있다. 높이는 서열 체계에서 매우 중요한 역할을 한다. 집에서 가장 높은 곳에 접근하고 그곳을 장악할 수 있는 고양이는 더 높은 지위로 올라가기 쉽다. 높은 곳은 자기 소유지를 한눈에 내려다볼 수 있고 자신의 우위를 다른 고양이들에게 입증해 보일 수 있는 자산이다. 한편 직접적인 충돌을 줄여주기도 하는데, 고양이가 자신의 냉철함과 우위를 확고히 하기 위해 실제로 다른 고양이들을 공격하기보다는 그곳에 올라가 앉는 걸 택하기 때문이다.

고양이가 어떤 방에 들어갈 때의 모습이나 방에서 각자 차지하는 물리적 위치에서도 서열 순위에 대한 실마리를 얻을 수 있다. 예를 들면, 고양이

두 마리가 같은 방으로 들어간다고 하자. 하나는 방 한가운데를 향해 걸어가고 다른 하나는 방 가장자리를 따라 걷는다. 방 중앙을 차지한 고양이는 아마도 가장자리를 걷는 고양이를 똑바로 응시할 것이고, 가장자리 쪽 고양이는 방 중앙의 고양이와 직접적인 시선 접촉을 피할 것이다. 방 중앙에 있는 고양이가 방을 장악한 것이다.

또, 긴장감이 팽팽한 환경 속에서 불안감을 덜 느끼는 고양이가 더 상위의 랭킹을 차지하는 경향이 있다. 이치에 맞는 현상이다. 사회는 스트레스 상황에 처했을 때 더 차분하고 냉철하게 생각할 수 있는 리더를 필요로 하는 법이다. 한 가정에서 우위에 있는 고양이는 무리 내에서 가장 공격적인 행동을 일삼는 개체가 아니라 사실은 가장 차분한 개체일 수 있다.

지위상 근접해있는 고양이들은 실제로 육체적 충돌을 일으킬 확률이 높다. 이들은 서열 사다리의 '중간' 발판 부근에 있는 고양이들이기 쉽다. 확실한 상위 랭킹을 차지한 고양이는 무관심하게 행동하고 긴장 상황을 벗어나 여유롭게 그루밍을 할 것이다. 무심하게 행동하는 것이 더 무섭게 보일 수 있다. 약함은 드러내지 않는 것이 유리하다.

상위 랭킹 고양이는 실제로 공격적 대립을 일으키는 대신 자세 취하기 posturing를 한다. 자세 취하기는 잠재적인 공격적 대면 전에 나타나는 중요한 전조 증상이다. 아주 일반적인 예로 자기가 선택한 특정 영역을 사수하는 것을 들 수 있다. 즉, 모래화장실이나 사료 급여대로 가는 길목을 막거나, 모래화장실 안에서 더 오래 머물거나, 화장실이 깨끗하게 청소된 직후 제일 먼저 사용하는 등의 행동을 보인다.

상위 랭킹 고양이는 영역 내에서도 주요 영역을 자주 주장한다. 어떤 고양이에게는 보호자의 침대가 될 수 있고, 어떤 고양이에게는 따스한 난방기 옆에 놓인 부드러운 의자가 될 수도 있고, 또는 바깥의 새 모이통을 오가는 새들을 지켜볼 수 있는 창가가 될 수 있다.

때로는 상위 랭킹 고양이는 하위 랭킹 고양이를 자기 영역으로 유인한 다음 무단 침입했다고 응징하기도 한다. 또, 한꺼번에 많은 고양이가 한 영역을 공유할 때 따돌림 당하거나 버림받는 고양이가 발견될 수도 있다. 이들은 가장 하위 랭킹의 고양이들이다. 따돌림 당하는 고양이는 다른 모든 고양이로부터 멀리 떨어져있으려 하고, 영역의 변두리에서 생활하며, 땅에 붙은 듯이 낮게 걷고, 다른 고양이가 접근해오면 으르렁거린다. 다른 고양이들이 밥을 먹고 난 한참 뒤에야 남은 먹이를 먹으러 살금살금 기어간다.

중성화된 고양이에게 나타나는 마운팅 행동mounting behavior은 그게 수컷 간이건 암컷 간이건 간에 우위의 표현일 수 있다. 양육자로서는 놀랄 일이지만 마운팅이 성적(性的) 표현이 아니라는 것을 깨닫는 게 중요하다. 어떤 고양이 집단에서는 하위 랭킹 수컷들이 더 높은 지위의 고양이가 마운팅하는 것을 받아들인다. 또 고양이들은 긴장감이 지속되는 집단 내에 있을 때 자위masturbation를 하기도 하는데, 이것은 스스로를 진정시키는 방법이 될 수 있다. 그러니 우리 고양이가 마운팅을 한다고 해서 중성화수술이 잘못됐다고 걱정할 필요는 없다.

고양이가 우리와 상호작용하는 방식은 서열 체계 내의 고양이의 랭킹에 영향을 미치지 않는다. 그러나 우위의 고양이는 다른 고양이에게 하듯 사람에게도 지위와 관련된 행동을 할 수도 있다. 예를 들어, 똑바로 응시하기, 비비기, 그런 다음 몸을 뒤로 물렸다가 달려들어 물기 같은 행동 말이다.

한 고양이의 위치를 결정하는 것은 무엇일까? 나이, 크기, 성적 성숙도, 사회적 성숙도, 무리 내의 고양이 숫자, 한배 형제의 유무와 그들과 상호작용했던 방식, 건강, 먹이의 이용 가능성 외에 더 많은 요인이 있다. 가장 큰 고양이가 자동적으로 가장 우위를 차지할까? 꼭 그렇지는 않지만 만약 내가 크고 건장한 수컷 고양이라면 신체적 자세 취하기에 관한 한 유리하다고 확신할 것이다.

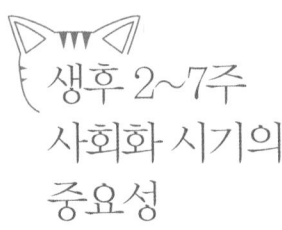
생후 2~7주 사회화 시기의 중요성

고양이를 번식시키거나 임신한 고양이를 키우고 있다면 어린 새끼 고양이를 사회화시키는 것이 얼마나 중요한 일인지 반드시 알아야 한다. 그들이 성숙했을 때 사회화 여부는 인간에게 반응하는 방식에 정말 큰 영향을 미친다.

한 명 이상의 사람이 자주, 부드럽게 핸들링handling*을 하면 새끼 고양이는 두려움이 적은 성묘로 자랄 수 있다. 새끼 고양이는 생후 2주 이후부터 시작해 자주 그리고 매우 부드럽게 핸들링돼야 한다. 사회화의 결정적 시기는 생후 2~7주 사이지만, 사실 생후 9주까지도 여전히 중요하다. 생후 첫 2주 동안 새끼 고양이들은 엄마 품에 파묻혀서 젖을 먹고, 자고, 체온을 유지한다. 이때가 엄마와 새끼가 유대감을 쌓고 일과를 만드는 중요한 시기로, 어미는 자기가 만든 보금자리의 안전성에 확신을 가지고 평온함을 느껴야 한다. 그래서 생후 2주 이전에 사람이 개입하면 어미는 불안해서 보금자리를 옮긴다.

※ 만지고 이리저리 다루는 것들을 총칭한다. - 옮긴이주

고양이는 어린 시절 한배 형제들과 신나게 노는 동안 무는 힘 조절 등 중요한 사회적 기술들을 배우게 된다.
ⓒGrigorita Ko

새끼 고양이는 어미와 한배 형제들과 첫 12주 동안을 함께 지내는 것이 이상적이다. 생후 6~8주가 되어 젖을 떼 이유기에 들어서고, 모래화장실에서 성공적으로 볼일을 보는 새끼들을 보노라면 다른 곳으로 입양을 보내도 될 것 같지만, 12주까지는 보금자리에서 어미와 한배 형제들과 함께 지내는 편이 심리적 면에서 훨씬 이롭다. 그보다 일찍 보금자리에서 데려나왔거나 다른 한배 형제들 없이 자란 새끼 고양이는 정말 중요한 사회적 기술들을 배우지 못해서 놀이 또는 사회적 상호작용을 하는 동안 과잉반응(즉, 너무 세게 물기)을 한다. 보금자리에서 보낸 이 추가적인 시간은 새끼 고양이가 다른 고양이들을 더 쉽게 받아들이고 그들과 더 적절하게 상호작용할 수 있게 돕는다. 경우에 따라 이들 관계는 관용의 수준에 그칠 수도 있지만, 강한 사회적 애착을 형성할 수도 있다.

한배 형제들은 새끼 고양이들이 좀 더 쉽게 주변을 돌아다닐 수 있게 되는 생후 3주경이 되면 서로 사회적 놀이를 시작한다. 새끼 고양이들이 균형 감각이 생기고 신체를 조정하는 데 능숙해지면서 사회적 놀이는 매주 더 세련되어진다. 그러다 새끼 고양이들이 더 크면 사회적 놀이는 줄어들고 대신 사물놀이object play를 많이 한다. 생후 12주경이 되면 이들의 놀이 패턴은 놀이라기보다는 싸움에 더 가까워진다. 엎치락뒤치락하며 레슬링을 하는 도중에 더 많은 하악질과 비명소리가 들리고 더 심각한 자세 취하기도 나타난다.

새끼 고양이들도 사람처럼 놀면서 큰다. 잘 놀아야 잘 큰다. ⓒOksana Kuzmina

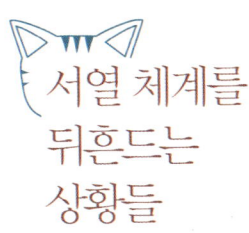
서열 체계를 뒤흔드는 상황들

　한집에 사는 고양이들의 서열에 혼란을 일으키는 몇 가지 상황이 있다. 새 고양이가 들어왔거나 기존의 고양이가 없어진 경우, 새 집으로 이사하거나 어떤 고양이가 병에 걸렸거나 죽는 경우, 누군가 성적으로 성숙한 경우는 고양이 세계에서는 대격변과도 같다. 다행히 이러한 상황들은 양육자도 충분히 인지하기에 잘 대처할 수 있다. 반면 고양이 세계에 변화가 생겼는데 우리가 이유를 알 수 없는 경우도 있다. 대표적인 예가 사회적 성숙이다. 사회적 성숙은 2~4살 무렵 이뤄진다. 6~7개월령에 일어나는 성적 성숙과는 다르다. 대부분의 양육자가 새끼 고양이가 한 살이 되면 공식적으로 성묘가 된다는 사실을 아는데 고양이는 아직 사회적으로 더 성숙해져야 한다. 사회적 성숙기는 사회적 지위를 놓고 다투기 시작하는 중요한 시기이기도 하다. 그래서 누군가의 사회적 성숙은 평화롭고 견고했던 고양이들의 서열에 미묘한, 때로는 확연한 변화를 불러온다. 이 시기에 고양이는 더 큰 자신감을 느끼고 신분 상승을 꾀하려 할 수 있다. 질병도 우리가 모르는 사이에 서열에 영향을 미칠 수 있다. 고양이는 병이 들면 원래 자기 지위가 어떻든 간에 다른 모든 건강한 고양이의 지위 아래로 내려가게 된다.

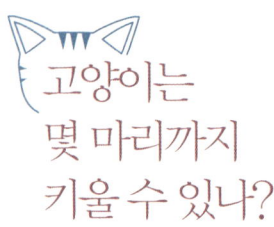
고양이는 몇 마리까지 키울 수 있나?

앞서 언급한 상황들이 서열 체계를 정립하는 데 길바닥 요철 정도쯤 되는 장애물이었다면, 이 장애물들을 거대한 장벽으로 바꾸는 상황이 있다. 너무 많은 고양이가 함께 살게 되는 경우가 그렇다.

개에 비해 고양이는 생활하는 데 공간상으로 적은 면적만 있어도 되지만 돌아다닐 물리적 영역은 아주 많아야 한다.* 서로 적대적인 관계의 고양이들을 좁은 공간에서 같이 살도록 강요하는 것은 고양이의 입장을 전혀 고려하지 않는 것이다. 고양이 호더 cat hoarder*가 되어선 안 된다. 우리의 삶은 물론 고양이의 삶도 고통스러워진다. 그러니 공간의 크기는 물론 각 고양이들의 개성 등을 고려해 이상적인 고양이 가족의 수를 제한해야 한다.

한 지붕 아래 함께 살 수 있는 고양이 수를 결정할 때 고려해야 할 요인은 아주 많다. 이웃집은 다섯 마리가 평화롭게 함께 산다고 해도, 그리고

※ 고양이에겐 수직적 영역이 중요하다. 즉 방이 작다면 가구나 캣타워 등을 통해 고양이가 위아래로 다닐 수 있는 수직적 영역을 많이 만들어야 한다. - 옮긴이주
※ 건강한 삶을 고려하며 고양이를 양육하는 것이 아니라, 한 공간에 무작정 많은 개체수를 모아놓는 데 급급한 사람을 일컫는다. - 옮긴이주

우리 집과 이웃집 구조가 완전히 똑같다고 해도, 우리 집은 세 마리도 휴전 상태로 지내기 힘들 수 있다. 고양이들이 어떻게 사회화 과정을 거쳤는지, 서로 처음에 어떤 방식으로 소개되었는지, 우위 고양이는 몇 마리인지, 고양이들의 서열 관계는 어떠한지 등이 고양이들이 함께 얼마나 잘 지내는지에 영향을 미친다. 물론 고양이 중에는 자기가 유일한 고양이여야만 행복한 고양이도 있다. 누군가와 공간을 나누기 싫어하는 사람이 있듯 그런 성격을 가진 고양이도 있다는 말이다.

다묘 가정을 유지하기 위해서는 양육비 또한 고려해야 한다. 사료값은 물론 계속해서 발생할 병원비도 말이다. 고양이 양육자로서의 우리 책임은 길모퉁이에서 가여운 고양이를 구조한 것으로 끝나지 않는다. 그 고양이에게 의학적 도움이 필요한지를 확인하는 것 또한 우리 책임이다. 정기적인 예방접종과 일상적인 건강검진 비용을 지불하는 것만으로 충분할 수도 있지만, 그렇지 않은 경우도 많다. 특별한 사료, 처방, 끊임없는 관찰치료,

너무 귀여워 당장 데려오고 싶은 마음이 들겠지만 고양이의 행복과 나의 시간적, 정신적, 경제적 여유까지 충분히 고려한 다음 결정해야 한다. ⓒANURAK PONGPATIMET

또는 값비싼 진단과 외과적 수술을 해야 하는 고양이를 한 마리 혹은 여러 마리 키우는 보호자들도 있다. 동물의약은 눈부시게 발전하고 있다. 우리의 소중한 고양이를 더 오래 살게 하는 이 놀라운 발전은 모두 돈이 든다.

우리에게 고양이란 삶의 일부지만 고양이에게 우리는 삶의 전부일 수 있다. 고양이의 행복은 온전히 보호자의 손에 달려있다. ⓒXeniya Butenko

제 2 장

의사소통의
모든 것

고양이는 의사소통의 진정한 달인이다. 인간은 언어적 의사소통에만 의지하지만, 고양이는 '냄새', '몸짓언어', '울음소리', 이 세 가지를 사용해 의사소통한다. 고양이 같은 영역동물은 언제든 일어날 수 있는 충돌을 되도록 피하는 쪽을 택하는데, 의사소통 수단을 최대한 잘 활용해야 부상, 더 심하게는 죽음을 피할 수 있다. 양육자 또한 고양이 간의 의사소통을 잘 이해할수록 잠재적인 불화를 막을 수 있다. 어떤 고양이가 공격 중이고 방어 중인지를 판단할 수 있게 된다는 이야기다. 고양이의 의사표시를 잘 이해하는 것은 양육자에게도 이롭다. 꽤 자주 고양이 발톱에 할퀴거나 물리는 양육자라면 아마도 고양이가 보내는 신호를 잘못 읽고 있기 십상이다. 정보를 아주 조금만 더 알아도 훨씬 흉터가 줄 것이다.

> 한 가지 관점에서만 바라보면 고양이가 무얼 느끼고 어떤 의사를 전하는지 제대로 해석하기 어렵다. 고양이의 눈, 귀, 수염, 몸자세, 음성, 그리고 환경적 상황, 이 모든 것을 다 고려해야 한다.

얼굴

눈

동공 크기는 빛의 밝기에 따라 다양하게 변하며, 상처나 부상 또는 그 외 의학적 상태를 나타낼 수도 있다는 것을 기억한다.

동그란 동공 : 흥미, 흥분, 두려움 또는 방어적 공격.

가늘고 긴 동공 : 적극적 공격.*

살짝 달걀형 모양의 동공 : 편안함.

깜빡임 없는 응시 : 우위 또는 방어적 위협.

편안하게 거의 축 처진 눈꺼풀 : 신뢰와 편안함.

> 고양이를 계속 빤히 보는 것은 무례하고 공격적인 위협으로 보일 수 있다. 반대로 눈을 천천히 깜빡이는 것은 편안한 상태이며 애정의 신호. 천천히 눈 깜빡이기는 흔히 '고양이 눈키스'로 통한다. 고양이와 '눈키스' 교환을 시도해보자.

---

* 공격성을 보인다고 다 같은 의미는 아니다. 방어적 공격은 상대방의 위협에 맞서기 위한 수동적 공격성으로 상대가 물러날 경우 철회 의사가 충분한 것임에 반해 적극적 공격은 그야말로 진짜 공격을 의미한다. - 옮긴이주

귀

귀가 똑바로 선 상태에서 앞을 향할 때 : 경계 태세, 흥미로움.

귀가 양옆으로 돌았을 때(일명 '비행기 날개') : 일어날 수 있는 위협에 대한 걱정 또는 두려움. 또는 몸이 어딘가 불편하거나 귀가 진드기 등에 감염되었다는 의미일 수도 있다.

귀의 모양으로 보아 두려운 대상으로부터 자신을 보호하려고 방어적 공격성을 보이는 상태다. 고양이의 언어는 정황은 물론 고양이의 여러 신체 부위를 종합적으로 해석해 판단해야 한다. ⓒDmytro Vietrov

귀가 옆으로 돌아서 아래를 향할 때 : 방어적인 공격.

귀가 뒤로 돌아서 머리에 완전히 납작 붙었을 때 : 극도의 방어적인 공격.

귀가 뒤로 돌아서 납작 붙었지만 귓바퀴 안쪽 일부가 보일 때 : 극도로 적극적인 공격, 곧 공격할 수 있다.

수염

수염이 앞으로 향했을 때 : 상황, 귀 모양, 몸자세에 따라 흥미로움 또는 공격성으로 해석할 수 있다. 귀가 바깥쪽 또는 얼굴 쪽으로 향했다면 공격 의사를 보내는 중이다. 귀가 평상시대로 쫑긋 앞을 향해있다면(경계 태세) 도망가는 사냥감을 봤을 때처럼 흥미에 불이 붙은 상태다.

수염이 살짝 편안하게 양 바깥쪽을 가리킬 때(앞이나 뒤를 향하는 것이 아니라) : 일반적인 편안한 상태.

수염이 뺨 쪽으로 납작 붙었을 때 : 두려움. 이때는 고양이가 스스로 최대한 작아 보이길 원하는 것이다.

꼬리와 자세

꼬리

수직으로 똑바로 선 상태에서 끝이 살짝 말려있을 때 : 우정 및 친근함. 고양이가 상대와 소통하고 싶어 할 가능성이 가장 높다.

꼬리털이 부풀어있을 때[※] : 방어적 공격 상태 또는 수동적 공격 상태로 인해 불안감이 증가한 상황.

꼬리로 몸을 감싸고 있을 때 : 두려운 상태 또는 상호작용을 원하지 않는 상태. 상대와 거리를 두고 싶을 때의 자세다.

거꾸로 된 U자 모양과 비슷할 때 : 방어적 공격. 새끼 고양이의 경우 놀이 중에 이런 모양을 취할 수도 있다.[※]

등 위에 아치 모양으로 올라가있을 때 : 대개 방어적 표현이다. 상대방이 물러나지 않으면 꼬리를 내릴 수 있다. 단, 흥미 또는 자극 상태를 나타내는 것일 수도 있는데 이 경우엔 꼬리털을 부풀리지 않는다.

※ 꼬리 모양이 어떻든 털이 부풀어있을 때. - 옮긴이주
※ 성묘가 되어서도 놀이의 의미로 이런 꼬리 모양을 취하는 고양이도 있다. - 옮긴이주

꼬리를 내리고 있는 상태 : 꼬리가 뻣뻣하게 움직인다면 적극적 공격, 꼬리 움직임이 뻣뻣하지 않다면 방어적 공격.

꼬리가 수평일 때(반쯤 내린 상태) : 편안함. 이게 평소의 꼬리 위치다.

꼬리가 두 다리 사이에 들어가있을 때 : 복종.

꼬리를 부드럽게 튕길 때 : 짜증.

꼬리를 퉁퉁 칠 때 : 충돌, 좌절, 짜증.

꼬리를 채찍처럼 획획 휘두를 때 : 동요, 흥분. 더 세게 휘두를수록 동요도 점점 심해진다. 이때는 '물러서'라는 명확한 경고 신호를 보내는 중이다.

자세

몸자세는 두 가지 범주로 분류할 수 있다. '거리 늘리기 distance increasing'와 '거리 좁히기 distance reducing'다. 기본적으로 고양이의 몸자세가 말하는 것은 '저리 가' 아니면 '더 가까이 와도 괜찮아' 둘 중 하나다. 흥미롭게도 이 자세는 고양이의 '상쾌지수'에 따라 눈 깜짝할 사이에 바뀔 수 있다. 즉 처음 시작은 '더 가까이 와도 괜찮아'였더라도 곧 '그 정도면 충분한 것 같아' 또는 심지어 '생각이 바뀌었어. 저리 가!'로 바뀔 수 있다.

적극적인 공격 상태에 있는 고양이는 머리를 낮추고 발끝으로 걷는다. 수염은 앞쪽을 향해 뻗었고, 귀는 곧추섰지만 바깥쪽으로 돌아있고, 발톱이 드러나고, 동공은 수축되어있다. 지위가 더 아래에 속한 고양이들은 몸을 웅크리거나 근처로 도망친다. 라이벌 고양이가 접근해오면 이 두 마리는 오래된 미국 서부 영화 속 총잡이들처럼 서로를 노려보기 시작한다. 서로를 살짝 지나쳐 걷는가 싶다가 공격자가 덤벼들면 방어적인 고양이는 그 즉시 무기를 총동원하고자 몸을 뒤집어 배를 드러낸다. 자신감 넘치는 우위의 고양이는 똑바로 응시하며 정면으로 다가가는 반면, 부끄럽고 두렵고 또는 아래 지위에 있는 고양이는 직접적인 시선 접촉을 피하며 자신의 옆을 보인다. 정말 차분하게 걸어가면서 무시해버리는 고양이야말로 미묘한 냉기가 흐르는 승자다.

다음은 고양이의 의사를 더 잘 해석하게 도와줄 몇 가지 자세에 대한 설명이다.

몸 웅크리기 : 방어. 꼬리는 보통 딱 붙어서 몸 주변을 감싸고 있다. 이러면 꼬리도 보호하고, 상대방에게 스스로를 더 작고 덜 위협적으로 보이게 한다. 두려운 고양이는 자기 귀를 뒤로 돌려 아래로 바짝 붙인다. 극도의 두려움을 느끼는 고양이는 흔히 침을 흘린다.

하반신 쪽을 살짝 올린 채 똑바로 서기 : 공격. 고양이는 뒷다리가 앞다리보다 더 길어서 이렇게 꼿꼿이 선 자세가 쉽다.

배 드러내기 : 여차하면 이빨과 발톱을 모두 사용할 수 있는 최고의 방어 자세다. 또 상대방에게 '자신의 패배'를 인정하고 아무 상호작용도 일어나지 않을 것임을 알리는 신호이기도 하다. 한편 잠자거나 쉬고 있는 고양이도 등을 바닥에 대고 가장 취약한 부분인 배꼽을 드러낸 채 몸을 쭉 뻗기도 한다. 이는 완전히 휴식 중이라는 신호지만, 우리가 고양이의 배를 쓰다듬거나 다른 고양이가 접근해오면 방어적 반응을 일으키는 방아쇠가 될 수

고양이가 바닥에 드러누워 좌우로 구른다면 놀고 싶단 뜻이거나 인사를 건네는 것이다.
ⓒMH STOCK

있다.* 방어적 반응의 정도는 고양이마다 다르다.

새끼 고양이는 놀이의 표현으로 배 드러내기를 취하기도 하기 때문에, 이를 정확하게 해석하기 위해서는 동반되는 다른 신호들도 함께 관찰해야 한다. 새끼 고양이의 귀가 앞을 향했다면 놀이 모드에 있다는 말이다. 귀가 뒤로 돌아갔다면 방어의 의미다. 새끼 고양이가 놀이를 요청하는 중이라면 아마도 '야옹' 하고 울거나 트릴링을 할 것이다. 하지만 스스로를 방어하는 중이라면 하악질을 할 것이다.

누워서 좌우로 구르기 : 놀이 요청, 인사.

털을 세운 채 등을 아치형으로 들어올리기 : 일명 '할로윈 고양이' 자세라고도 하는데, 이는 크게 두 가지 의미로 나뉜다. 첫째, 공격 및 방어. 둘째, 놀이 요청이다. 이 자세는 공격적 또는 방어적 표현이 될 수 있다. 고양이가 무엇이든 상대방의 다음 움직임에 필요한 반응을 할 준비가 되어있음을 전한다. 아치형으로 솟아오른 등 자세는 적극적 공격 또는 방어적 공격으로 바뀔 수 있다. 상대방에게 다음 행보에 대해 심사숙고하라고 경고하는 고양이 세계의 방법이다. 또, 어린 고양이는 사회적 놀이 중에 이 자세를 취할 수 있다. 발끝으로 서서 몸을 한껏 위로 올리고 약간 코믹해 보이는 게걸음질을 치면서 다른 고양이에게 놀이를 요청한다.*

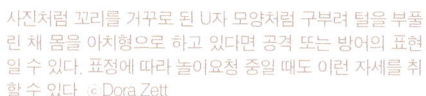

사진처럼 꼬리를 거꾸로 된 U자 모양처럼 구부려 털을 부풀린 채 몸을 아치형으로 하고 있다면 공격 또는 방어의 표현일 수 있다. 표정에 따라 놀이요청 중일 때도 이런 자세를 취할 수 있다. ⓒ Dora Zett

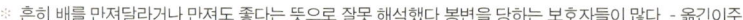

※ 흔히 배를 만져달라거나 만져도 좋다는 뜻으로 잘못 해석했다 봉변을 당하는 보호자들이 많다. - 옮긴이주
※ 성묘가 된 후에도 보호자에게 이렇게 놀이를 요청하는 고양이들도 있다. - 옮긴이주

털

털 부풀리기 piloerection : 방어적인 상태다.

털이 약간 일어선 상태(완전한 털 부풀리기가 아닌) : 불안감의 표현. 하지만 탈출이 필요하다고 느낄 만큼 위협을 느끼진 않는 상태다.

두 고양이의 얼굴과 전체적인 자세 등을 종합해 보면 많은 정보를 얻을 수 있다. ⓒ Vshivkova

고양이의 의사표현 해석을 위한 체크리스트

몸자세 및 위치
동공의 크기 및 모양
귀의 위치
꼬리의 위치와 움직임
수염의 위치
울음소리
털이 일어선 정도
그 순간의 환경적 상황

울음소리*

1. 진동 패턴 : 입을 닫은 채 내는 소리

퍼링purr : 그르렁그르렁. 만족스러울 때 내는 모터소리처럼 들리는 낮고 규칙적인 진동음. 또는 불안할 때도 이런 소리를 내는데 이런 소리를 냄으로써 스스로를 진정시키고 상대방도 차분하게 할 수 있다. 또, 매우 아프거나 상처를 입었을 때 이 소리를 내면 통증 완화에 도움이 된다. 젖을 먹일 때 어미가 그르렁그르렁 소리를 내면 새끼들이 이 진동을 느껴 정확한 엄마의 위치를 찾을 수 있다.

그런팅grunt* : 갓 태어난 새끼들이 내는 낮은 톤의 소리로 보통은 성숙해지면서 사라지는데, 간혹 힘든 장애물 때문에 당황하면 성묘도 이 소리를 내기도 한다.

트릴링trill* : 그런팅에 비해 높은 톤의 소리. 좀 더 음악적 느낌이 있는 행

※ 행동학에서 고양이의 울음소리는 크게 세 가지 범주로 나뉜다. 독자들의 이해를 돕기 위해 원서와 달리 세 범주로 나누었다(Bonnie V. Beaver의 Feline Behavior 참고). - 옮긴이주
※ 꿀꿀, 툴툴 등과 비슷하다. - 옮긴이주
※ '아르르르'쯤으로 들리는 진동소리로 야옹, 스퀴킹 등과 함께 나타나기도 한다. 퍼링이나 채터링으로 잘못 알고 있는 보호자들이 많다. - 옮긴이주

복의 소리다. 놀 때, 인사할 때, 만나서 반가울 때 등에 낸다.

머머링murmur : 보통 퍼링을 동반하는 입을 닫고 만들어내는 작고 부드러운 소리. 인사할 때 내는 소리로 대개 편안하고 만족스러울 때 낸다.

2. 모음 패턴vowel pattern : 입을 벌린 상태에서 내기 시작해 끝에는 닫는 소리

야옹meow : 사람에게 하는 인사.* 또는 뭔가 요구사항이 있을 때 내는 소리.

(약하게) 미옹mew : 고양이들 사이에서 신원이나 위치를 확인할 목적으로 내는 소리. 특히 어미의 관심을 청하는 새끼 고양이가 이 소리를 많이 낸다.

구슬피 울기moan : 오 또는 우 같은 모음이 다소 길게 이어지는 소리. 애절하고, 외롭고 긴 울음소리로, 나이 든 고양이가 주로 한밤중에 집 안의 갑작스러운 정적에 혼란스럽거나 방향 감각을 잃고 이렇게 신음하듯 구슬피 우는 경우가 있다. 또 어떤 고양이는 밖으로 내보내 달라고 또는 안으로 들여보내 달라고 방문이나 옷장 문 앞에 앉아서 이렇게 울기도 한다. 구토나 헤어볼 배출 전에 이렇게 우는 고양이도 있다.

스퀴킹squeak : '끽끽', '앙'쯤으로 들리는 쇳소리, 비음, 짧고 높은 음조의 귀여운 소리로 다정하게 요청할 때 낸다. 식사 준비에 참여할 때나 놀이, 보호자와의 상호작용 등 바랐던 뭔가를 막 받게 될 참일 때 기대에 차서 내는 소리다. 어미가 자기 새끼에게 이 소리를 사용하기도 한다.

울부짖기anger wail : 태어났을 때, 어미나 한배 형제들과 떨어졌을 때, 추운 환경이나 육체적 구속 상태일 때 내는 소리.

※ 성묘가 되면 고양이끼리는 '야옹' 소리로 의사소통하지 않는다. - 옮긴이주

3. 강렬한 강도의 패턴 : 입을 완전히 열고 내는 강한 감정 상태를 표현하는 소리

으르렁growl[*] : 공격 또는 방어 상황에서 입을 열고 만들어내는 낮은 음조의 소리. 고양이의 언어적 경고 소리 중 하나다.

스날링snarl : 윗입술을 밀어 올려 이빨을 드러내는 것으로 겁을 주려는 의도다. 으르렁 소리가 동반될 수도 안 될 수도 있다(스날링은 소리가 아니라 표정이지만 이곳에 포함시킨 것은 흔히 으르렁 소리와 함께 나타나기 때문이다).

하악hiss : 뱀이 내는 '쉬익!' 하는 소리처럼 보통 방어적인 상황에서 입을 벌리고 내는 소리. 혀를 아치형으로 만들어 입 바깥으로 공기를 재빨리 밀어내면서 이 소리를 만든다. 이때 고양이의 바로 정면에 있다면 그 공기의 힘을 느낄 수 있다.

캭spit : 짧고, 바람이 느껴지는, 순간적으로 팍 터지는 듯한 소리. 보통 하악 소리가 이 소리에 앞서거나 따른다.

끼아아옹shriek[*] : 거칠고 높고 날카로운 소리. 갑작스럽게 고통을 느낄 때나 극도의 공격적 충돌 상태에 있을 때 낸다.

처핑chirp : 짧고 빠르게 앙, 앙 하는 느낌. 사냥감의 울음소리를 모방하는 사냥 본능으로 새나 벌레 등을 발견했을 때 이 소리를 낸다. 채터링과 함께 나기도 한다.

채터링chattering[*] : 먹잇감을 보고 흥분했을 때 내는 소리. 보통 먹이에 접근할 수 없는 상황일 때 이 소리를 내는데, 창문 밖의 새를 바라볼 때가 흔한 예다.

※ 목구멍에서 만들어내는 소리로 개의 으르렁 소리와 같다. - 옮긴이주
※ 비명소리와 비슷하다. - 옮긴이주
※ 주로 이를 딱딱 부딪치는 듯한 모습을 동반한다. - 옮긴이주

후각을 통한 의사소통

마킹 행동은 고양이 세계의 주된 의사소통 방법이다. 수컷은 언제든지 마킹할 준비가 되어있다. 고양이는 소변, 대변, 발톱, 냄새선을 통해 마킹을 한다. 마킹은 시각적이거나 후각적이거나 또는 둘의 혼합일 수도 있다.

야콥슨 기관

고양이는 입천장에 '야콥슨 기관Jacobson's organ 또는 서골비기관vomeronasal organ'이라 불리는 아주 특별한 '냄새 분석기'를 가지고 태어난다. 이는 페로몬(냄새 화학물질)을 분석하는 데 사용되는데, 특히 오줌 속에서 발견되는 이 흥미로운 냄새를 만나게 될 때면 언제든지 이 특수 기관의 도움을 받을 수 있다. 냄새가 입안에 모이면 혀가 냄새를 앞니 바로 뒤에 위치한 관들로 옮긴다. 이 관들은 비강으로 모인다. 고양이가 윗입술을 들어올린 채 입을 약간 벌리고 있다면 야콥슨 기관을 통해 냄새를 분석하고 있는 것이다. 플레멘flehmen 반응으로 알려진 이 모습은 찡그린 얼굴과 닮았다. 모든 고양이가 이 전문화된 냄새 분석 기관을 가지고 있긴 하는데, 그중에서도 발정기 암컷의 오줌 냄새를 맡은 중성화되지 않은 수컷이 이를 가장 잘 활용한다.

소변 마킹

집에 소변 마킹을 해대는 고양이가 없다면 정말 다행이다. 집에 고양이는 많고 공간은 좁을수록 이런 행동은 더 자주 나타난다. 스프레잉 spraying, 즉 오줌 뿌리기는 매우 효율적인 의사소통 수단이다. 고양이는 이를 영역을 마킹하고, 상대를 위협하고, 자신의 등장을 알리고, 직접적인 대면 없이 분쟁을 하고 또 정보를 교환하는 데 사용한다.

냄새 마킹 상황이 계속되는 것은 막을 수 있다. 이 문제에 대해서는 제7장에 나오는 행동 수정 기술을 살펴보자.

러빙 rubbing

러빙(비비기)은 고양이의 사회적 삶에 중요하고도 복잡한 요소다. 고양이는 고양이 각자에 대한 정보를 담고 있는 페로몬을 발산하는 피지분비선으로 덮여있다. 고양이에게 묻어있거나 아니면 비볐던 뭔가의 정보를 맡음으로써, 다른 고양이들은 그것이 암컷인지, 수컷인지, 짝짓기가 가능한지 그리고 냄새가 남겨진 지 얼마나 오래되었는지를 알 수 있다. 이 분비선은 입술, 이마, 뺨, 꼬리, 발바닥패드에 집중되어있지만, 고양이는 냄새를 남기기 위해 자기 몸 옆구리를 대상에 비비기도 한다. 물건(무생물), 다른 고양이, 사람, 함께 사는 개에게 비빌 수도 있다. 물건에는 주로 뺨을 비비는 경향이 있고, 다른 동물에게는 머리, 몸 옆구리, 꼬리를 혼합해서 비빈다.

물건에 비비기는 영역을 마킹하고, 다른 고양이에게 자신에 대한 정보를 남기는 방법 중 하나다. 목표로 삼은 대상이 높으면 자기 이마를 그 아랫면에 비비고, 아주 낮은 대상일 경우에는 뺨 아래쪽을 비빈다. 수컷 고양이가 여럿이 함께 사는 가정에서는 상위 랭킹 고양이가 하위 랭킹 고양이에 비해 물건에 얼굴 비비기를 더 많이 한다는 것을 알아차릴 수 있다.

러빙은 냄새 배출에만 사용되는 것은 아니다. 냄새를 수집하거나 혼합하는 방법이기도 하다. 특히 옆구리를 비빌 때가 그렇다. 옆구리 비비기는 유대감 그리고 하위 랭킹 고양이부터 상위 랭킹 고양이까지 존중을 표현하기 위해 사용하는 사회적 행동이다.

고양이가 양육자 또는 다른 동물에게 자기 머리를 비비는 행동은 자기 페로몬을 남기는 것으로, 이를 번팅bunting이라고 한다. 보통 번팅은 애착 행동인데 상황에 따라 지위와 관련된 것일 수도 있다.

하루 일과를 마치고 집으로 돌아왔을 때 고양이가 뺨과 옆구리를 비비고 번팅을 해온다면, 그들만의 방식으로 친숙한 공동체 냄새를 우리에게 전해 주는 것이다.

러빙을 하기 전, 고양이는 상대 고양이에게 다가가는 동안 꼬리를 들어 올리는데, 이때 그 상대 고양이도 꼬리를 들고 다가온다면 곧 두 고양이가 알로러빙allorubbing*을 할 것이란 신호일 수 있다.

고양이는 서로를 인식하기 위해 놀랍도록 예민한 냄새 감각을 주로 사용한다. 함께 사는 고양이들은 친숙한 공동체 냄새를 만들어내기 위해 알로러빙을 한다. 이것은 생존 본능이다. 이를 통해 영역 내로 들어오는 고양이가 친숙한 개체인지 침입자인지를 재빨리 파악할 수 있다. 알로그루밍allogrooming 즉, 상호 그루밍은 사회 구조의 일부다. 이 행동은 일반적으로 친숙한 고양이 그리고 잠자는 곳과 쉬는 곳을 공유하는 고양이들 사이에서만 이뤄진다.

놀이에 초대하는 의미로 한 고양이가 다른 고양이의 머리를 핥을 수 있는데, 이를 잘 받아들이면 추격 게임과 레슬링 놀이를 하게 되고, 때가 좋지 않을 때는 콧부리를 찰싹 맞게 되기도 한다.

친숙한 두 마리 고양이는 적대적이지 않은 상황에서 처음에는 코 대 코로 냄새 맡기, 머리 비비기를 하며 서로에게 접근한다. 얼굴이나 귀를 핥기

※ '상호 비비기'쯤으로 이해하면 될 것 같다. - 옮긴이주

알로러빙 중인 고양이. 친밀한 개체들이 서로의 체취를 나누는 것이다. 눈도 편안하게 지그시 감고 있다. ⓒOleg Shishkunov

도 한다. 항문 냄새 맡기는 그다음 순서다. 먼저 비비기를 이끌어내는 고양이가 보통 더 우위다. 고양이가 서로 친숙하지 않으면 코 냄새 맡기에서 끝난다.

  고양이가 무릎 위로 뛰어올라 우리 코에 자기 코를 댄 다음, 몸을 돌려 엉덩이를 보여줄 때는 불유쾌한 느낌이 들곤 하지만, 사실 이 행동은 고양이 사회에서는 '에티켓'이다. 또 하나 우리가 자주 오해하는 행동이 있다. 고양이가 우리를 향해 등을 바닥에 대고 느긋하게 누워있을 때다. 이 상황에서 고양이가 말하는 진심은 '나는 너를 믿어'다.

  고양이가 친숙하지 않은 사람을(집에 놀러온 손님) 만나자마자 머리 비비기를 한 뒤 몇 걸음 물러나 그 사람을 응시한다면 이는 지위상의 도전 표시이기 쉽다. 그런데 우리는 이를 친밀한 행동으로 오해해서 고양이를 쓰다듬으려고 손을 뻗다가 결국 할퀴거나 물린다.

　낯선 고양이에게 인사할 때는 검지를 뻗어서 고양이가 냄새를 맡으러 다가오게 한다. 이는 고양이들이 하는 코 대 코 냄새 맡기와 비슷하다. 고양이를 쓰다듬으려고 손을 뻗지 말고 그저 손가락만 편 채 내버려둔다. 냄새 조사를 마친 다음 고양이는 우리 손가락을 따라 자기 입가나 머리를 비비거나 옆구리를 비빌 것이다. 자신이 우리를 편안하게 여긴다는 것을 알려주려는 것이다. 이 시점에서는 고양이를 쓰다듬어도 된다. 고양이가 냄새 조사 과정을 마칠 때까지는 만지지 말자. 또한 고양이가 뒤로 물러나거나 우리를 똑바로 응시한다면 절대 만져서는 안 된다.

> **고양이 올바르게 안는 법**
>
> 고양이를 들어 올리는 올바른 방법은 다음과 같다. 고양이의 무게를 지탱하고 뒷다리가 덜렁대지 않도록 고양이의 엉덩이 아래에 한 손을 받친다. 그리고 다른 손은 고양이의 가슴에 둬서 고양이가 앞발을 우리 팔에 편하게 올려놓을 수 있게 한다. 우리 몸 가까이로 밀착시켜 안되, 갇히거나 붙잡혔다는 느낌이 들지 않게 한다.

사이좋은 고양이들은 같이 놀고, 같이 자고, 같이 먹는다. ⓒonlyday

제 3 장

영역의 중요성

자유롭게 배회하는 환경에서 사는 고양이는 활동 구역을 세 부분으로 분명하게 구분해 생활한다. 우선 먹이를 찾아 배회하고 순찰하는 구역이 있다. 가장 바깥쪽 구역으로 '활동 범위home range'라 부르며, 다른 고양이의 구역과 겹칠 수 있다. 수컷 성묘는 암컷보다 더 넓은 활동 범위를 가지는 경향이 있고, 짝짓기 시즌에는 짝을 찾기 위해 활동 범위가 일시적으로 더 넓어진다. 이 활동 범위 내에서 고양이들은 충돌을 일으키기보다는 충돌을 피해 도망가는 편이다.

고양이의 실제 '영역territory'은 활동 범위 안쪽에 있다. 침입자로부터 방어하는 구역이다. 침입자가 들어오면, 이 영역의 주인 고양이는 심리적 '홈 필드 어드밴티지home field advantage'를 가진다. 고양이의 활동 범위와 영역은 각각 별개의 구역이다. 하지만 실내 생활을 하는 경우, 공간이 확실히 작고 사방이 벽으로 둘러싸인 물리적 제약 때문에 활동 범위와 영역은 겹치거나 섞인다. 고양이는 다른 친숙한 사회적 동료 고양이가 특정 지점까지는 자신의 영역에 들어오는 것을 허락한다.

고양이 영역의 제일 안쪽 부분은 고양이의 '개인적 공간personal space'이다. 고양이는 사회적 동료가 이 공간에 들어오는 것을 허락할 수도 있고 받아들일 만한 거리까지 물러나게 할 수도 있다. 사람처럼 고양이도 제각각 다르다. 어떤 고양이는 아주 작은 개인 공간에도 충분히 만족하는 반면, 어떤 고양이는 더 넓은 공간을 필요로 할 수도 있다.

실내 생활을 하는 집고양이도 자유롭게 배회하는 길고양이들과 마찬가지로 집 안에서 영역을 나눠 갖는다. 하지만 집 안에는 먹이원이 충분해서 먹이를 놓고 다툴 필요가 없기 때문에 대개의 경우 영역에 대해 스트레스를 덜 받는다.

고양이는
공동 소유지를
교대로
사용한다

고양이는 영역을 공동 소유 time share* 하기도 한다. 고양이는 공동 소유 영역의 사용 일정을 짜는 데 전문가다. 그래서 많은 고양이가 제한적인 공간을 공유할 수 있다. 하루 중 특정 시간대에 한 고양이가 어떤 방을 점령하거나 특정 가구에서 잠잘 수 있고, 교대 시간이 되면 다른 고양이가 자신의 사용권을 주장할 수 있다. 이는 단순한 우연이 아니라 고양이들이 회피를 통해 섬세하게 평화를 유지하는 것이다. 그런데 어떤 고양이가 자기 시간이 아닌데도 그 구역을 점령하려 들면 문제가 생긴다. 현명한 고양이는 그 시간에 보통 그곳에 거주하는 고양이의 뜻에 따르지만, 이따금씩 규칙을 벗어나는 고양이도 있다. 모든 물건이 공동 소유 협상 항목에 올라가는 것은 아니다. 아무리 마음에 드는 장소라 해도 한 고양이가 24시간 내내 그곳을 점령하지는 않으니 말이다. 고양이가 공동 사용 일정을 얼마나 신중하게 정리해놓았는지를 진지하게 생각해본다면, 가구를 재정리하거나 일부를 옮기거나 새 고양이가 집에 오거나 새 집으로 이사를 갔을 때 고양이가 얼마나 난감할지 헤아려볼 수 있다.

---

* 콘도, 별장 등을 공동 소유자 몇 명이 시간을 정해놓고 돌아가며 사용하는 것을 말한다. - 옮긴이주

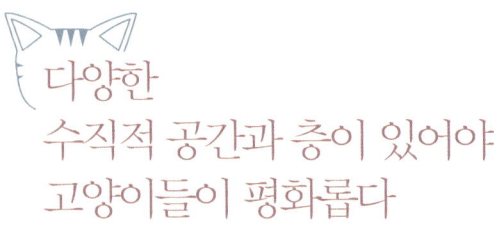
다양한
수직적 공간과 층이 있어야
고양이들이 평화롭다

　　인간인 우리는 우리 집을 하나의 영역으로 본다. 방이 하나 건 백 개건 기본적으로 '내' 영역이다. 하지만 고양이는 다르다. 집에는 서열 체계를 유지하는 데 중요한 부분인 높낮이가 다른 '층level'들이 수없이 존재하고, 그 수많은 '층'은 수많은 영역으로 보인다.
　　다음은 '층'의 중요성을 시각화하는 방법이다. 아무 가구도 없는 거실을 상상해보자. 고양이들을 이 거실에 두면 아마도 모두 구석으로 향할 것이다. 달리 갈 수 있는 층이 없기 때문이다. 상위 랭킹 고양이들은 높은 곳을 차지하지 못하고, 모두가 자기가 있어야 할 곳을 몰라 불안해할 것이다. 이제 거실에 의자를 하나 들여놓자. 한 마리(아마도 상위 랭킹 고양이)가 곧바로 의자로 가서 몸을 비비고 그 위로 뛰어오를 것이다. 다른 고양이는 의자 아래에 숨을 가능성이 높다. 의자가 크고 푹신한 쿠션으로 뒤덮인 팔걸이가 있다면, 한 마리는 높은 등받이 위에 앉고, 그 외 다른 한두 마리는 팔걸이 부분을 점령하고, 또 한 마리는 의자에 앉기 쉽다. 의자 하나로 '층'들이 생겨나면서 영역이 넓어졌다. 이제 테이블, 또 다른 의자, 책장, 캣타워, 그 외의 것들을 추가한다고 가정해보자. 가구들을 놓음으로써 더 많은 영역이 추가되었다. 한때는 층이 하나뿐이던 취약한 구역이었지만, 이제 더 안정적이고 편안한 환경이 되었고, 이곳에 고양이는 자신의 개인적 공간과 공동 소유지를 더 잘 사용하고 유지할 수 있다.

집 안을 한번 쭉 둘러보자. 아마 가장 높은 구역에 있는 우위의 고양이와 잘 띄지 않는 은밀하고 안전한 구역에 있는 소심하거나 낮은 랭킹의 고양이를 식별해낼 수 있을 것이다. 아마 냉장고 위에 고양이(아니면 적어도 그 위로 올라가려고 단단히 결심한 고양이)가 있을 것이다. 냉장고 위는 집에서 가장 높은 자리니까 말이다. 침실에는 침대의 높은 장식장 꼭대기로 대담하게 뛰어오르는 고양이도 있을 수 있다. 반대로 침대 아래에 넣어둔 신발상자나 플라스틱 옷상자 뒤에 숨어있는 고양이도 있을 수 있다. 이렇듯 고양이는 자신이 있는 환경에서 이용 가능한 모든 수직적 공간과 다양한 층을 활용한다.

고양이를 아무 가구에도 못 올라가게 하는 건 고양이들 간에 긴장감을 불러일으키는 원인이 된다. 저마다 자기 서열에 적합한 구역을 설정할 수 없게 되기 때문이다.

빈 벽을 활용한 고양이 계단과 선반 그리고 은신처들. 일반 가정집에서는 가구들을 재배치해서 이런 효과를 줄 수 있다. 다묘가정에선 수직적 공간이 특히 더 중요하다. ⓒWatcharapol Amprasert

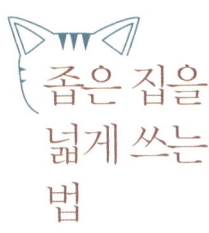

좁은 집을 넓게 쓰는 법

시설 좋은 고양이 보호소에 가본 적이 있다면 혹은 사진으로라도 봤다면 너무 많은 고양이가 함께 사는 모습에 깜짝 놀랐을 것이다. 하지만 더 자세히 들여다보면 수많은 층이 있다는 것을 알 수 있다. 선반, 높은 받침대들, 그 외에도 다양한 높이를 가진 캣타워들이 천장까지 수없이 펼쳐져 있다.

당장 집을 둘러보자. 미처 사용하지 않은 수직적 공간들이 꽤 많을 것이다. 고양이가 한 마리라면 아마 지금 있는 가구로 근사한 캣타워의 효과도 내고 적절한 층들을 제공하기에 충분할 수 있다. 하지만 다묘 가정이라면 적절한 영역적 공간을 위해 더 고민해야 한다. 집을 새로 지을 계획이 아니라면 최선의 방법은 고양이들이 올라갈 수 있는 '다양한 층을 만드는 것'이다.

우리 예산과 취향도 중요하지만, 수직적 영역을 늘릴 때는 무엇보다 고양이의 관점에서 다음 사항을 고려해야 한다.

안전성. 편안함. 오르내리기 쉬움. 좋은 위치

캣타워[*]

고양이의 영역을 늘리는 가장 빠르고 쉬운 방법 중 하나는 층층이 받침대가 있는 캣타워를 놓는 것이다. 두 개 이상의 받침대가 있는 캣타워라면 고양이 두 마리가 비교적 가까운 공간을 공유하면서도 안전한 거리를 유지할 수 있다. 새를 지켜볼 수 있는 창턱에 나란히 앉는 법이 없는 두 고양이도 평화롭게 캣타워를 공유할 수 있다. 받침대 높이가 다르기 때문이다.

또 캣타워는 소심한 고양이가 손님이 찾아왔을 때도 방 안에 가만히 머물 수 있게 도와준다. 내가 처음 길고양이 출신의 베베를 집에 데려왔을 때 그녀가 원하는 것은 오직 숨는 것뿐이었다. 나는 일광욕실에 베베를 위한 보호실을 만들었는데, 베베는 내가 들어갈 때마다 소파 뒤로 다이빙했다. 하지만 내가 그 방에 없을 때는 캣타워에 있는 것을 좋아했다. 좀 더 안전하다는 느낌을 주기 위해 나는 공예점에 가서 가짜 자귀 나뭇가지들(살아있는 나무보다 가짜 자귀나무가 고양이에게 더 안전하여 이를 사용했다)을 사서 일부는 캣타워에 묶어 받침대가 나뭇가지에 가려지게 했고, 나머지는 캣타워 바로 앞과 방 곳곳에 놓았다. 베베는 내가 들어가도 그대로 캣타워에 머물렀다. 충분히 안전하게 잘 숨어있다고 느꼈기 때문이다. 또 방 주변에 놓아둔 나뭇가지들 덕분에 베베는 창문 밖을 내다볼 수 있는 가구 위로 올라가 주변을 모험해도 충분히 안전하다고 느끼기 시작했다(방에 아무도 없을 때).

내가 카펫에 앉아 가볍게 바닥 위로 낚싯대 장난감을 끌어대는 동안, 베베는 캣타워에서 나를 지켜보았다. 나는 나뭇가지 사이로 찬찬히 나를 살피는 그녀의 아름다운 눈을 보았다. 이런 몇 번의 유혹의 시간을 거치자 나는 그녀의 눈이 나보다 장난감에 더 오래 머문다는 사실을 알아차렸다. 베베는 캣타워 받침대를 하나씩 하나씩 서서히 내려왔고 결국 장난감 위로 튀어 올랐다. 캣타워에 있는 동안 안전한 거리에서 나를 관찰할 수 있었기 때

---

[*] 원서에는 cat tree라고 되어 있지만 캣타워로 옮긴다. - 옮긴이주

문에 그녀는 나를 믿기 시작했다. 만약 소파 뒤에 숨어있기만 했더라면 나를 충분히 안전하다고 느끼기까지는 훨씬 더 오랜 시간이 걸렸을 것이다.

캣타워의 위치도 중요하다. 흔히들 비어있거나 사용하지 않는 구석 자리에 캣타워를 놓으려 하는데, 고양이는 캣타워가 창가에 있을 때 더 열심히 캣타워를 즐기고 사랑한다. 특히 나른한 오후에 낮잠을 즐기고 새도 볼 수 있는 햇살이 내리쬐는 창가 말이다. 캣타워가 여러 개라면 고양이가 대부분의 시간을 보내는 곳들에 두되, 행동 수정의 기회도 놓치지 말자. 예를 들어, 고양이들이 밤마다 우리 침대 위 공간을 놓고 싸운다면 침실에 캣타워를 놓고 그중 한 마리를 그 위에서 자도록 유도할 수 있다. 어떤 보호자들은 캣타워 생김새가 마음에 안 든다며 눈에 안 띄는 곳에 두기도 하는데, 대부분의 고양이는 우리가 있는 곳에 있고 싶어 하기 때문에 우리가 사용하지 않는 방에 있는 캣타워는 사용하지 않을 것이다. (그 방을 유난히 좋아하는 고양이가 있다면 이야기가 다르지만 말이다).

집에 캣타워를 처음 가져왔을 때는 고양이들에게 첫인상을 좋게 남기기 위해 기둥에 캣닢을 문질러둬도 좋다. 만약 고양이가 새 가구에 당황해한다면, 며칠 동안 받침대마다 우리 냄새가 묻은 티셔츠나 타월을 올려둔다. 특정 고양이에게 캣타워를 제공하려는 게 아니라면, 고양이 냄새가 아닌 '우리 냄새'를 가진 물건을 두어야 한다. 누가 캣타워를 차지하게 될지 모르니 말이다. 우리 냄새가 나는 물건을 두면 고양이들이 스스로 해결할 수 있다. 또는 받침대에 펠리웨이Feliway를 뿌릴 수도 있다(이 물건에 대해서는 제7장에서 자세히 언급한다).

올바른 캣타워 고르는 법

캣타워는 받침대들이 넓고 안전한 것을 골라야 한다. 평평한 사각형 받침대도 있고 가운데가 움푹 들어간 U자 모양도 있는데, 고양이는 이 U자 모양의 받침대를 좋아하는 경향이 있다. 자다가 떨어질 염려도 없고 안전한 느낌을 주는 데다, 몸을 숨길 수도 있어서 창가에서 몸을 숨긴 채 새들을 엿볼 수 있기 때문이다. 또한 잠복이 필요할 때도 유용하다.

캣타워는 스크래칭 기둥으로도 사용된다. 캣타워의 지지 기둥은 많은 고양이가 좋아하는 질감인 사이잘 삼줄로 감은 것도 있고, 원목 또는 나무껍질까지 그대로인 것도 있다. 만약 지지 기둥이 여러 개인 커다란 캣타워라면 기둥마다 재질을 달리하여 원목 스크래처뿐만 아니라 사이잘삼 스크래처도 만들어줄 수 있다.

캣타워는 단독으로 세울 수 있는 것도 있고, 천장까지 연결해 고정할 수 있는 것(보통 압착봉으로 고정tension-mounted)도 있다. 압착 스타일보다 세우는 형태의 캣타워가 더 넓고, 받침대도 더 편안하며, 더 안정적인 편이다. 위치를 옮기기도 쉽다.

캣타워는 키가 클수록 밑동이 더 무겁고 넓어야 한다. 위쪽이 조금이라도 더 무거운 캣타워는 절대 구입해선 안 된다. 고양이의 점프 한 번에 캣타워가 넘어질 수 있기 때문이다. 실제로 넘어지지 않는다 해도 흔들려서 고양이가 불안함을 느낀다면 다시는 캣타워에 올라가지 않을 것이다. 캣타워를 처음 살 때는 가격 때문에 놀랄 수 있지만, 캣타워 받침대들이 너무 작거나 캣타워가 안정적이지 않아서 고양이가 사용하길 꺼린다면 저렴한 캣타워를 사는 게 오히려 돈 낭비일 수 있다.

고양이 콘도는 사지 말자

특히 새끼 고양이가 있다면 고양이 콘도를 사고 싶은 유혹을 느끼기 마련이다. 고양이 콘도는 작고 둥글며, 부드러운 융 재질로 덮여있고, 위아래로 구획이 나뉘어있다. 하지만 대부분은 견고하지 않다. 일단 너무 작다. 새끼 고양이들은 금세 콘도보다 커질 것이다. 게다가 융 재질이라 스크래칭 욕구가 생기지 않아 스크래칭 기둥으로도 사용할 수 없다. 새끼 고양이들에게는 타고 올라갈 표면이 필요하고, 에너지를 발산하고 신체 기술들을 배우며 놀 수 있는 공간이 필요하다. 그러니 새끼 고양이라 해도 좋은 캣타워를 사주는 게 훨씬 낫다. 새끼 고양이들이 값비싼 거실 커튼보다 캣타워를 더 좋아한다는 것을 곧 알게 될 것이다.

창문 해먹 window perch

캣타워를 놓을 공간이 없거나 예산이 부족한 경우, 창문 해먹은 수직상의 영역을 늘려줄 수 있는 좋은 방법이 된다. 고양이를 위한 이런 받침대들은 압축 고무나 수동 조임 나사*로 쉽게 부착할 수 있는 것도 있다. 벽을 망가뜨리고 싶지 않은 거주자들에게 좋은 소식이다.

창문 해먹은 커버가 다양하다. 커버만 벗겨 세탁기에 돌릴 수도 있다. 발열 기능이 있는 해먹은 추운 날씨에도 따뜻하게 새를 관찰할 수 있어 관절염을 앓는 고양이나 노묘에게 무척 좋은데, 이 경우 둘 다 점프 능력에 문제가 있으니 해먹까지 쉽게 접근할 수 있게 조치를 취해줘야 한다.

창문 해먹은 그야말로 다양한 모양과 스타일로 나온다. 패드가 있는 납작한 받침대 모양도 있고, 진짜 해먹처럼 디자인된 것도 있다. 해먹을 구입할 때는 고양이가 이전에 어떤 타입의 공간이나 위치에서 잠을 잤는지를 염두에 두면 좋다. 어떤 고양이는 해먹의 안락함을 좋아하지만, 어떤 고양이는 딱딱한 받침대를 더 좋아하기도 한다.

집에 캣타워가 있더라도 창문 해먹을 최소한 하나 정도 두는 것은 좋은 생각이다. 해먹은 서열 구조상 중간 단계가 되기 때문이다. 또 해먹은 쉽게 옮길 수 있어서 새로운 고양이를 소개하거나 이미 거주하는 고양이를 재소개하기 위해 임시 보호실을 만들어야 할 경우(제4장을 참고하자) 유용하다.

숨을 은신처

소심한 고양이 또는 서열이 낮은 고양이는 집에서 숨을 장소를 찾는다. 숨기 좋아하는 고양이를 키우고 있다면 모든 방마다 숨을 곳을 만들어주는 것이 좋다. 작은 천막 텐트처럼 보이는 A자 프레임의 침대는 아무도 뒤에

※ 주로 아기 안전문을 설치할 때 많이 사용되는 방법으로 나사를 조이면 양쪽 벽 사이에 안정적으로 고정시킬 수 있다. 벽을 뚫는 나사가 아니기 때문에 설치, 해체, 이동 등이 쉽다. - 옮긴이주

고양이에게 창문은 환경풍부화 역할을 해준다. 무료함을 달래주는 텔레비전과도 같은 존재다. ⓒAndrzej Puchta

서 자기를 훔쳐볼 수 없어야 안심하는 고양이에게 좋다. 고양이들이 주로 다니는 길에서 벗어난 안전 지역에 이런 침대를 두고, 침대 점령자가 방에서 무슨 일이 일어나는지 확실히 볼 수 있게 해주어 유사시 적절한 경고 신호를 알아차릴 수 있게 한다.

터널

터널은 그 안에서 놀기에도 아주 근사할뿐더러 겁먹은 고양이들에게는 안심할 수 있는 통로 역할을 해준다. 터널은 고양이가 우리와 상호작용 놀이(제5장 참고)를 하는 동안 장난감을 덮칠 순간을 노리면서 숨어있을 수 있는 멋진 장소다. 고양이는 잠재적 먹잇감에게 '자신이 보이지 않는' 장소를 좋아한다. 또 터널은 친구 고양이들 간의 사회적 놀이 중에도 근사한 역할을 한다.

겁먹은 고양이들에게는 방의 한쪽에서 다른 쪽으로 안심하고 갈 수 있는 길이 되어준다. 나는 고양이를 위해 보호실을 만들 때면 터널을 몇 개씩

캣터널은 고양이에게 은신처 역할도 하고 보호자와의 사냥 놀이도 더욱 즐겁게 만들어주는 역할을 한다. ⓒAfrica Studio

만들곤 했다. 하나는 숨는 장소에서 모래화장실 사이에 놓고, 또 하나는 숨는 장소에서 사료 급여대가 있는 곳 사이에 놓는다. 이때 터널이 모래화장실이나 급여대 코앞까지 곧장 이어질 필요는 없다. 주로 방 한가운데를 가려주는 역할만 하면 되는데, 고양이는 방 한가운데를 지날 때 가장 무기력한 상태로 노출되었다고 느끼기 때문이다. 겁먹은 고양이들도 터널만 있다면 안심하고 방 탐험을 시작할 수 있다.

터널은 우리가 원하는 만큼 정교하고 창조적일 수도 있다. 길게 연결되는 부드러운 천으로 된 터널을 사놓거나, 짧은 터널을 몇 개 만들 수도 있다. 또 특정 장소에 딱 맞게 만들 수도 있다. 터널을 만들 때는 옆에 탈출 구멍을 한두 개 내준다. 이렇게 하면 각각 맞은편에서 들어온 두 고양이가 중간에 만나게 될 경우, 한 마리가 충돌을 피해 구멍으로 탈출할 수 있다.

터널은 어디에도 둘 수 있다. 터널을 너무 눈에 띄게 두고 싶지 않다면 소파를 약간 앞으로 밀어 그 뒤에 놓아도 좋다. 벽과 터널 사이에 충분한 공간만 있다면 탈출 구멍도 잘 사용될 수 있다.

터널을 몇 개 마련해주고 싶긴 하지만 굳이 돈을 쓰고 싶진 않다면, 종이가방이나 상자로 만들 수도 있다. 바닥들을 다 잘라낸 다음, 끝을 테이프로 이어 붙이면 그럴싸한 터널이 된다. 종이가방으로 터널을 만들 때는 찌그러짐을 막기 위해 양쪽 끝에 테이프를 여러 번 말아준다. 그리고 비상 탈출 구멍을 몇 개 만들어주는 것도 잊지 말자. 우리 눈엔 종이상자나 가방으로 만든 터널이 그다지 매력적으로 보이지 않을 수 있지만, 고양이들은 이 안에서 정말 멋진 시간을 보낼 것이다.

고양이용 계단과 선반

고양이에게 여전히 수직적 공간이 충분치 않다고 생각된다면 천장 가까이 지나가는 통로와 이 통로로 이어지는 벽 고정형 미니 계단을 만드는 것을 고려해본다. 벽에 붙은 계단은 건축학적이면서 현대적인 느낌이 들어 마치 예술작품처럼 보인다.

나는 최근에 한 고양이 사료 회사가 주최하는 '고양이를 위한 궁극의 거주 공간' 디자인 프로젝트에 참여한 적이 있다. 고양이를 위해 실내 환경을 더 풍부하게 재창조하는 법을 보호자에게 가르쳐주는 프로젝트였다. 보호자에게 영감을 주는 다양한 공간이 제시되었는데, 그중 한쪽 벽을 따라 이어지는 고양이용 계단이 단연 눈에 띄었다. 고양이 통로는 한쪽 벽의 일부를 빙 돌아 여러 개의 받침대를 가진 캣타워로 이어지기도 했다. 고양이는 계단 혹은 캣타워를 통해 통로에 접근할 수 있었다. 그 방의 인테리어와 어울리게 계단과 통로를 배색해 미적으로도 아주 만족스러웠다. 한 TV쇼를 통해 '고양이를 위한 궁극의 거주 공간'이 모습을 드러내자, 고양이를 키우지 않는 사람들조차도 이 고양이용 계단 길을 무척 맘에 들어 했다(어쩌면 그들은 이것을 인테리어 소품으로 생각했을 수도 있겠지만 말이다). 이처럼 약간의 창의력만 있으면 우리도 기쁘고 고양이도 즐거운 방식으로 고양이의 환경을 더 풍부하게 만들 수 있다.

고양이를 위한 길을 만들 생각이라면 적어도 두 가지 접근 경로를 만들어서 한 고양이가 다른 고양이 때문에 갇히는 일이 없도록 해야 한다. 한쪽에서 올라가는 고양이가 반대쪽에서 올라오고 있는 다른 고양이를 볼 수 있게 만드는 것이 좋다. 중간에서 마주치고 싶지 않다면 고양이는 그 계단을 더 이상 올라가지 않을 것이다.

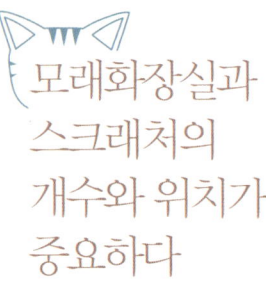

모래화장실과 스크래처의 개수와 위치가 중요하다

고양이 영역에 있어서 무엇보다 민감하고 중요한 이슈는 바로 모래화장실이다. 모래화장실을 몇 개나 어디에 두느냐 하는 문제는 사소하게 여기기 쉽지만 사실 다묘 가정 양육자에겐 극도로 중요하다(이 주제는 제7장에서 깊이 있게 다룬다). 모래화장실과 마찬가지로 스크래칭 기둥을 몇 개나 어디에 두는지도 다묘 가정에서는 치명적일 만큼 중요한 영역 이슈가 될 수 있다. (어떤 타입의 기둥을 골라야 하는지는 제8장에서 다룬다.)

환경풍부화 고려하기

- 수직적 영역과 올라갈 수 있는 다양한 높이의 받침대를 더 많이 늘린다.
- 은신처들을 만든다.
- 터널을 만든다.
- 캣타워나 창문 해먹은 해가 잘 들고, 밖에 새 먹이통이 보이는 창문에 설치한다.
- 고양이들이 어떻게 그들의 영역을 나누는지 관찰하고 그것을 존중한다.

외출 고양이에서
실내 고양이로

외출하는 고양이를 모두 완벽한 실내 고양이로 바꾸기란 생각만큼 어렵지 않다. 바깥세상은 고양이에게 안전하지 않다. 차, 질병, 독극물(사고건 의도적이건), 고양이 간의 싸움이나 다른 동물의 공격에 의한 상해 또는 죽음, 기생충, 납치, 무분별한 짝짓기 같은 위험 요소가 넘쳐난다. 그러니 고양이를 실내에만 두는 것이 좋다. 환경을 풍부하게 조성해주고 규칙적으로 상호작용 놀이를 충분히 해준다면, 고양이들은 바깥세상을 조금도 그리워하지 않은 채 충분히 실내에서 즐거운 삶을 누릴 수 있다.

다묘 가정에서 외출 고양이는 행동상의 관점에서 볼 때도 좋지 않다. 외출했던 고양이가 자기 영역에 나타난 낯선 고양이들의 냄새를 맡고 불안한 상태로 돌아오거나 실제 싸운 뒤 돌아와 집 안의 긴장감을 고조시킬 수도 있다. 고양이를 예측 불가능한 바깥세상에 내보내는 것은 미지의 스트레스를 집 안에 들이는 일일 수 있다. 모든 고양이가 집에서 안전하게 있다는 사실만으로도 우리 또한 마음의 평화를 얻는다. 그러니 외출 고양이를 실내 고양이로 만드는 일은 모두에게 이롭다.

외출 고양이를 '집순이, 집돌이'로 만드는 프로젝트는 늦가을에서 초겨울 사이가 적기다. 어찌 됐건 고양이는 이즈음 실내에서 더 시간을 보낼 테고, 그런 만큼 과정은 속도가 붙을 것이다.

모두 영구적으로 실내에서만 살기 시작하면 변화가 오기 마련이다. 왜냐하면 그들의 영역이 줄어들기 때문이다. 바깥세상의 활동 범위를 잃은 고양이들은 집 안에서 영역 경계를 재협상하고, 새로운 공동 소유 스케줄을 짜길 원할 것이다. 우리는 캣타워나 창문 해먹을 추가하는 등 수직적 영역을 늘려 고양이들의 협상에 도움을 주어야 한다.

소싯적 외출깨나 했던 고양이들이 대체로 오랜 시간 외출을 즐겼다면, 이제는 더 잦은 모래화장실 사용에도 대비해야 한다. 하루 '삽질 스케줄' 횟수를 더 늘리는 것은 물론, 화장실 개수도 더 늘려야 한다.

고양이 중에는 실내 삶으로의 전환을 곱게 보지 않는 녀석들도 있을 것이다. 이에 대한 마음의 준비도 해야 한다. 최소한 한 마리는 문 앞에 앉아 아주 고집스럽게 쉬지 않고 울어댈 게 틀림없다. 우리가 갑자기 돌았다고 생각하거나 자기 울음소리를 못 듣는다고 생각해서 훨씬 더 크게 울며 혼란스러운 표정으로 우리를 올려다볼 것이다. 울음소리가 얼마나 크든, 얼마나 끈질지게 울든 절대 항복해선 안 된다. 이때 무너지면 그 고양이는 영원히 실내 고양이로 만들 수 없다. 한 번 효과를 본 고양이는 나가고 싶어질 때마다 더 요란스레 울어댈 테니 말이다.

이런 끊임없는 냐옹 소리와 울부짖음에서 우리를 구원해줄 수 있는 것이 바로 행동 수정 기법이다. 실제 울기 시작하기 전에 고양이의 주의를 다른 곳으로 돌리는 '전환 테크닉diversion technique'(제5장에서 설명된다)을 사용하면 된다. 고양이는 습관의 동물로 행동에 일정한 패턴이 있어서 고양이가 실제 문 앞에 앉아서 울기 전에 어떤 움직임과 행동을 보이는지 관찰을 통해 파악할 수 있다. 고양이가 특정 방식으로 걷거나 먹이를 먹은 직후에 나가려 할 수도 있고, 문에서 가장 가까운 스크래칭 기둥에 발톱을 간 후에 나가려 할 수도 있다. 이런 암시 신호가 보이면 그 찰나(10억분의 1초)에 고양이의 주의를 다른 곳으로 돌려야 한다. 물론 24시간 내내 고양이의 움직임만 보고 있을 순 없지만, 더 자주 잡아낼수록 더 빨리 그 행동 패턴을 깨뜨릴 수 있다.

적절한 자극 제공해주기

바깥세상에서 고양이가 사랑하는 것 중 하나는 사냥 기회다. 외출 고양이를 실내 고양이로 바꾸려면 실내에서도 여전히 활동적인 생활을 하게 해줘야 한다. 하루에 적어도 두 번은 낚싯대 장난감으로 상호작용 놀이를 해야 한다. 제5장에서 설명할 상호작용 놀이는 진짜 사냥감으로부터 상해를 입거나 기생충에 감염되는 위험 없이 고양이를 '위력적인 사냥꾼'이 되게 해준다. 더 이상 총총걸음으로 집에 돌아온 고양이의 입에 매달린 죽은, 더 나쁘게는 아직 숨이 붙은 쥐를 처리할 필요도 없어진다.

또 바깥세상은 고양이에게 타고 오르거나, 펄쩍 뛰어오르거나 장소를 탐색하거나, 또는 그저 햇살 아래 빈둥댈 기회를 준다. 그야말로 최상의 놀이터인 셈이다. 그러니 외출을 하지 않게 하려면 집 안이 그만큼은 매력적인 곳이 되어야 한다. 아직 대안이 마련되지 않았다면 실내 환경을 수정할 때다. 좋은 스크래칭 기둥에 투자하고 터널들을 만들고 창문 가까이 캣타워를 둔다. 다람쥐, 새, 나비 같은 야생동물이 등장하는 고양이용 오락 프로그램을 틀어주는 것도 방법이다. 고양이는 이런 방송을 좋아한다.

바깥세상의 또 다른 매력은 풀이다. 고양이는 풀을 조금씩 뜯어먹길 좋아한다.

> 외출을 하거나 잠자리에 들기 전에 '고양이 숫자 세기'를 습관화하자. 고양이는 손쉽게 아무도 모르게 밖으로 빠져나가고, 옷장이나 서랍 안에 숨어들 수 있다. 특히 다묘 가정에서는 여러 마리 중 하나를 간과하기 쉬우니 모두의 소재와 안녕을 확실히 하기 위해 '고양이 숫자 세기'를 당연한 일과로 만드는 것이 좋다.

실내 생활을 하는 고양이들이 집 안의 식물을 아삭아삭 씹어대는 것도 같은 이유다. 그러나 대부분의 실내 화초는 고양이에게 독이 되니 집안 화초들을 씹지 못하게 막고, 식물에 사용 가능하도록 만든 비터애플bitter apple 씹기 방지용 스프레이를 잎에 뿌려두는 것이 좋다. 그 대신 밀, 호밀, 귀리 같은 안전한 식물을 놓아준다. 어느 정도 자란 '고양이풀' 패키지를 반려동물용품점에서 구입할 수 있고, 씨앗을 심어 직접 키울 수도 있다. 햇볕이 드는 곳에 화분을 두고, 풀이 충분히 자라나면 고양이에게 준다. 화분을 두고 옥신각신 싸우는 일이 없도록 몇 곳에 나눠 기른 후 여러 장소에 놓아둔다.

조리대 위에 못 올라가게 하는 법

조리대 위로 뛰어오르는 고양이가 있다면, 스티키 포우Sticky Paws와 저렴한 플라스틱 매트를 구입하자. 스티키 포우는 길쭉한 투명 양면테이프로 반려동물용품점에서 구입할 수 있다. 매트 위에 테이프를 길게 붙여놓은 다음, 이 매트를 조리대에 올려둔다. 그러면 고양이가 조리대에 뛰어올랐다가 발이 쩍쩍 붙는 불쾌한 경험을 하게 되고 조리대가 머물기에 좋은 장소가 아니란 것을 깨닫게 된다. 셀프 트레이닝이 되는 것이다. 트레이닝이 끝날 때까지 계속 조리대 위에 이 매트를 둔다. 우리가 부엌에 없을 때도 마찬가지다. 이때 조리대를 대신해서 올라갈 수 있는 높은 영역을 제공해 줘야 한다는 것을 잊지 말자.

제 4 장

소개 과정의
모든 것

사회적 영역 동물인 고양이들을 서로에게 처음 소개할 때는 필요한 것들이 있다. 약간의 수완과 많은 인내심 그리고 절대 잊어선 안 되는 가장 중요한 것 즉, 뇌물 주기다! 새로 온 고양이를 소개하는 과정은 우리 입장에서 다소 번거로울 수 있지만, 짧은 시간 내에 고양이들에게 평화롭게 공존하는 법 그리고 친밀한 관계를 형성(대개의 경우)하는 법을 가르쳐주는 성과를 얻을 수 있다.

의기양양하게 새로 온 고양이를 그냥 무리 속에 '던져 넣고' 알아서들 해결하게 둔다고 떠벌리는 사람들도 있는데, 나는 무조건, 절대로, 의심의 여지없이 이것이야말로 최악의 방법이라고 자신 있게 말할 수 있다. 고양이는 무리를 이루고 사는 동물도 아니고 또 새로운 개체를 재빨리 받아들이지도 않는다. 양육자들이 가장 많이 저지르는 실수는 미리 준비하지 않는 것이다. 싸움이 나서 털 뭉치가 날아다닌 후에야 문제를 깨닫는다. 그러면 피해 대책 마련에만 급급해질 수밖에 없다. 집에 들이는 게 두 번째 고양이건 일곱 번째 고양이건 문제가 아니다. 새 고양이 소개에 지름길이란 없다. 처음부터 올바르게 하면 우리 자신은 물론 고양이가 곤경에 처하는 것을 막을 수 있다.

당연한 말이지만 집에 새 고양이를 한 마리 더 들이는 것이 적합한지부터 신중하게 고려해야 한다. 현재의 고양이 가족에게 득일까 실일까? 모든 고양이가 충분한 영역을 가졌다고 생각되는가? 새 고양이를 소개하는 과정에 필요한 시간과 인내심을 충분히 발휘할 수 있는가? 심지어 구조 상황처럼 낯선 고양이에게 갑자기 간택되었을 때조차도 관련 있는 모든 이에게 갈 스트레스를 최소화할 수 있는 계획을 세워야 한다.

기존의 고양이가 부적절한 장소에 배변 또는 스프레이 마킹같이 모래화장실 사용과 관련한 문제를 겪고 있다면, 새 고양이의 등장으로 추가적인 스트레스를 받기 전에 그 문제부터 해결해야 한다. 문제를 해결하지 않고 새 고양이를 들인다면 현재의 모래화장실 사용 문제는 더 큰 문제로 바뀌기 십상이다. 모래화장실 문제 해결을 위해선 제7장을 참고한다.

신참을 위한
보호실
준비하기

새 집에 도착한 고양이에게는 반드시 그 고양이만 머물 수 있는 작고 안전한 보호실이 있어야 한다. 신참 고양이에게는 새 환경에 익숙해질 수 있는 조용하고 안전한 영역이 필요하고, 기존 고양이들은 굳이 자기 영역을 침범한 새 고양이의 얼굴을 당장 마주칠 필요가 없다.

신참은 보호실에서 지내면서 새 집 냄새에 익숙해지고 우리와 신뢰를 쌓는 과정을 시작할 준비를 한다. 특히 신체적·정신적 트라우마를 겪고 있는 구조 고양이에게 보호실은 더욱 중요하다. 고양이는 그곳에서 차분하고 편안하게 적응할 수 있다.

문만 있다면 어떤 방도 보호실이 될 수 있다. 새 고양이에게 지금 당장은 많은 공간은 필요 없다. 제일 필요한 건 안전과 보안이다. 집에 반려동물이 한 마리도 없다 해도 보호실은 반드시 필요하다. 작은 고양이가 안전함을 찾아 어쩔 줄 몰라 하며 자기 공간을 찾아다니는 모습을 떠올려보자. 때맞춰 볼일을 보기 위한 모래화장실의 위치도, 마지막으로 밥을 본 곳도 기억하지 못할 것이다. 특히 새끼 고양이는 모래화장실 습관을 배우는 단계에 있는 만큼 이용하기 편리하게 공간을 설계해줘야 한다.

구멍을 뚫은 종이박스나 종이봉투는 고양이에게 훌륭한 장난감이자 은신처가 된다. ⓒ kmsh, Alexey Kozhemyakin

성묘를 데려올 때도 스트레스 요인을 고려해야 하긴 마찬가지다. 새 고양이가 환경에 익숙해지지 못하고 처음 몇 달을 가구 뒤나 침대 아래 숨어서 보내길 원하는 사람은 없을 테니 말이다.

은신처 마련하기

보호실을 준비하는 데 있어 첫 번째 원칙은 보호실이 텅 비어있으면 안 된다는 것이다. 숨을 공간이 없는 장소는 고양이를 두렵게 한다. 만약 침실을 보호실로 사용한다면 숨을 공간을 따로 만들어줘야 고양이가 침대 아래에서 몇 주씩 숨어있지 않게 된다. 상자는 간단하고 효과적인 숨을 공간이다. 상자 하나 또는 두 개를 나란히 붙여 우리 냄새가 묻어있는 수건이나 티셔츠를 깐다. 고양이가 정말 겁먹고 있다면 앞에서 설명한 것처럼 상자나 종이가방을 사용해 터널을 만들어준다. 고양이의 크기에 맞는 상자를 준비해 구멍을 만든다. 부드러운 패브릭 소재 터널도 효과가 좋다.

사료와 모래화장실

방 한쪽에는 사료그릇과 물그릇을 두고, 그 반대편 벽에 모래화장실을 둔다. 화장실을 음식 가까이에 둬선 안 된다. 고양이는 먹는 곳에서 배변하지 않기 때문이다. 아무리 보호실이 작더라도 음식과 화장실은 최대한 멀리 떨어뜨린다.

모래화장실은 커버가 없어야 한다. 성묘를 데려온다면 그리고 그 고양이의 전 보호자를 알 수 있는 경우라면 고양이가 익숙하게 사용했던 모래와 같은 타입을 사용하다가 나머지 고양이들이 쓰고 있는 모래로 차츰차츰 바꿔나간다. 원래 사용하던 모래에 새 모래를 아주 적은 양부터 조금씩 섞으면 된다. 며칠을 두고 그 양을 천천히 늘려나간다.

안전한 환경 만들기

고양이에게 절대 안전한 환경을 만든다. 흔들대는 전기 코드줄은 싹 정리하고, 섬세한 작은 장식품들은 치운다. 램프는 상부가 너무 무거운 건 아닌지 확인한다. 창문 블라인드 줄은 코드 정리기를 이용해 정리한다. 신참이 새끼 고양이라면 전선줄에 비터애플 씹기 방지용 크림을 발라둔다.

한밤중에 고양이가 잘 있는지 확인하기 위해 보호실에 들어갈 때 환한 전등을 켜지 않도록 수면등을 플러그에 꽂아둔다. 이는 새로 온 고양이가 구조된 고양이거나 새로운 환경에 극도로 두려움을 느끼는 고양이라면 특히 중요한 사항이다.

친밀한 페로몬, 펠리웨이

신참이 성묘라면 방에 펠리웨이Feliway를 사용한다. 이것은 합성 고양이 얼굴 페로몬을 함유한 행동 수정 제품이다. 고양이는 자신이 편안하다고 느끼는 곳에 얼굴을 문질러 그 냄새로 스스로를 안심시키고 평온함을 느낀다. 펠리웨이에 대한 자세한 설명은 제7장에서 읽을 수 있다. 펠리웨이는 플러그인 디퓨저형과 스프레이형 두 가지가 있다. 스프레이를 사용한다면 12시간마다 뿌려야 한다. 보호실에는 디퓨저를 사용하길 권한다. 이게 더 편리하기 때문이다. 디퓨저형은 한 달 정도 지속되고 약 60제곱미터의 넓이를 커버한다.

새 스크래처

보호실에는 스크래처가 꼭 필요하다. 스크래칭 기둥은 고양이의 발톱 관리와 전신 근육 스트레칭에 필수적이다. 또한 낯선 영역에 들어온 신참은 스크래칭 기둥에 남겨진 자기 발톱 자국을 보고 자기 발바닥 패드의 페로몬 냄새를 인지할 수 있어 위안을 얻게 된다. 새끼 고양이를 입양할 때도 보호실 안에 스크래칭 기둥을 두는 것은 매우 중요한데, 트레이닝을 유리하게 출발할 수 있기 때문이다. 단, 보호실에는 집에 있던 스크래칭 기둥을 둬서는 안 된다. 새 고양이에게 다른 고양이들의 발톱 자국과 냄새가 가득한 기둥을 주면 안정은커녕 오히려 불안을 가중시키는 셈이다. 게다가 스크래처가 사라지면 기존 고양이들도 혼란스럽기 마련이니 이들이 쓰는 기둥을 옮길 생각은 말자.

보호실에 어떤 타입의 스크래처를 두면 좋을지는 제8장을 참고하자. 나는 사이잘삼을 두른 키가 큰 수직형 기둥과 수평형 패드를 추천한다. 수평형 패드의 경우 비교적 저렴한 올록볼록한 골판지 스크래처를 구할 수 있다. 고양이에게 무척이나 인기가 좋다. 새로 온 고양이가 수평형을 좋아할지 수직형을 좋아할지 아니면 둘 다 좋아할지는 미지수이니 바닥을 잘 덮고 다른 가구를 지킬 대비를 해야 한다.

장난감

고양이가 혼자서 사물 놀이 object play 를 할 때 즐길 수 있는 장난감 몇 개와 적어도 한 개 이상의 상호작용 낚싯대 장난감이 필요하다. 상호작용 장난감은 보호자와 고양이 간의 신뢰를 형성하는 데 중요한 도구가 된다. 고양이와 일정 거리를 유지하면서도 고양이가 새 보호자와 긍정적인 경험을 연관 지을 수 있기 때문이다. (더 자세한 상호작용 놀이 기술은 제5장에서 설명된다.)

혼자 가지고 놀 장난감으로는 플레이 앤 스퀵 마우스Play N Squeak* 같은 털북숭이 장난감 쥐 몇 개와 바스락 소리가 나는 종이공이 좋다. 고양이의 나이, 크기, 성격을 고려해 적절한 장난감을 고른다. 새끼 고양이나 겁먹은 고양이에겐 크고 겁을 주는 장난감은 금물이다.*

고양이식 특급 호텔

고양이는 올라가있을 수 있는 받침대를 사랑하고 또 필요로 하기 때문에 가능하다면 창문 해먹 또는 캣타워를 방에 설치한다. 그게 어렵다면 적어도 튼튼한 상자 위나 가구 한쪽에* 고양이 침대를 놓거나 여분의 베개나 접은 수건을 올려둔다. 보호실로 쓰고 있는 방에 TV나 동영상 플레이어가 있다면 고양이용 오락프로그램을 틀어줄 수도 있다. 새로 온 고양이는 초호화 호텔에 와있다고 여길 것이다.

공간이 제한적일 때의 고려 사항

보호실로 사용할 만한 적당한 방이 없어서 부득이하게 욕실을 보호실로 사용해야 한다면, 고양이에게 숨을 장소를 비롯해 그 외 안정감을 주기 위해 필요한 것들을 제공해야 한다. 고양이 침대 또는 접은 수건은 세면대 옆 카운터 위에 올려둔 박스 안이나 세면대 안에 둘 수도 있겠다. 어떤 곳에 보호실을 마련하든 간에 우리는 최선을 다해야 한다.

---

* 털북숭이 쥐 인형으로 찍찍 소리를 낸다. - 옮긴이주
* 고양이마다 좋아하는 장난감이 다르니 여러 종류의 장난감을 끊임없이 시도해 고양이가 좋아하는 것을 반드시 찾아주는 것이 중요하다. - 옮긴이주
* 집에 있는 가구들을 활용하는 것도 좋은 방법이다. - 옮긴이주

나머지 집 안 준비 사항

모래화장실 추가하기

모래화장실부터 시작해보자. 고양이 식구가 늘 때는 모래화장실 개수도 늘려야 한다. 한 마리에서 두 마리가 될 경우도 그들이 화장실을 제대로 공유할지는 미지수다. 여러 마리에서 한 마리가 더 늘어난다면 화장실 균형이 깨지기 때문에 예의주시하면서 화장실 개수와 화장실 놓을 장소를 늘릴 준비를 해야 한다. 최소한 고양이 마릿수에 화장실 개수를 맞춰야 한다.※ 캣타워나 창문 해먹도 추가해야 하는데 한 마리에서 두 마리로 늘 경우엔 특히 더 그렇다.

고양이에게 안전한 환경 갖추기

집 안에 더 이상 전선줄을 갖고 놀거나 물건을 떨어뜨리며 놀지 않는 성묘들만 있다 해도, 새로 온 고양이는 그렇지 않을 수 있다. 특히 어린 고양이라면 말이다. 보호실에서 그랬던 것처럼 집 전체의 안전도 확인한다. 흔

※ 최근 고양이 행동학자들은 n+1을 추천한다. - 옮긴이주

들거리는 줄들은 안전하게 묶고, 전선에는 비터애플 씹기 방지용 크림을 바르고, 창문 블라인드가 안전한지 확인하고, 깨지기 쉬운 물건은 안전한 장소로 옮긴다.

페로몬 뿌리기

펠리웨이는 새로 온 성묘를 편안하게 느끼게 도와주는 것은 물론, 보호실 밖에 있는 고양이들에게도 도움을 준다. 그러니 보호실 문 주변에 펠리웨이 스프레이를 뿌리거나 근처에 콘센트가 있다면 펠리웨이 디퓨저를 꽂아둔다.

집에 데려가기 전에 건강검진부터

새 고양이는 집에 데려가기 전에 반드시 수의사에게 먼저 보여야 한다. 필요한 검사를 모두 받고, 필요하다면 예방주사도 맞고 구충도 한다. 벼룩, 진드기 같은 것들을 온 집 안에 퍼뜨리고 싶지 않다면, 기생충 검사도 해야 한다. 고유의 상황 및 관련된 모든 고양이의 건강 상태에 따라, 수의사는 새 고양이에게 얼마만큼의 검역 기간이 필요한지와 다른 고양이들에게 노출되기 전에 재검사를 받을 필요가 있는지의 여부를 알려줄 것이다. 또 기존에 키우고 있는 모든 고양이는 모든 예방접종을 마친 상태여야 한다. 나이 또는 의학적 상태 때문에 실내 고양이 모두 또는 일부가 예방접종을 받지 못한 상태라면 꼭 필요한 안전 예방조치 없이는 집에 낯선 고양이를 데려가서는 안 된다.

소개 매뉴얼

격리 상태에서 시작한다

드디어 그날이다! 고양이를 집으로 데려오면(이동가방에 넣은 상태로) 곧장 모든 준비를 해둔 보호실로 간다. 성묘라면 이동가방을 열어놓고 그대로 방을 나온다. 이렇게 하면 고양이가 방을 조사해도 좋을 만큼 충분히 안전하다고 느낄 때까지 가방 안에 있을 수 있고, 우리 때문에 겁먹을 일도 없다. 아마 당장은 먹는 데 관심이 없겠지만 물과 먹이도 마련해주고, 모래화장실도 바로 사용할 수 있게 미리 준비해준다.

신참은 한동안 혼자 두고 고참 고양이들에게 집중하는 것이 좋다. 보호실을 나오면서 기존 고양이들을 과도하게 끌어안아 상황에 대해 과잉보상을 하려고 하거나 그밖에 고양이들을 불안하게 만들 만한 행동을 해선 안 된다. 가능한 한 여느 때처럼 행동한다.

신참이 새끼 고양이라면 어디에 무엇이 있는지 확실히 알 때까지 어느 정도 시간을 함께 보낸 다음 방을 나온다. 이 첫 단계 동안, 보호자는 보호실 안에서 가운을 입고, 나올 때는 벗어두고 나오는 게 좋다. 이렇게 하면 우리 몸에 냄새를 심하게 묻히지 않은 채 신참 고양이를 안을 수 있다. 또 보호실을 나오면 손을 씻는 것도 잊지 않는다. 물론 고양이들은 우리 몸에 묻은 아주 미세한 양의 냄새도 확실하게 감지해낼 수 있지만, 굳이 고참 고양이 하나를 쓰다듬으러 가면서 대놓고 그를 기분 나쁘게 만들 필요는 없으니 말이다.

이 첫 '격리' 시간 동안, 기존 고양이들과 상호작용 놀이 세션을 갖는다. 한두 마리가 보호실문 앞을 어슬렁대며 흥분하는 것처럼 보이면 상호작용 놀이 세션을 바로 거기서 시작해서 차츰 문에서 먼 쪽으로 고양이를 유인한다. 문에서 고양이를 계속 떼어둘 수는 없지만(게다가 우리는 사실 내심 고양이들이 조사를 시작하길 바라고) 놀이 세션을 통해 고양이가 문 앞에서 진을 치고 앉아 과하게 흥분하는 것은 막을 수 있다.

신참과의 상호작용 놀이 시간은 신뢰를 쌓는 중요한 과정으로 당장 시작해야 한다. 새끼 고양이라면 놀이 시간을 통해 우리와 유대감을 맺게 하고, 또 새끼 특유의 끝도 없는 에너지도 일부 발산하게 할 수 있다. 신참이 성묘인데 유난히 겁을 먹었다면, 상호 교류를 통해 편안한 영역 내에서 머물 수 있게 된다. 놀이는 신뢰를 쌓는 훌륭한 방법이다.

소개 과정에서 꼭 기억해야 할 중요한 두 가지 규칙이 있다. 첫째, 이 과정은 한 번에 한 감각으로만 해야 한다. 둘째, 반드시 고양이에게 서로를 좋아할 이유를 만들어줘야 한다. 격리란 그저 과정의 일부일 뿐이다. 고양이들을 몇 달씩 격리시킬 수도 있지만, 그들이 결국 만나게 됐을 때 서로에게 '긍정적인 연관을 형성'하게 하지 못한다면 그 소개는 실패나 다름없다.

한 번에 한 감각씩이란, 서로 보거나 접촉하기 전에 고양이들이 처음 서로의 냄새를 맡고 서로의 소리를 들을 때는 한 감각씩 진행해야 한다. 냄새는 이 과정에서 정말 중요한 역할을 한다. 고양이의 코는 24시간 초과근무에도 보란 듯이 제 능력을 발휘한다. 한 번에 한 가지 감각으로 과정을 제한하면 그렇지 않을 때에 비해 감정을 통제할 수 있는 확률이 훨씬 높다.

일단 신참을 보호실에 넣고 나면 진도를 나가기 전에 이 단계에서 잠깐 동안 상황을 내버려둘 필요가 있다. 기존 고양이들은 이미 방문 너머에 낯선 누군가가 있다는 사실에 흥분한 상태다. 기존 고양이들이 이 사실에 익숙해지게 해야 하고, 신참에게는 적응할 시간을 줘야 한다. 고양이들을 소개할 타이밍은 매우 신중하게 판단해야 한다. 자기 고양이에 관한 한 양육자보다 잘 아는 사람은 없으니 진도를 나가도 좋을 때를 알 수 있는 것도 양육자다. 예를 들어, 기존 고양이들은 늘 하던 대로 평범한 일상을 즐기고 (대부분의 시간 동안), 기꺼이 놀고 싶어 하고, 같이 사는 고양이들을 향해 방향 전환된 공격성도 보이지 않아야 한다. 또 신참도 마찬가지로 안정되고 편안해야 한다. 안 그러면 신참은 온통 숨는 데만 급급할 것이다. 소개 과정을 얼마나 진행해야 하는지 정해진 것은 없다. 고양이도 모두 개인차가 있고, 보호자들도 모두 처한 상황이 다르다. 며칠 만에 과정을 해내는 고양이도 있고, 몇 주 심지어 몇 달씩 걸리는 고양이도 있다. 우리 집 소개 과정이 남들보다 오래 걸렸다고 낙담하지 말자. 내가 줄 수 있는 최고의 조언은 '고양이의 페이스에 따르자'다.

냄새가 묻은 양말 교환

소개 과정에 쓸 첫 번째 감각은 후각이다. 양말 교환은 새로 온 고양이와 기존 고양이가 매우 안전하고 통제 가능한 상황에서 서로를 알아가는 방법이다. 한편, 페로몬은 서로에 대해 많은 것을 말해주는 냄새 화학물질이다. 이 친근한 얼굴 페로몬의 정보를 공유하는 것은 멋진 첫 인사가 된다. "안녕, 만나서 반가워."

양말 몇 켤레를 찾아 한 짝을 쥐고 기존 고양이 중 하나의 뺨을 문질러 얼굴 페로몬을 모은다. 고양이마다 각각 다른 양말을 써야 긴장감을 일으키지 않는다. 만약 고양이가 아주 많다면 한꺼번에 모두를 문지르지 말고,

내키는 한두 마리부터 시작하는 편이 좋다. 그래야 새로 온 고양이가 잘 받아들일 수 있다. 신참에게 겁을 주지 않도록 사교적이지만 차분한 고양이부터 고른다. 이런 고양이들을 먼저 소개해야 나중에 편해진다.

일단 양말 한 짝에 기존 고양이 중 한 마리의 냄새를 모은 다음, 다시 깨끗한 양말 한 짝을 갖고 보호실로 가서 신참 얼굴 주변을 문지른다. 물론 신참이 이를 받아들일 만큼 충분히 편안해야 한다. 그리고 신참의 방, 즉 보호실에 기존 고양이의 페로몬을 묻힌 양말을 놓고 나온다. 신참 고양이의 페로몬을 묻힌 양말은 집의 메인 장소에 둔다. 신참이 겁을 먹었거나 뺨 문지르기가 지금까지 쌓아온 신뢰에 약간이라도 해가 될 것 같은 느낌이 든다면 걱정 말고 다음 방법을 쓴다. 신참의 침대 위에 깨끗한 양말 한 짝을 올려두고, 신참이 그 위에 눕길 기다린다. 그런 다음 양말을 가지고 나와 집의 메인 장소에 둔다.

냄새 교환의 수단으로는 양말이 가장 적합하다. 수건처럼 양말보다 큰 물건은 오히려 상대 고양이에게 압도되는 기분을 느끼게 해 역효과일 수 있다.

양말 교환으로 우리는 어떤 고양이가 흥분한 상태인지 또는 평온한 상태인지를 판단할 수 있다. 만약 고양이가 하악질을 하거나 으르렁대다가 양말을 공격하기 시작한다면 소개 과정이 빨리 끝나지는 못할 것이다. 반대로 고양이가 양말 냄새를 맡고 아주 온화한 관심만 보인다면 좋은 신호다.

성급함은 금물!

만약 서로 코를 맞댈 수 있도록 신참을 안아 올려 기존 고양이 중 하나에게 들이대는 식으로 과정에 속도를 내고 싶단 유혹이 든다 해도 절대 그래선 안 된다! 꿈 깨고 고양이들의 현실 세계로 돌아가자! 어떤 식으로든지 강압적인 상호작용은 그야말로 재난을 일으킬 뿐만 아니라 상처를 입히기 십상이다!

하지만 고양이가 양말에 강한 부정적 반응을 보인다 해도 낙담할 필요는 없다. 소개 과정의 시작이 힘들다 해서 고양이가 서로 친해지지 않는 건 아니니 말이다. 처음에는 순탄치 않기 마련이다. 고양이들이 '관심'을 서로가 아닌 양말에 두는 것이 훨씬 더 안전하다. 양말 교환은 모두가 서로의 냄새에 어느 정도 친숙해졌다고 느껴질 때까지 하루에 몇 번씩 한다.

방 교환

시작하기 전에 새로 온 고양이가 매복 공격을 받을지 모른다는 두려움 없이 더 넓은 영역으로 안전하게 탐색을 나설 수 있도록 먼저 기존 고양이들을 집 안 별도의 장소에 둔다. 신참이 집 안을 돌아다닐수록 더 많은 냄새를 남기게 되고, 이 냄새는 기존 고양이들이 신참의 존재에 더 잘 적응하도록 도와준다. 방 교환을 위해 보호실에서 신참을 나오게 할 때는 그냥 문을 열어두고 스스로 방 밖으로 나오게 해줘서 여의치 않으면 즉시 보호실로 돌아갈 수 있다는 사실을 알게 해준다. 절대 신참을 들어 올려 거실 한가운데 내려놓으면 안 된다. 이렇게 했다간 겁을 먹고 숨기 십상이다. 긴장한 것처럼 보이면 상호작용 장난감을 사용해 밖으로 이끌 수도 있고, 고양이가 먹이에 동기부여가 된다면 먹이를 이용해 유인할 수도 있다.

이제 기존 고양이들이 신참의 영역을 점검할 차례다. 먼저 신참이 다른 방에 안전하게 있는지 확인한 다음 시작한다. 일단 기존 고양이 가운데 신참을 가장 잘 받아들일 법한 한두 마리부터 한다. 방 교환하기를 할 때 조심해야 할 것 중 하나는 '방향 전환된 공격성'이다. 기존 고양이 중 하나가 너무 흥분해서 동료에게 화를 낼 수도 있으니 어떤 고양이를 제일 먼저 보호실로 보내야 하는지에 대해 신중하게 판단해야 한다. 한 번에 한 마리씩 하는 것이 좋다. 이때 기존 고양이를 보호실에 던져넣듯 넣어서는 안 된다. 방문을 열어두어 고양이가 스스로 들어가게 해야 한다. 얼마나 안쪽으로,

얼마나 빨리 갈 것인지도 스스로 정할 수 있게 내버려둔다.

방이 충분하지 않은 경우에는 신참을 이동가방에 넣어 가족이나 친구에게 집 밖에 잠깐 데리고 있어 달라고 부탁한 다음, 기존 고양이들에게 보호실을 점검하게 한다.

방 교환이 끝나면 고양이들에게 보상으로 식사 또는 트릿treat을 준다. 방 교환을 포함한 모든 트레이닝 세션은 항상 긍정적인 분위기로 끝나야 하고 짧게 이뤄져야 한다. 가장 중요한 것은 신참이 집의 메인 부분을 탐색하는 것이다. 기존 고양이들의 보호실 탐색은 이것만큼은 중요하지 않으니 만약 그들이 흥분한다면 계속하지 말고 멈춘다.

방 교환은 고양이들이 편안해한다고 느낄 때까지 또는 적어도 서로의 냄새에 편안해졌다고 느낄 때까지 하루에 몇 번씩 한다. 하루면 될 수도 있고 며칠이 걸릴 수도 있다. 다시 한 번 강조하지만 고양이들의 페이스에 맞춰야 한다.

만나면 좋은 일이 생기네?

자, 모두가 서로의 냄새에 편안해졌으니 이제 고양이들을 서로 직접 보게 할 차례다. 고양이들의 대면은 짧게, 긍정적으로, 안전한 거리에서 이뤄져야 한다. 앞서 말했던 규칙을 다시 떠올려보자. 반드시 고양이에게 서로를 좋아할 이유를 만들어줘야 한다. 보호실 문을 열어두고 모든 고양이가 먹이나 트릿을 먹는 동안 서로를 볼 수 있게 한다. 즉, 출입구를 사이에 두고 방 안쪽의 신참과 바깥쪽의 고참들에게 동시에 트릿을 준다. 전력을 다해야 할 만큼 중요한 단계이니, 고양이들이 절대 거부할 수 없는 맛있는 것을 사용해야 한다. 트릿을 사용할 때는 작은 조각으로 잘게 잘라서 하루 영양 권장량에 문제가 없도록 한다. 잘게 잘라도 고양이에겐 여전히 최고의 트릿이다. 고양이가 시판 중인 트릿을 좋아하지 않는다면 잘게 찢은 익힌 닭고기살을 사용할 수 있다. 트릿은 고양이들을 유인하기에 충분한 만큼만 사용한다. 너무 자주 또는 너무 많이 주게 되면 그 트릿은 더 이상 힘을 발휘할 수 없다.

먹이에 확실하게 동기부여가 되는 고양이라면 서로가 있는 곳에서 식사를 준다. 방을 가운데 두고 양쪽에 각각 사료그릇을 두면 된다. 여기서 핵심은 고양이에게 서로 가까이 있으면 좋은 일이 일어난다는 것을 알려주는 것이다. 먹이에 동기부여가 되지 않는 고양이라면 관심 끌기 차원에서 상호작용 장난감을 사용할 수 있다. 즉, 고양이가 상대 고양이에게 너무 집중한다면 장난감으로 관심을 돌릴 수 있다. 신참이 보호실 한쪽 구석에서 나오려 하지 않을 때도 장난감을 활용할 수 있다. 모두 트릿을 다 먹었거나 몇 분간의 놀이 시간이 끝나면 즉시 이 세션을 끝낸다. 고양이들을 억지로 30분간 함께 있게 해서 하악질이나 으르렁거림으로 세션을 끝내는 것보다는 긍정적으로 끝나는 30초짜리 세션을 여러 번 반복하는 것이 훨씬 좋다. 고양이 사이가 더 좋아질 것 같은 생각에 세션을 조금 더 오래 끌고 싶은 마음이 들기 마련이지만 시간은 얼마든지 있다.

주기적으로 신참이 사용한 모래화장실에서 극소량의 모래를 가지고 와 (1/8티스푼부터 시작한다) 기존 고양이들이 사용하는 화장실 중 하나에 둔다. 처음부터 너무 많은 양을 옮겨놓으면 화장실 기피 문제가 생길 위험이 있다. 반대로 기존 고양이들의 메인 화장실 중 하나에서 오염된 모래를 극소량 떠서 (다시 강조하지만 1/8티스푼 이상은 안 된다) 신참의 모래화장실에 넣는다. 만약 고양이가 부정적인 반응을 보이면 이보다 훨씬 더 적은 양을 옮겨놓는다.

계속 진도 나가기

고양이들이 더 오랫동안(한 시간 또는 그 이상) 교류할 수 있게 되더라도 보호실은 그대로 둔다. 밤중이나 그 외에 우리가 감독할 수 없는 상황일 때는 다시 신참을 그곳에 둬야 하기 때문이다. 감독에 관해 말하자면, 고양이들이 보기에 우리 행동이 평소와 다름없이 태연해야 한다. 물론 우리로서는 고양이들의 반응을 지켜보고 싶지만 우리가 너무 가까이 있으면 고양이들이 자연스럽게 행동하지 않기 쉽다. 반면 어떤 고양이는 양육자가 가까이 있을 때 오히려 안정감을 느끼기도 하니 그 균형점을 잘 찾아야 한다. 존재하되 태연하게 그리고 편안하게!

신참에게 이목이 너무 많이 쏠리거나 긴장감이 고조되고 있다고 느껴지면 고양이들의 관심을 돌리기 위해 트릿 몇 개나 장난감을 던진다. 그들의 심리 상태를 긍정적으로 바꿔주는 것이라면 무엇이든 좋다. 고양이 하나가 다른 녀석을 스토킹하기 시작했다는 사실을 알아차렸다면, 상호작용 장난감을 바로 쓸 수 있도록 가까이 두고 스토킹이 시작되기 '전'에 장난감을 사용한다. 고양이 하나가 다른 녀석을 공격하려 드는 순간, 큰 소리를 내거나 박수를 칠 수도 있지만, 그보다는 계속 긍정적인 방법을 쓰는 편이 고양이가 다른 녀석을 더 빨리 받아들이게 된다. 공격성을 보인다고 해서 고양이에게 화를 내거나 벌을 줘서는 안 된다. 그러면 우리가 지금까지 만들려고 애쓴 긍정적인 연관이 모두 무효화된다.

미묘한 위협을 계속 주시하자. 똑바로 응시하며 하반신 쪽을 들어 올리는 것은 보호자로서는 놓치기 쉽지만 신참에겐 가장 무서운 몸자세다. 끊임없이 공격성을 보이는 고양이에겐 목걸이에 방울을 단다. 이렇게 하면 고양이도 우리도 그의 행방을 더 잘 모니터할 수 있다.

소개 과정이 며칠, 몇 주 또는 몇 달이 걸리든 낙담하지 말자. 고양이의 페이스에 맞추는 것이 정답이다. 소개 과정의 일부 단계들은 부드럽게 진행될 수 있지만 곧 뜻밖의 장애물을 만날 수도 있다. 그게 정상이다. 그러니 그냥 잘 견뎌내자.

일이 잘 풀리지 않을 때 할 수 있는 일

좀처럼 보호실을 떠나지 못하는 신참도 있다. 이런 경우, 소개 과정의 속도를 늦춰본다. 고양이를 서로에게 너무 오래 노출시켰을 수도 있고, 소개 과정 중 한 단계를 너무 서둘렀을 수도 있다. 여유 있는 페이스에도 불구하고 일이 제대로 풀리지 않는다면 일시적으로 원래 문을 떼어내고 보호실 방문에 안을 들여다볼 수 있는 스크린 도어를 설치한다(인테리어 용품점에서 저렴하게 구입할 수 있다). 원래 문을 그대로 두고 싶다면 아기 안전문을 여러 개 쌓아올릴 수 있는데 양쪽에 경첩이 달려 좌우로 활짝 열리는 여닫이 문을 찾아 설치하면 방을 드나들 때도 편하다.* 스크린 도어 또는 아기 안전문은 고양이들이 서로를 볼 수 있게 해주고, 안전한 상태에서 더 가깝게 접촉할 수 있게 해준다. 우리 바람대로 고양이들은 서로의 존재에 '탈감각화desensitize*'되기 시작할 것이다. 대개의 경우 이 방법을 쓸 필요가 없긴 하지만, 고양이들을 아무 제한 없이 접촉 가능한 상태로 두기 전에 이 중간 단계를 거치는 것이 안전할 수도 있다.

> 트레이닝에서 중요한 3가지 팁
>
> ◇ 좋은 행동에는 보상을 해주고 트레이닝 세션은 항상 긍정적인 상태일 때 끝낸다.
> ◇ 행복하게 끝나는 짧은 세션을 여러 번 갖는 편이 좋다.
> ◇ 고양이들이 친해지길 간절히 바랄수록 고양이들이 자기 페이스대로 가도록 참을성 있게 기다린다.

---

* 미국의 경우 우리보다 다양한 디자인의 아기 안전문이 존재한다. - 옮긴이주
* 둔감해지는 것. - 옮긴이주

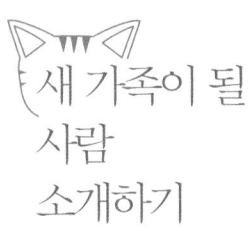
새 가족이 될 사람 소개하기

고양이가 배우자가 될 사람을 좋아한다면 행복한 대가족이 될 수 있겠지만(이제 부모님만 설득하면 된다), 반대로 고양이가 내 연인을 싫어한다면 어떻게 해야 할까?

해결 방안

연애 기간 동안 고양이가 예비 배우자를 좋아했다 해도 한집에서 24시간 같이 산다는 것은 완전히 별개의 문제다. 우리가 고양이와 함께 배우자의 집으로 이사할 계획이라면 또는 새 집으로 옮길 계획이라면 이 장의 '새 집 소개하기'를 참고하면 된다. 반대로 배우자와 그(그녀)의 가구들이 우리 집으로 들어오는 경우라면 가구들을 조금씩 옮겨야 한다. 낯선 가구들을 한 번에 몇 개씩만 옮기면서 가구 모서리에 펠리웨이를 뿌린다. 한 번에 이사할 계획이라면 이사하기 전에 우리 차에 작은 가구들을 몇 개 먼저 실어서 가져온다. 이사를 조금씩 해나갈수록 고양이들이 적응하기가 더 쉽다.

고양이들의 원래 일과를 유지하는 것도 중요하다. 놀이 세션이나 식사를 정해진 시간에 하고 있었다면 그대로 지킨다.

고양이와 함께하는 삶에 대해 미리 배우자의 의견을 묻고 계획을 세워야 한다. 배우자가 고양이 털 알레르기가 있는지, 모래화장실을 특정 위치에 고집하는지, 고양이가 자신의 가구 위에 엎드려 쉬는 것에 대해 불편해하는지, 고양이 한 마리 또는 그 이상이 한 침대에서 자는 것에 대해 어떻게 생각하는지 등등 이런 이슈들에 대해 미리 이야기를 나눠야 나중에 위기 단계까지 치닫지 않는다.

고양이를 침대 밖으로 내보내기로 결정했다면 배우자가 이사 오기 전부터 그렇게 하는 것이 좋다. 그래야 고양이가 침대 밖으로 쫓겨난 것과 새로운 사람의 등장 사이에 부정적 연관을 형성하지 않는다. 이제부터는 하루 종일 침실 문을 닫아두어 고양이들이 그곳에서 어슬렁대지 못하게 할 수 있다. 침실 문을 닫으면 고양이 입장에서 그만큼 영역이 줄어드는 것이니 대신 다른 방에 안락한 캣타워, 올라갈 받침대, 숨을 공간을 더 많이 만들어줘야 한다.

고양이가 배우자를 미워한다면 어떻게 해야 할까? 가장 중요한 규칙은 그(그녀)가 고양이의 베스트 프렌드가 되려고 너무 열심히 노력해선 안 된다는 것이다. 고양이가 배우자에게 긍정적인 연관을 형성하는 것도 중요하지만, 그보다 그 페이스를 배우자가 아닌 고양이가 정하는 것이 더 중요하다.

사랑에 빠져 연애할 때는 무엇이든 긍정적으로 보이지만 결혼을 하고 현실에 발 딛게 되면 여러 사정이 달라진다. "피치 못할 사정으로 가족같이 키우던 고양이를 더 이상 키울 수 없게 되었습니다."라며 새 입양자를 찾는 사람들의 글은 고양이 카페에서 무척 자주 접할 수 있다. 그 원인 중 하나가 바로 배우자(또는 배우자의 부모)가 고양이와 함께 사는 것을 싫어하거나 탐탁지 않아 해서다. 동물을 좋아한다고 말하는 것과 함께 생활하는 것은 다른 문제라는 것을 명심해야 한다. ※ 옮긴이주

배우자 또는 그 외에 중요한 새 식구가 지켜야 할 에티켓

- 고양이가 우리 존재를 어떻게 여길지 늘 살펴야 한다. 큰 목소리나 큰 몸짓은 피한다.
- 고양이가 우리가 움직이는 속도와 발자국 소리에 반응하는 방식을 인지하고 있어야 한다. 여성하고만 살았던 고양이는 남성의 무거운 발자국 소리에 놀라기도 하고, 남성하고만 살아온 고양이는 여성의 높은 목소리와 빠른 움직임에 혼란스러울 수 있다. 심지어 향수도 일부 고양이에게는 문제가 될 수 있다.
- 고양이에게 접근하거나 고양이를 들어 올리려 하지 않는다.
- 고양이의 영역으로 들어가지 말고, 고양이를 내 쪽으로 오게 한다.
- 고양이가 냄새 조사를 하도록 둔다. 꼼짝없이 서서 냄새를 맡게 해준다.
- 고양이의 식사를 담당한다. 하지만 고양이가 흥분한다면 고양이의 사료그릇 주변을 서성대지 않는다.
- 상호작용 놀이 세션은 보호자가 시작하되 적어도 나머지 절반은 배우자가 맡는다. 이때 고양이가 아주 좋아하는 특별한 새 장난감들로 놀아준다.
- 절대 고양이를 벌주거나 꾸짖지 않는다.
- 의자에 있는 고양이를 억지로 내려가게 하지 않는다. 그래야 한다면 배우자가 아닌 보호자가 하도록 한다. 만약 집에 혼자 있는데 그 의자가 꼭 필요하다면 상호작용 장난감이나 트릿을 이용해 고양이를 의자 아래로 유인한다.
- 고양이를 쓰다듬으려고 손을 뻗기보다는 고양이가 냄새 조사를 할 수 있게 손가락 하나를 뻗어주는 게 더 낫다. 잠깐 그대로 있으면서 고양이가 다가오길 기다린다. 친한 고양이들은 서로 만났을 때 코와 코를 맞대어 인사를 하는데, 손가락 뻗기는 이와 비슷한 고양이 에티켓이다. 근사한 고양이 매너를 보여주고, 계속해도 좋을지는 고양이에게 따른다.

두 가족 합치기

합치는 가족의 대상에는 배우자의 아이와 우리 아이뿐만 아니라, 배우자의 고양이와 우리 고양이 나아가 개, 새, 기니피그, 아들의 12살 된 타란툴라 모두가 속하는데, 가족 합치기 과정에서 가장 힘든 사항이 바로 고양이 소개하기다(물론 타란툴라와 한 지붕 아래 자는 것이 더 힘들다고 말하는 사람도 있겠지만). 하지만 몇 가지 기본 규칙만 따르면 상황은 훨씬 쉬워진다.

해결 방안
우리가 새 배우자의 집으로 이사를 간다면, '우리' 고양이는 반드시 보호실에 둬야 하고, 반대로 배우자가 우리 집으로 이사를 온다면 그(그녀)의 고양이가 보호실에 들어가야 한다. 고양이들이 새로운 사람 가족원들과 천천히 친해지도록 도운 다음, 새 고양이 가족을 소개한다. 고양이들로서는 엄청난 변화이기 때문에, 고양이에겐 최대한 많은 협력자가 필요하다. 고양이는 변화를 싫어하는 동물이어서 고양이 스트레스 측정기에서 새 집, 새 가족, 새 고양이는 그야말로 높은 수치를 보인다.

만약 두 가족 모두 새 집으로 이사를 간다면 고양이의 관점에서는 오히

개와 고양이도 처음부터 소개를 잘 시켜주고 보호자가 좋은 환경을 만들어주면 멋진 동료가 될 수 있다. ⓒChendongshan

려 낫다. 새 집은 어떤 고양이도 아직 자기 소유를 주장하지 않은 중립적 영역이니 말이다. 이때는 보호실을 두 개 만든다. 전형적인 새 고양이 소개 과정을 그대로 따르되 진행에 앞서 고양이들이 보호실에서 편안해지게 내버려둔다. 그런 다음 각 보호실에서 고양이들을 따로 내보내 한 번에 조금씩 새 집을 탐험하게 해준다. 이때 소심하고 쉽게 겁을 먹는 경향이 있는 고양이에게 먼저 탐험의 기회를 주어 다른 고양이가 남겨둔 냄새로 인해 처음부터 겁먹지 않게 한다. 고양이가 보호실에서 평온해 보이고 집의 나머지 부분을 다 점검했다면 실질적인 인사 과정을 시작할 수 있다.

서로 절대 소개해서는 안 되는 관계

고양이와 고양이의 먹이동물이다. 만약 애완용 뱀, 새, 케이지 안의 쥐, 저빌 등을 키운다면 절대 고양이가 이런 동물들이 있는 장소에 접근하지 못하게 해야 한다. 고양이는 포식자다. 아무리 안전한 케이지 시설을 갖췄다 하더라도 이 케이지 속 동물들을 포식자가 불쑥불쑥 나타나는 두려움 속에서 살게 하는 것은 너무 잔인한 일이다.

이사,
새 집 소개하기

고양이 관점에서 보면 새 집으로 이사하는 것보다 더 큰 스트레스도 없다. 고양이는 친숙한 환경에서 큰 평온을 얻는다. 그러니 새로운 환경에 고양이를 소개하는 것은 심각한 불안감을 조장할 수 있다.

우리 고양이들은 현재 살고 있는 집에서 서열 체계를 잘 이해하고 그 안에서 저마다의 개인 영역을 마련해놓았다. 집 안의 작은 영역을 놓고 협상하는 것은 고양이에겐 상당히 큰일일 수 있는데, 새 집으로의 이사는 힘들게 쌓아온 세상이 한순간에 무너지는 것과 같다.

해결 방안

이사 준비를 시작하면 짐을 싸기 전에 가져갈 상자 귀퉁이에 펠리웨이를 뿌린다. 고양이가 아무리 상자를 좋아한다 하더라도 집에 낯선 냄새가 가득한 상자들이 잔뜩 쌓이는 것은 굉장히 스트레스를 받는 일이고, 특히 짐을 싸느라 환경이 바뀌기 시작하면 더 그렇다.

고양이가 도착하기 전, 새 집에는 보호실이 완벽하게 마련되어있어야 한다. 고양이들이 얼마나 사이좋게 지내는지 또 모두 몇 마리인지에 따라 필요한 보호실 개수를 결정한다. 고양이들이 스트레스를 받는 상황일 때는 사이좋은 고양이끼리 함께 두는 것이 중요하다. 보호실에 익숙한 가구들을 넣어주되 만약 고양이들을 여러 방으로 분리시켜야 할 때는 그 고양이가 제일 좋아하는 가구를 함께 넣어준다. 보호실이 또 다른 방에 속할 경우 가구를 넣을 필요는 없지만, 안전한 환경을 만들기 위해 해야 할 일들은 꼭 인식하고 있어야 한다.

최대한 친숙한 주변 환경을 유지하려 노력하자. 예를 들어, 한꺼번에 새 가구를 몽땅 사들이지 않는다. 고양이는 모든 것이 자기가 기억하는 장소에 있진 않더라도 제일 좋아하는 가구를 발견하고 위안을 찾을 것이다. 평소 가구 위에 덮개나 모포 등을 덮어둔다면 이사 가기 전에는 그것들을 세탁하지 않는다. 친숙한 냄새를 맡게 해주면 고양이는 더 안정감을 느낀다.

이사 때문에 너무 피곤하고 힘들더라도 고양이의 하루 스케줄은 그대로 유지한다. 익숙한 것들은 더 많이 할수록 좋다. 매일의 놀이 세션도 등한시하지 않는다. 고양이에게는 그 어느 때보다도 놀이 세션이 필요하다. 여러 방에서 놀이를 해서 고양이가 새 집에 긍정적인 연관을 형성할 수 있도록 한다.

이사가 주는 온갖 스트레스에도 불구하고 예상치 못한 보너스를 얻을 수도 있다. 새 집은 중립적인 영역이기 때문에 사이가 좋지 않았던 고양이들도 관계를 회복할 수 있다. 더 많은 고양이가 충분히 안정감을 느끼도록 영역이 분할될 수 있는데, 특히 이사 간 집이 클 경우가 더 그렇다. 또 중간 계급의 고양이들은 서열도 약간 바뀔 수 있다.

아이와 함께 창밖을 보고 있는 고양이. 창문은 고양이를 위한 환경풍부화에 아주 중요한 역할을 한다. ⓒSloOna

갓난아기 및 어린아이 소개하기

　고양이와 아기들은 강하고도 경이로운 유대감을 맺을 수 있다. 단, 아기의 탄생은 고양이 입장에서는 삶이 바뀌는 중요한 이벤트이니 고양이가 적응할 수 있도록 약간의 준비가 필요하다. 고양이가 아기를 질투해 앙갚음을 한다는 얼토당토않은 믿음이 만연해있는데 정말 잘못된 말이다. 예를 들어 고양이가 갑자기 화장실 밖에 대소변을 하는 것과 같이 어떤 행동에 변화가 생기는 것은 혼란스러운 상황으로 스트레스를 받아 불안하기 때문이지 앙갚음하는 것이 아니다. 고양이는 '변화를 싫어한다'는 것과 '습관의 영역 동물'이란 사실을 기억하자. 갑자기 털 없고 낯선 냄새가 나는, 그리고 아주 시끄러운 소리를 내는 작은 생명체가 집 안에 있는 것을 발견했을 때 고양이가 받게 될 스트레스를 상상해보자. 게다가 양육자는 더 이상 평소처럼 행동하지 않는다. 아무도 이런 변화에 대해 고양이에게 상담해주지 않고, 결국 고양이는 스트레스에 압도되고 만다.

　여러 마리 고양이를 키우고 있다면, 아기의 도착과 함께 일어나는 고양이들 간의 다이내믹한 변화를 발견할 수 있다. 아기가 집에 왔을 때 고양이 하나가 유독 더 불안해할 수 있는데, 이는 다른 고양이들을 불안하게 만드는 방아쇠가 될 수 있다. 불안감은 연쇄반응을 일으킨다. 불안한 고양이가 평소처럼 행동하지 않기 때문이다. 그것이 다른 고양이들을 혼란스럽게 하는 것이다. 처음에 가장 스트레스를 많이 받는 고양이는 '벨크로캣Velcro kitties' 즉 양육자에게 가장 애착이 강한 무릎 고양이다. 우리는 아기와 정말 많은 시간을 보내고, 대개는 고양이의 일상적 스케줄을 유지해주지 못하기 때문에 고양이는 무척 혼란스럽다. 그래서 더 많이 울거나, 자기 냄새를 우리 냄새와 섞기 위해 우리 침대 위 혹은 우리가 바닥에 벗어둔 옷 위에 배설을 하기 시작한다. 이러한 행동으로 고양이는 진정되고, 부적절한 장소에 남겨진 오줌 냄새는 다른 고양이들의 관심을 불러일으키게 된다. 그러니 여러 마리를 키우고 있다면, 행동 문제를 보이는 고양이만 주시해선 안 된다. 한 고양이의 행동이 그룹 전체에 어떤 영향을 미치는지 살펴야 한다.

해결 방안

가장 좋은 해결법은 고양이들이 '아기'라는 충격적인 대상에 갑자기 직면하지 않게 하는 것이다. 미리 아기 방을 준비하기 시작하면 고양이에게 아기를 소개하는 과정을 점진적으로 진행할 수 있다. 고양이들이 사용하고 있는 방을 아기 방으로 바꿀 계획이라면, 일단 고양이들을 다른 장소에 익숙해지게 만드는 것부터 시작한다. 그 방에 캣타워가 있었다면 일단 캣타워를 또 다른 아주 매력적인 장소로 옮긴다. 고양이들이 이 변화에 편안해지도록 새 장소로 옮긴 캣타워에서 고양이들과 노는 시간을 갖는다. 캣타워를 이동할 때는 영역권을 제대로 인지하고 있어야 한다. 만약 수평적 영역이 줄어든다면 수직적 영역을 늘려줘야 한다. 이는 훗날 고양이가 아기의 손길을 벗어나고 싶을 때도 도움이 된다.

아기 방을 꾸밀 때는 고양이들이 모든 새로운 냄새에 적응할 수 있게 조금씩 점진적으로 한다. 일주일 만에 페인트나 벽지를 바르고 새 카펫, 새 가구를 들여서는 안 된다는 이야기다. 특히 고양이가 새로 산 발의자 하나에도 스트레스를 받는 편이라면 더욱 그래야 한다.

고양이가 아기 방을 드나드는 정도는 괜찮지만 아기 침대에서 진을 치는 것은 원치 않을 것이다. 고양이가 아기의 숨을 빼앗아간다는 우습지도 않는 미신은 당연히 잘못된 말로, 우리가 오늘날 알고 있는 영아돌연사증후군(sudden infant death syndrome, SIDS)으로 설명될 수 있다. 그렇다 해도 우리는 신생아가 스스로 몸을 돌리지 못하기 때문에 아기 침대 안에는 아무것도 없길 바란다. 담요조차도 말이다. 그러니 고양이가 비어있는 아기 침대에서 낮잠을 자는 일이 없도록 당장 트레이닝을 시작한다. 빈 음료수 캔과 페트병 한 꾸러미를 챙겨와 캔마다 동전을 두세 개 넣고 테이프로 입구를 막은 다음 흔든다. 페트병에도 동전을 넣고 뚜껑을 닫는다. 그런 다음 아기 침대 안에 캔과 페트병을 가득 두어 고양이가 앉기 불편한 장소로 만든다. 아기가 집에 올 때까지 계속 그 상태로 둔다. 충분히 빨리 이 과정을 시작하면 고양이는 아기 침대는 들어가있기 좋은 장소가 아니라는 연관을 형성하게 된다. 그래도 아기가 집에 온 뒤에 고양이가 침대 안으로 뛰어들까 봐 신경 쓰인다면, 고양이 무게도 견딜 수 있는 견고한 아기 침대용 텐트를 구입할 수 있다.* 그런데 사실 나를 포함해 수많은 클라이언트의 경험상, 고양이가 아기 침대에 접근하지 못하게 하는 최고의 수단은 다름 아닌 아기가 내뿜는 귀가 찢어질 듯한 울음소리다.

고양이가 아기 냄새에 익숙해지도록 임신 중일 때부터 아기 로션과 파우더를 보호자 몸에 바른다. 또 아기 세제로 가족의 옷을 세탁하는 것도 고양이가 아기와 연관된 냄새에 익숙해지고 편안해지는 것을 돕는 좋은 방법이다. 아기 세제는 음식물 얼룩 제거를 위해 특별히 만들어졌기 때문에 세탁

※ 국내에서 판매되는 모기장과 비슷한 형태다. - 옮긴이주

임신 중일 때부터 고양이에게 아기 맞을 준비를 시키는 것이 좋다.
ⓒ Africa Studio

물이 놀랄 정도로 깨끗해진다.

출산 전 나는 내 고양이들에게 아기 맞을 준비를 시키면서 미리 크고 시끄러운 아기 장난감 몇 개를 사서 놀아주었는데, 이는 고양이가 앞으로 심심치 않게 겪게 될 깜짝 놀랄 큰 소리에 익숙해지는 데 꽤 도움이 되었다.

만약 고양이들이 아기와 가까이 지내본 적이 한 번도 없다면 아기가 있는 친구들을 잠깐씩 집으로 불러 차츰차츰 아기에 노출시켜준다. 아기와의 대면은 짧게 그리고 가능한 한 스트레스를 주지 않는 선에서 이뤄져야 한다. 타이밍도 중요한 만큼, 아기가 낮잠 잘 시간이거나 짜증이 나있을 때 데려오는 것은 피해야 한다. 또 친구에게 아기 소리, 특히 울음소리를 녹음해서 보내달라고 부탁하는 것도 좋다. 아기 소리는 상호작용 놀이 세션 때 작게 틀어놓는다.

보호자들이 저지르는 큰 실수 중 하나는 나중에 스트레스를 줄여주는 데 도움이 될 거라 생각하면서 아기가 집에 오기 전까지 고양이에게 큰 관심을 보이며 많은 시간을 함께하는 것이다. 하지만 일단 아기가 태어나면 고양이에게 쏟던 관심 수준을 계속 유지할 수 없기 마련이다. 그렇다 보니 고양이로서는 관심이 갑자기 줄어들어 오히려 스트레스가 된다. 그러니 아이가 온 뒤에도 유지할 수 있는 현실적인 스케줄대로 하는 편이 좋다.

만약 고양이가 올라가있을 수 있는 높은 받침대나 캣타워가 아직 없다면 더 이상 지체해선 안 된다. 출산 전에 미리 이런 것들을 준비해둬야 고양이

아기와 고양이는 행복한 유대감을 맺을 수 있다. 그러기 위해서는 준비 기간과 교육이 필요하다. 하지만 안심은 금물. 아기와 동물을 단둘이 내버려둬서는 안 된다. 언제나 보호자가 지켜보아야 한다.
ⓒSharomka

들이 거기서 편안한 시간을 가질 수 있다. 아기가 기어 다니기 시작하면 고양이에겐 탈출 장소가 필요하다. 아기가 움직이게 되기까지 시간은 충분하다고 자만할 수 있지만, 출산 전에 쇼핑할 시간을 내고 고양이들의 적응을 돕는 편이 훨씬 더 쉽다.

또, 모래화장실 위치도 조정해야 한다. 호기심 많은 아이가 다니는 길에서 벗어난 새 위치로 화장실을 옮겨야 하는데, 화장실 기피 문제 예방을 위해 차츰차츰 조금씩 옮긴다. 바람직한 장소에 이르기까지 하루에 약 1미터 정도씩만 옮긴다. 이때 영역 문제도 염두에 두고 진행해야 한다. 즉, 어떤 고양이가 그 화장실을 가장 자주 사용하는지 그리고 새 위치가 그 고양이에게 안전한 곳인지 말이다.

아기가 집에 온 뒤, 고양이 몇 마리가 잘 적응하지 못한다 해도 방법은 있다. 절대 아껴선 안 되는 것 중 하나가 상호작용 놀이시간이다. 하루에 두 번은 유지하려고 노력한다. 아기를 안고 낚싯대 장난감을 흔들어줄 수 있을 만큼 충분히 익숙해져야 한다. 나도 했으니 모두가 할 수 있을 것이다. 다른 가족원이 있다면 아기 때문에 바쁜 동안 놀이 세션을 부탁한다.

수유 중이거나 기저귀를 갈거나 아기와 놀아주느라 고양이와 물리적 상호작용을 할 수 없다 해도 말로는 얼마든지 상호작용을 할 수 있다. 고양이에게 말할 때는 달래주는 어조로 말한다. 자주 이름을 불러주고 우리가 뭘 하고 있는지 설명해준다. 아기에게 젖을 주는 동안 고양이가 자기 이름을 들고 다가와 우리한테 몸을 비비거나 우리 옆에 몸을 말고 있으면 정말 편안하다.

고양이가 아기 주변에서 흥분 또는 두려움을 느낄 때 보이는 사전 경고 신호를 예의주시해야 한다. 삼진아웃까지 기다려선 안 된다. 잠재적 문제의 첫 신호에 바로 고양이의 주의를 딴 데로 돌려야 한다. 초기에 행동을 포착하고 주의를 딴 데로 돌리는 것이 최선이다. 그래야 고양이가 아기의 존재와 공포심 간에 연관을 형성하지 않는다. 가장 걱정되는 고양이에게는 방울을 달아 움직임을 잘 지켜본다.

아기가 자라면서는 아기에게 고양이와 긍정적인 방법으로 부드럽게 상호작용하는 방법을 가르쳐주는 것이 중요하다. 아기가 고양이 만지는 것을 처음 배울 때 순간적으로 털을 움켜쥐는 경향이 있는데 당하는 고양이로선 정말 괴롭다. 손바닥을 펼쳐 부드럽게 쓰다듬어주는 법을 일찍부터 계속 가르친다. 아이가 털을 움켜쥐는 것을 막기 위해 아이의 손을 잡은 다음 부드럽게 고양이를 만진다. 막상 해보면 어린아이에게 부드러움의 뜻을 얼마나 빨리 전달할 수 있는지 깜짝 놀랄 것이다. 이렇게 하면 고양이도 아이의 손길에 익숙해지고 아이를 믿을 수 있는 존재라고 여기게 된다.

절대로 아이가 고양이를 괴롭히게 내버려두어선 안 된다. 고양이의 몸짓언어에 익숙해지도록 최대한 빨리 가르친다. 또 고양이가 먹을 때, 잘 때, 화장실을 사용할 때, 캣타워나 받침대에서 어슬렁댈 때는 혼자 있게 둬야 한다는 것을 포함해 그 외에 출입금지 장소나 시간이 있다면 가르친다.

평소에 특정 아이와 친하게 지내던 고양이가 갑자기 공격적으로 행동하거나 겁을 먹기 시작한다면 학대 가능성에 대해서 조사해야 한다. 아이가 반려동물을 다치게 하는 것은 대부분 사고지만, 의도적인 학대의 가능성도 늘 존재한다. 동물을 학대하는 어린아이는 보통 그 사실을 숨기기 때문에 고양이와 아이 사이의 관계를 유심히 관찰해야 한다.

개 소개하기

고양이들이 견딜 만한 정도의 스트레스를 받고 있다고 생각하던 참에 작고 귀여운 강아지 한 마리가 우리 삶에 들어온다. 고양이들은 부리나케 침대 아래로 다이빙하거나 집에서 제일 높은 받침대 위로 튀어 오른다. 많은 사람이 근사한 가족의 완성 조건에 개를 키우는 것을 포함시키곤 하는데 그러기 위해선 개에게 안전하고 편안한 방법으로 고양이와 상호작용하는 법을 가르쳐야 한다. 처음부터 관계를 잘 맺게 해주면 개와 고양이도 멋진 동료가 될 수 있다. 개와 고양이는 각자 다른 언어를 사용하는 만큼 우리는 그들이 공통점을 찾도록 도와줘야 한다. 영역 문제를 고민할 필요가 없는 대신 사회적 에티켓에 공을 들여야 한다. 특히 개와 고양이는 노는 법에 대한 생각이 서로 다르기 때문에 이 점이 문제를 일으킬 수 있다. 개는 쫓고 엎치락뒤치락 레슬링을 하며 논다. 고양이가 달아나면 개는 그것을 놀이 초대로 해석한다. 그래서 고양이가 더 달아날수록 개는 더 열심히 쫓는다. 겁먹은 고양이는 개를 볼 때마다 도망가는 상태가 되기 때문에 개와 고양이 모두를 끊임없이 좌절하게 만든다.

무리 생활을 하는 동물인 개는 고양이 세계의 인사 의례를 이해하지 못한다. 개는 공원에서 만난 다른 개와 몇 분 만에 친구가 되곤 하지만, 두 고양이는 절대 몇 분 만에 친구가 될 수 없다. 묘수는 개에게 어떻게 고양이에게 접근해야 하는지를 가르치는 것이다.

해결 방안

다음은 기본 트레이닝 세션 내용이다. 개는 목줄을 한 상태여야 하고 고양이는 방 안에 자유롭게 있어야 한다. 처음 몇 번의 세션은 개와 친해질 가능성이 가장 높은 고양이 한 마리와만 한다. 옷 주머니에 개 트릿과 장난감을 몇 개 넣어둔다. 친구나 가족이 고양이를 데리고 방 반대편에 앉는다. 이들의 역할은 고양이의 시선을 분산시키고 그들이 비교적 편안한 상태를 유지하도록 돕는 것이다. 이 세션의 목적은 개가 리더인 '우리'에게 집중하게 하는 것이다. 자, 개가 앉은 상태에서 시작한다. 개에게 장난감을 준다. 개가 편안한 상태로 우리 또는 장난감에 집중할 때 트릿을 준다. 만약 개가 일어나 고양이에게 가려고 하면 다시 우리 또는 장난감에 집중하도록 목줄로 살짝 잡아당긴다.* 개가 지시대로 반응하면 즉시 트릿을 준다. 이 세션에서 클리커 트레이닝을 사용할 수 있다. 우리가 원하는 행동을 개가 하는 바로 그 '찰나'에 클리커를 누른 다음 트릿을 준다. 곧 개는 클리커 소리와 뒤따라오는 트릿을 연결 짓게 된다. 클리커 트레이닝은 우리가 개에게 원하는 것이 무엇인지를 개에게 즉시 알려주기 때문에 아주 유용하다. 세션을 진행하는 동안 고양이에게 아주 조금씩 가까이 다가간다. 이 세션은 고양이는 장난감도 아니고 더군다나 쫓아야 할 먹잇감도 아니라는 사실을 개에게 알려주기 위한 것이다. 또 고양이에게는 개가 보이기만 해도 위험에 처한 것이 아니라는 사실을 깨닫게 해준다.

---

* 이때 목줄을 거세게 잡아채선 안 된다. 클리커 트레이닝으로 개가 계속 우리에게 집중하게 가르칠 수 있다. 〈개를 춤추게 하는 클리커 트레이닝〉을 참고하라. - 옮긴이주

고양이가 있을 때 어떤 상황에서도 개가 교육받은 대로 행동하도록 잘 가르치는 것도 중요하지만, 모두가 안전하고 편안함을 느끼는지 확실하게 하는 것도 중요하다. 개를 고양이와 둬도 괜찮다는 확신이 없다면 동물행동학자나 긍정적인 방법의 훈련법을 사용하는 공인 개훈련사를 찾아간다.[※] 개와 고양이가 안전한 관계를 맺었다는 절대적인 확인이 들 때까지는 감독 없는 상태로 둘을 함께 둬선 안 된다.

개가 고양이 가족에 들어올 때는 환경도 조정할 필요가 하다. 모래화장실은 개가 화장실 안의 고양이를 매복, 습격할 수 없는 안전한 곳에 둔다. 어쩌면 개가 뭔가를 아작아작 먹기 위해 모래화장실을 방문하는 것을 목격할 수도 있는데, 우리로선 정말 역겨운 일이지만 개는 자주 고양이 배설물을 찾는다. 이런 경우엔 고양이는 들어갈 수 있지만 개는 들어갈 수 없는 아기 안전문으로 모래화장실로 가는 길을 차단한다. 고양이들이 안전문 꼭대기로 점프하는 것이 여의치 않다면 받침대 역할을 할 견고한 박스를 하나 놓아둔다. 만약 대형견을 키운다면 안전문을 더 높게 설치하여 고양이만 그 아래로 지나다닐 수 있게 한다.

사료 급여대 위치도 바꿔야 한다. 급여대가 바닥 높이에 있었다면 개가 접근할 수 없는 방으로 옮기거나 높은 곳에 놓는다. 캣타워와 높은 받침대도 필요하다. 고양이에게는 도망갈 수 있는 안전한 장소가 필요하다. 높은 곳의 받침대에 닿을 만큼 큰 개를 키운다면 개가 그곳에 가까이 가지 않도록 잘 교육시켜야 한다.

※ 클리커 트레이닝이 유행한 후로 수많은 훈련사가 긍정 강화, 클리커 트레이닝으로 개를 가르친다고 주장하지만 그 방법을 제대로 알지 못하는 경우가 훨씬 많으므로 주의해야 한다. 속지 않으려면 보호자가 클리커 트레이닝 및 긍정 강화의 개념에 대해 이해할 필요가 있다. 극히 드물긴 하지만 클리커 트레이닝의 창시자인 카렌 프라이어 박사가 설립한 아카데미에서 과정을 수료하고 귀국한 훈련사들도 있다. - 옮긴이주

제 5 장

놀이

고양이가 어떻게 노는지 이해하려면 먼저 고양이의 사냥 방식을 알아야 한다. 고양이는 장시간 뒤쫓는 방식으로 사냥하지 않는다. 고양이는 단거리 주자여서 지칠 때까지 먹이를 쫓을 수 있을 만큼 폐 기능이 발달하지 않았다. 고양이의 주된 기술은 '잠복, 잠행'이다. 덕분에 고양이에게 사냥이란 육체적인 일일 뿐만 아니라 정신적인 일이기도 하다. 성공적인 사냥꾼이 되기 위해서는 운뿐만 아니라 계획과 속도, 정확성이 필요하다.

고양이는 조용히 영역을 정찰하면서 잠재적 먹잇감의 소리, 냄새 또는 움직임에 집중한다. 먹이를 발견하면 자신의 정교한 잠행 능력을 사용해 목표물에게 조금씩 가까이 다가간다. 근처의 나무, 덤불숲 또는 바위 등을 활용해 몸을 숨긴다. 몸과 머리는 땅에 바짝 낮추고 수염과 귀는 경계 위치인 앞을 향해있다. 아무 의심도 못 하는 먹잇감이 자기 볼일을 보고 있는 사이 고양이는 효율적으로 거리를 좁혀나간다. 먹잇감이 사정거리 내에 들어오면 고양이는 번개같이 먹이 위로 튀어 오른다. 조준이 정확했다면 먹잇감은 척수를 제대로 물려 즉사한다. 일명 '물어 죽이기 killing bite'다.

> 성묘는 친근한 사회적 동료와만 사회적 놀이를 한다. 그렇지 않으면 그 놀이는 쉽게 공격으로 바뀔 수 있다.

상호작용 놀이 방법

사냥 과정 모방하기

상호작용 놀이는 사냥 과정을 모방해야 한다. 살아있는 쥐를 주지 못하더라도 고양이에게 가능한 한 현실감 있는 정신적·육체적 자극을 만들어줘야 하는데, 고양이가 실제 사냥하는 법을 관찰하면 유익한 놀이 테크닉을 익힐 수 있다. 고양이가 집에서 벌레를 쫓거나 장난감 쥐를 쫓는 모습을 지켜보고 대형 고양이과 동물이 사냥하는 모습이 담긴 영상도 찾아보자. 놀이 세션이 긍정적인 효과를 갖게 하려면 어떤 움직임이 가장 고양이를 자극하는지, 고양이는 그에 어떻게 반응하는지를 이해할 필요가 있다.

놀이에는 크게 두 가지 타입이 있다. 하나는 '사물놀이'로 고양이가 장난감을 가지고 노는 것을 말한다. 또 다른 하나는 '사회적 놀이 social play'로 다른 동물(대개는 다른 고양이)과 노는 것이다. 상호작용 놀이 시간은 사물놀이의 변형인데, 우리가 장난감의 움직임을 통제한다는 것이 다르다. 고양이는 혼자서 사물놀이(혼자서 장난감을 이리저리 치는)도 하고, 다른 고양이와 함께 사회적 놀이도 할 수 있다. 둘 다 모두 중요하다. 또한 상호작용 놀이는 아주 강력한 행동 수정 방법이 될 수 있다.

상호작용 놀이에는 낚싯대 장난감이 필요한데 이 타입의 장난감이 가치 있는 이유는 다음과 같다.

- ◇ 장난감을 정말 사냥감처럼 움직일 수 있다.
- ◇ 우리 손과 고양이 이빨 사이에 안전거리를 유지할 수 있다.
- ◇ 겁먹은 고양이에게는 그에게 필요한 개인적 공간을 결정하게 해준다. 덕분에 근사한 신뢰 쌓기 도구까지 된다.
- ◇ 고양이가 다른 장난감을 대할 때처럼 그 장난감을 살아 움직이게 하려고 '일'할 필요가 없다.

우리가 장난감의 움직임을 통제하기 때문에 고양이는 포식자 모드로 게임을 즐길 수 있다. 많은 보호자가 자기 고양이와 올바른 방법으로 놀아주지 않는데, 그러면 고양이는 무관심하거나 과하게 흥분하거나 욕구불만인 고양이가 될 수 있다. 올바르게 하면 고양이와 우리 모두에게 재미있는 경험이다. 또한 상호작용 놀이를 통해 행동 문제도 수정할 수 있다.

매일 15분짜리 놀이 세션을 두 번씩 갖는다

상호작용 놀이는 두 가지 방식으로 사용해야 한다. 첫 번째는 매일 일정하게 지속적으로 이뤄지는 놀이 세션이다. '지속적'이라는 단어를 붙이긴 했지만 사실 이 세션을 기대하게 되는 것은 우리도 마찬가지다. '천하무적 사냥꾼'이 좀처럼 잡기 힘든 쥐의 뒤를 밟는 모습을 보면서 웃음 치료를 받으니 말이다. 두 번째는 특정 행동 문제 해결을 위한 단발성 세션이다. 매일 하는 지속적인 세션은 행동 문제가 불현듯 나타나는 것을 예방해주고, 고양이의 건강을 지켜줄 육체적 운동뿐만 아니라 포식자로서 필요한 정신적 자극도 제공한다. 집에 필요한 건 고양이용 러닝머신이 아니다. 매일의

낚싯대 형태의 상호작용 장난감으로 놀아주는 것이 중요하다. 손이나 발 등 신체 부위를 이용해 놀아주는 것은 절대 금물이다. ⓒgregorschuessler

상호작용 놀이야말로 지루함을 예방하고, 우울증을 막고, 스트레스를 완화하는 근사한 방법이다. 내 비밀을 하나 말하자면 상호작용 놀이 세션은 내가 스트레스를 푸는 최고의 방법 중 하나이기도 하다.

고양이들 간의 긴장 상황을 풀기 위해 단발성 놀이 세션을 하면 겁먹은 고양이가 특정 영역이나 특정 고양이에게 부정적인 연관을 형성한 것을 긍정적으로 바꿀 수 있고, 또 트라우마 경험 후에도 고양이가 긍정적인 상태로 남을 수 있다.

현재 고양이와 놀이 세션을 즐기고 있다 해도, 매일 하는 게 아니라면 고양이에게 필요한 활동량을 제공하지 못할 수 있다. 물론 우리의 즐거움도 놓치고 말이다. 자유롭게 배회할 수 있는 환경에서 특출한 고양이 사냥꾼은 하룻밤에 쥐(또는 다른 작은 동물)를 열 마리 정도 잡을 수 있다. 활동량이 큰 셈이다. 이제 우리 고양이를 떠올려보자. 하루 활동량이 얼마나 될까? 다른 고양이에게 쫓기는 것은 계산에서 뺀다. 내가 말하는 것은 긍정적이고 자신감을 높여주는 활동이다.

새끼 고양이들은 영원히 놀 것 같아 보이지만 사실은 많은 성묘가 '카우치 포테이토couch potato'* 범주에 속한다. 이런 '소파 고양이'들은 차츰차츰

※ 하루 종일 소파에 앉아 감자칩을 먹으며 TV만 보는 사람들을 일컫는 말이다. - 옮긴이주

활동이 줄어들기 때문에 많은 보호자가 정기검진에서 수의사가 과체중이라고 진단내릴 때까지 변화를 알아차리지 못한다. "과체중이라고요? 내 고양이가? 어떻게 그럴 수가 있죠?" 이때가 되어서야 많은 보호자가 고양이의 육체적 활동이 그저 소파에서 사료 급여대까지 걷는 게 전부였다는 것을 깨닫게 된다.

매일의 놀이 세션은 우리가 하는 운동 다이어트가 그렇듯 가끔씩만 하면 규칙적으로 했을 때만큼 효과가 없다. 의사는 늘 우리에게 매일매일 조금이라도 뭔가를 하라고 충고한다. 고양이도 마찬가지다. 15분짜리 상호작용 놀이 세션을 매일 두 번씩 하는 것이 이상적이다. 이 장에서는 개별적 놀이 세션과 그룹 놀이 세션을 어떻게 해야 하는지 소개한다. 집에 있는 여러 마리 고양이들과 모두 즐겁게 놀아주느라 일을 그만둘 필요가 없게 말이다. 매일 모든 고양이와 놀아줄 시간이 없다면 그날 가장 놀이가 필요해 보이는 고양이를 고른다. 좋은 사회적 관계를 가진 두 고양이가 주변을 즐겁게 뛰어논다면 그들을 위한 일상적 놀이 세션은 건너뛸 수 있다. 우리가 모두와 놀아줄 시간을 낼 수 있다면 누구보다 고양이들이 정말 좋아할 것이다.

일관성이 중요하다

사람이건 고양이건 교육에 있어서 가장 중요한 것은 일관성이다. 고양이에게 이리저리 뒤섞인 메시지를 보내선 안 된다. 소파를 스크래칭하길 원하지 않는다면 상호작용 장난감을 소파 위로 던지거나 소파 옆에서 흔들어서는 안 된다. 먹잇감을 향해 뛰어오르다가 우연히 소파를 발톱으로 긁을 수 있다.

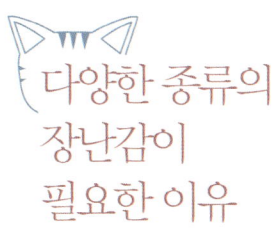
다양한 종류의 장난감이 필요한 이유

쥐 잡이, 새 관찰자, 거미 잡이, 귀뚜라미 사냥꾼. 다양한 장난감을 사는 이유는 고양이가 '기회주의 사냥꾼'이기 때문이다. 고양이는 어떤 먹잇감을 잡게 될지 전혀 모른다. 고양이가 새를 잡을 때 쓰는 기술은 작은 뱀을 잡을 때 쓰는 기술과는 살짝 다르다. 가만히 뒤를 밟다가 뛰어올라 덮치는 기본 방식은 같지만 사냥감에 따라 기술을 조절한다. 고양이에게 다양한 상호작용 장난감을 제공하는 것은 사냥 기술을 테스트해볼 기회를 주는 셈이다. 게다가 그 과정에서 고양이가 가장 좋아하는 장난감이 무엇인지 알 수 있어 우리에게도 도움이 된다. 고양이의 주의를 끌 필요가 있을 때 바로 그 장난감을 사용하면 된다. 정해진 장난감만 갖고 놀기 원하는 고양이가 있다면 그것도 괜찮다. 하지만 주기적으로 다른 장난감도 계속 시도한다. 일단 고양이가 매일의 놀이 세션 일과를 시작하면 다른 '먹이'도 받아들이게 될 것이다. 하지만 일단 하나만 사서 시도해보고, 그 장난감이 대히트라는 걸 확인한 다음, 그룹 놀이용으로 더 사는 게 좋다.

마지막으로 상호작용 장난감에서 매우 중요한 사항이 하나 더 있다. 장난감은 늘 안전한 장소에 잘 보관해야 한다. 절대 장난감을 아무 곳에나 둬선 안 된다. 고양이가 끈을 씹어 삼킬 수도 있고, 몸에 줄이 감겨 엉킬 수도 있다. 우리가 바라는 것은 장난감이 계속 고양이에게 '특별한 존재'가 되는 것이다. 만약 아무데나 남겨놓는다면 장난감은 매력을 잃고 만다. 그 대신 사물놀이를 위한 안전한 장난감을 남겨두자. 냉장고 밑에서 발견되는 쥐 인형 같은 것 말이다. 상호작용 장난감은 고양이가 열 수 없는 서랍장 안에 보관한다. 보관 장소를 계속 바꿔야 할 수도 있다. 어쩌면 고양이가 서랍장 앞에 앉아서 빤히 올려다보는 모습을 발견할 수도 있겠다. 상호작용 장난감은 그만큼 강력한 힘을 가졌다.

추천하는 고양이 장난감※

아마 고양이 장난감으로 꽉 찬 상자 하나쯤은 다들 가지고 있을 것이다. 하지만 이것들은 그야말로 죽은 사냥감이다. 그들을 살아 움직이게 하기 위해서는 고양이 혼자 모든 걸 다 해야 한다. 상호작용 장난감은 기본적으로 낚싯대로 되어있다. 세상에 수많은 종류의 장난감이 있지만 우리가 원하는 것은 먹잇감처럼 움직일 수 있는 것이다. 반려동물용품점에서 내가 말하는 장난감들을 구입할 수 있다.

다 버드Da Bird는 낚싯대에 매달린 줄 끝에 새 깃털 한 묶음이 회전 고리로 연결되어있는 훌륭한 장난감이다. 공중에서 이 장난감을 움직이면 날개가 빙그르르 돌면서 정말 새가 날고 있는 듯한 모습이 연출되고 비슷한 소리도 난다. 보고 있으면 '우와' 소리가 절로 난다. 상호작용 장난감 컬렉션의 중심이 될 수밖에 없다. 이 장난감은 심각한 상태의 '소파 고양이'들을 자리에서 벌떡 일어나게 한다.

캣 댄서Cat Dancer도 근사한 장난감이다. 말려있는 긴 철사 양쪽

ⓒdabird.com

※ 요즘은 해외 직구가 많아지는 추세여서 참고할 수 있게 상표 이름을 그대로 사용했다. - 옮긴이주

끝에 작고 단단한 종이 막대들이 붙어있는데, 철사가 탄성이 몹시 좋아 조금만 움직여도 장난감이 튀어 오르며 사방팔방으로 방향을 바꾼다. 파리의 불규칙한 움직임과도 흡사하다. 집 안에 파리 한 마리가 들어오면 고양이들이 얼마나 열광하는지 알 것이다. 캣 댄서는 특히 체력과 체격이 좋은 고양이들에게 효과적이다.(거기 샴고양이 보호자 있나요?) 이 장난감의 불규칙한 움직임은 우리 '슈퍼 고양이'를 정확하게 급정지시켰다가 경이로울 만큼 높이 뛰어오르게 만든다. 게다가 값도 아주 저렴하다.

또 하나 '와우' 소리가 절로 나는 장난감은 드래곤플라이Dragonfly라는 장난감이다. 얇고 탄성 좋은 철사 줄 끝에 얇은 필름으로 만든 잠자리 모형이 달려있다. 철사는 아주 얇아서 고양이의 관심은 온통 잠자리에만 쏠린다. 나무 손잡이가 달려있어서 잡기도 편하고 잠자리 모형이 살아있는 것처럼 움직여 정말 그럴싸하다. 바닥에서 어느 정도 떨어진 위치에 두고 한 지점에서 맴돌게 하면 내 고양이들은 미칠 정도로 좋아한다. 이 장난감이 움직일 때 얇은 필름으로 된 날개가 내는 소리는 고양이를 가만있기 힘들게 한다. 이 장난감을 쓸 때면 나도 고양이만큼 재밌다. 드래곤플라이는 모두 핸드메이드이고 살 만한 가치가 있다. 드래곤플라이와 캣 댄서는 긴 막대기와 씨름할 필요가 없기 때문에 놀이 공간이 제한적일 때 훌륭한 장난감이 된다.

뱀 같은 움직임을 좋아하는 고양이에게는 스위즐 티저Swizzle Teaser를 추천한다. 우리가 뱀을 별로 안 좋아한다 해도 이건 귀엽다. 깃털 꼬리를 가진 부드러운 털북숭이 뱀이다. 이상하게 들리겠지만 시야 밖으로 미끄러지듯 코너를 돌거나 카펫을 따라 꿈틀대다 공중으로 오르면서 고양이를 강하게

유인한다. 이 장난감은 내 고양이 매리 마가렛이 제일 좋아한다. 조용한 장난감이어서 특정 고양이와 개별 세션을 하는 동안 다른 고양이들을 방 안에 끌어들이고 싶지 않을 때 유용하다. 스위즐 티저의 깃털 꼬리 조각은 벨크로로 붙어있어서 다른 타입의 '꼬리'로 바꿀 수 있어 변화를 주기에도 좋다. 한편 벨크로가 아주 단단하게 붙어있는지 확인해두지 않으면 고양이가 자기 사냥감을 진짜 '포획'할 수 있으니 주의한다.

앞에서 말한 장난감들은 수많은 상호작용 장난감들 중 몇 개에 불과하지만 정말 뛰어난 것들이다. 고양이 장난감 쇼핑을 할 때 염두에 둘 것 두 가지가 있다. 하나는 장난감과 고양이의 나이, 능력, 선호하는 사냥감 종류를 매칭해야 한다는 것이고, 또 하나는 우리가 이 특별한 장난감을 진짜 먹이처럼 움직여줘야 한다는 것이다. 세상에는 정말 근사한 장난감이 많고 우리는 고양이 모두가 사랑할 장난감을 찾아낼 수 있다.

상호작용 놀이용 낚싯대, 혼자 놀 수 있는 여러 장난감, 터널 등 고양이 장난감의 종류는 매우 다양하다. 고양이가 가장 좋아하는 장난감을 찾아주는 것이 중요하고, 늘 가질 수 있는 장난감에는 흥미가 없어지기 마련이므로 몇 가지를 준비해놓고 요일별로 바꿔주는 것이 좋다. 그 외의 장난감은 숨겨둔다. ⓒcynoclub

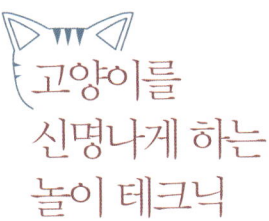
고양이를 신명나게 하는 놀이 테크닉

분위기를 조성한다

먼저 분위기를 조성해야 한다. 고양이는 숨어서 가만히 뒤를 밟는 방식으로 사냥하기 때문에 방을 둘러보고 고양이가 숨을 만한 장소가 있는지 확인한다. 넓고 오픈된 방에서 놀 계획이라면 바닥 한가운데에 상자나 종이봉투를 몇 개 놓아둔다.*

딱 한 마리 고양이와만 놀고 싶다면 분리된 방 안에서 한다. 그래야 다른 고양이들을 미치게 만들지 않을 수 있다. 다른 고양이들이 낮잠 자는 시간을 활용해 세션을 하거나 다른 고양이들에게 고양이용 오락 프로그램을 틀어주는 것도 방법이다.

사냥감을 흉내 낸다

좋다. 이제 테크닉의 핵심을 찔러보자. 제1비법은 장난감을 먹잇감처럼 움직이는 것이다. 많은 보호자가 장난감을 고양이 얼굴에 대고 흔드는 실수를 범하는데, 고양이가 장난감에 앞발을 대긴 하겠지만 이는 고양이가

---

* 상자나 터널 등이 있고 없고는 정말 차이가 크다. - 옮긴이주

자연스럽게 사냥하는 방식이 아니기 때문에 사냥에서 중요한 정신적 부분을 활성화시켜 주진 않는다. 거듭 강조하지만 놀이는 고양이의 자신감을 북돋우거나 스트레스를 경감시켜주기 위한 것인 만큼 정신적인 측면도 육체적인 측면만큼이나 고려해서 진행해야 한다.

보호자가 저지르는 또 다른 큰 실수는 장난감을 미친 듯이 이리저리 흔들면서 고양이가 마라톤 달리기를 하게 만드는 것이다. 이렇게 하면 고양이를 육체적으로 완전히 소진시킬뿐더러 좌절감을 느끼게 한다. 설령 수 킬로그램을 줄여야 하는 과체중 고양이라 할지라도 심장마비 지경까지 고양이를 기진맥진하게 하는 것은 좋지 않다.

효과적으로 장난감을 움직이고 싶다면 두 가지를 기억한다. 첫 번째, 우리가 원하는 것은 놀이가 긍정적이고 자신감을 북돋워주는 경험이 되는 것이니 고양이가 게임 중에 수차례 사냥감 포획에 성공할 수 있게 해줘야 한다. 두 번째, 실제 먹잇감이 움직이듯 장난감을 되도록 다양하게 움직여야 한다. 사냥감처럼 움직이기 위해서는 사냥감처럼 생각해야 한다. 만약 생쥐 한 마리가 우리 집 한가운데 나타났다면 그 쥐는 어떻게 할까? 이리저리 도망 다니다 한곳에 숨은 다음 또 다른 곳으로 쏜살같이 내지를 것이다. 테이블 다리 뒤에 숨어 잡힐 위험은 없는지 주변을 살필지도 모른다. 우리가 움직일 '쥐'는 소파 아래로 돌진해 바들바들 떨 수도 있다. 고양이는 사냥감이 잠깐 움직임을 멈추거나 어딘가에 숨거나 덜덜 떨고 있을 때 정말 흥분한다. 이럴 때 고양이는 자신의 다음 움직임을 계획하거나 뛰어올라 덮칠 준비를 한다. 일단 장난감을 한쪽 구석이나 가구 아래쪽에 두어 고양이가 이를 엿보게 해보면 알게 될 것이다. 드래곤플라이를 사용할 경우, 가장 유혹적인 움직임 중 하나는 진짜 잠자리처럼 땅에서 십여 센티미터 높이에서 맴돌게 하는 것이다.

또 다른 중요한 테크닉은 장난감을 고양이로부터 멀어지게 움직이는 것이다. 정신이 똑바로 박힌 사냥감은 절대 고양이를 향해 움직이지 않는다. 스위즐 티저를 고양이로부터 멀어지면서 꿈틀대 보이거나 시야에서 벗어난 출입구 주변에 말아놓고 그게 어떻게 고양이의 관심에 불을 지피는지 살펴보자. 고양이가 사냥감 몰이에 시동을 걸고 본격적으로 행동에 들어가면 고양이가 얼마나 아름답고 지적이고 우아한 운동선수인지 볼 수 있을 것이다.

다 버드 또는 비슷한 낚싯대 장난감을 사용하고 있다면 공중에서 움직였다 바닥 위에서 움직였다를 번갈아해준다. 다 버드가 땅 위에 있는 동안 고양이가 튀어 오를 것이다. 공중 사냥에 완전히 정신줄을 놓는 고양이가 있는 반면, 이를 즐기지 않는 녀석도 있다. 땅 사냥만 선호하는 고양이에게는 우리 테크닉을 그에 맞춰서 조정하거나 이에 맞는 다른 장난감을 사용한다. 고양이에게 아주 매혹적인 움직임 또는 매력적인 장난감에 우리는 금방 익숙해질 것이다.

음향 효과를 살린다

잔디밭을 황급히 가로질러가는 쥐 소리나 나뭇잎 속에 숨은 다람쥐 소리에 고양이는 제일 먼저 반응한다. 그렇다고 쥐처럼 찍찍대거나 새처럼 지저귀어야 한다는 건 아니니 걱정 말자(물론 이게 '사냥감처럼 생각하기'에 도움을 주긴 한다). 내가 말하는 것은 장난감이 다른 표면에서 만드는 '유혹의 소리'다.

장난감을 가지고 '슥슥슥슥' 하는 소리를 내보자. 상자나 종이가방 표면에 문지르면 된다. 드래곤플라이나 캣 댄서를 쓰고 있다면 '사냥감'을 옆에 있는 종이가방 안으로 쏜살같이 들어가게 한 다음, 그 벽면에 툭툭 치거나 문질러보자. 아마 순식간에 고양이가 종이가방으로 머리를 들이밀 것이다. 마룻바닥을 잽싸게 가로지르는 장난감이 내는 소리도 고양이의 관심에 불을 지필 수 있다.

(좌) 소파 밑에 숨은 고양이. 놀이 중에 사라지는 고양이들이 있다. 제일 흥미진진한 파트, '잠복'과 '기습' 단계를 즐기고 있는 것이다. 간혹 보호자들은 놀이가 끝난 줄 알고 장난감을 치워버리는 실수를 하기도 한다.
(우) 너무 신났을 때의 고양이의 표정. 동공 확장, 기습 준비 완료! ⓒ Martin Carlsson

여러 차례 잡게 해준다

이 모든 것이 고양이에게 긍정적이고 재미있는 경험이 되길 바라는 만큼, 노는 동안 고양이가 여러 차례 사냥에 성공하게 해준다. 실제 사냥에서 고양이는 앞발 사이에 사냥감을 붙잡고, 사냥감은 잠시 죽은 척 있다가 벗어나려고 꿈틀댄다. 장난감으로 그 움직임을 흉내 내자. 고양이가 장난감을 앞발로 붙잡고 있다면, 몇 초간 그대로 있게 한 다음 부드럽게 꿈틀대기 시작한다. 고양이는 앞발 뒤쪽 아랫부분에도 작은 수염을 가지고 있는데 이로 인해 사로잡힌 사냥감의 아주 미세한 움직임을 감지할 수 있다.

끝낼 때는 서서히 움직임을 줄인다

고양이가 게임이 끝날 때 활기를 띠게 둬선 안 된다. 갑자기 노는 걸 멈추고 장난감을 치워버리면 고양이를 흥분 상태로 내버려두는 것이다. 고양이 입장에서 사냥은 아직 끝나지 않은 것일 수 있다. 게임을 끝내고 싶다는 생각이 들면 마치 사냥감이 상처를 입은 것처럼 서서히 움직임을 줄인다.

다 버드를 사용한다면 날개 부러진 새처럼 땅에서만 움직여서 고양이가 마지막 '장엄한 포획'을 할 수 있게 해준다. 그리고 고양이가 먹이에 동기부여가 된다면 트릿을 줄 수도 있다. 움직임을 서서히 줄이는 것은 고양이가 평소의 안정을 되찾게 돕는다. 정신적·육체적 측면에서 모두 만족했다면 고양이가 편안해질 가능성이 더 높다.

고양이에게 트릿을 주길 원치 않는다면 놀이 세션을 저녁 전에 갖도록 시간표를 짠다. 그러면 고양이는 만찬 직전에 사냥을 경험하게 된다. 자율 급여로 건사료를 그릇에 남겨두고 있다면 놀이 세션 후에 신선한 사료와 물을 채워준다.

놀이 주의 사항

- 무대를 꾸민다.
- 장난감 타입을 다양화한다.
- 고양이 각각의 사냥 선호도를 관찰한다.
- 장난감의 움직임에 변화를 준다. 즉, 빨랐다 느렸다를 반복한다.
- '사냥감'을 숨겼다 가볍게 떨게 해 고양이가 공격 계획을 짤 수 있게 한다.
- 고양이가 사냥감을 포획하게 한다.
- 게임을 마무리할 때는 동작을 서서히 줄인다.
- 고양이가 사냥의 성공을 즐기게 해준다.
- 선택사항 : 놀이 세션이 끝난 다음 트릿을 준다.
- 상호작용 장난감은 안전한 장소에 보관한다.

그룹 놀이 하는 법

 올바르게만 한다면 그룹 놀이 세션은 고양이가 서로의 주변에서 더 편하게 있도록 돕는다. 그룹 세션은 놀이 시간에 본의 아니게 더 활동적인 역할을 맡게 되는(쫓기는 역할이 되므로) 겁먹은 고양이들에게 좋다. 단, 쫓는 역할을 맡은 고양이가 게임을 계속 자기 방식대로 밀어붙이지 못하게 우리가 놀이를 컨트롤할 수 있을 때만 효과가 있다. 또 그룹 놀이는 고양이가 많고 모두가 놀이 시간을 즐길 수 있게 해주고 싶을 때 시간을 절약해준다.
 그럼에도 불구하고 계속 고양이와 개별 놀이 세션도 가져야 한다. 적어도 개별 놀이 세션이 반드시 필요한 고양이들과는 말이다.
 그룹 놀이는 한 번에 두세 마리와 할 수 있다. 같은 에너지 수준을 가졌거나 이미 잘 어울리는 고양이들로 팀을 짠다. 고양이가 서로를 더 좋아하게 도와주는 용도로 그룹 세션을 갖는다면 두 마리만 계속 데리고 하는 것이 상황을 통제하기 쉽다. 고양이 중 하나가 오랫동안 활동적이지 않거나 스트레스 상태이거나 극도로 소심하다면 그룹 놀이 전에 자신감을 키워주기 위해 잠깐 개별 세션을 가질 필요가 있다.
 그룹 놀이를 시작하려면 상호작용 장난감이 두 개 필요하다. 양손에 하나씩 장난감을 쥔다. 같은 타입의 장난감을 선택하면 더 쉽다. 그래야 우리 움직임이 자연스럽다. 처음에는 정말 어색하겠지만 연습하면 나아진다. 처음에는 드래곤플라이나 캣 댄서처럼 손잡이가 짧은 장난감을 사용하는 게 수월하다.

장난감 두 개를 사용해야 고양이가 경쟁하지 않는다. 만약 여러 마리가 모두 한 장난감에 집중한다면 누가 먼저 덮칠지 지켜보는 데 관심을 집중하게 되고 그러면 게임은 더 이상 재미가 없어진다. 또 한 장난감으로 경쟁을 하면 소심한 고양이는 두려움이 심해져 덮칠 기회도 못 갖고 오히려 다른 고양이들로부터 공격까지 받는 위험이 생길 수도 있다.

기본 개념은 고양이들이 서로 '가까이'에서 노는 것이다. 하지만 꼭 서로 '함께' 놀 필요는 없다. 관계가 좋은 고양이들은 장난감(충돌의 원인이 될 수도 있는) 하나로도 협력해서 노는 것을 배울 수 있지만, 조금만 더 노력하면 우리는 긍정적이고 편안한 놀이 환경을 만들 수 있다. 노는 도중에 한 고양이가 자기 장난감에 흥미를 잃고 다른 고양이의 장난감을 쳐다본다면, 인기 있는 장난감의 움직임을 늦추고 원래의 장난감을 더 움직여서 다시 고양이의 관심을 불러일으킨다. 조금만 연습하면 이 테크닉은 예술의 경지에 이르고 오케스트라를 지휘하는 마에스트로처럼 보일 것이다.

놀이에 앞서 고양이가 숨을 곳을 마련해 주면 놀이시간이 더 즐거워진다. ⓒAfrica Studio

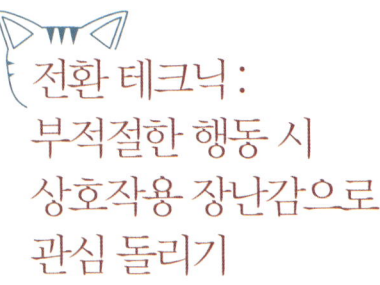

전환 테크닉: 부적절한 행동 시 상호작용 장난감으로 관심 돌리기

자, 시나리오가 하나 있다. 고양이 한 마리가 평화롭게 창밖을 내다보며 캣타워나 창문 해먹에 앉아있다. 또 다른 고양이가 방으로 들어오더니 이 고양이를 보고는 가만히 뒤를 밟을 때 하는 것처럼 몸을 낮추고 살금살금 움직인다. 창가에 있는 고양이는 자신이 곧 습격당하리란 걸 전혀 눈치채지 못한다. 어떻게 해야 할까?

이전에는 뒤를 밟는 고양이를 향해 소리를 질렀을 수 있고 또는 방 밖으로 내쫓았을 수도 있겠다. 동기는 좋았다 할지라도 이 방법은 죄 없는 고양이에게 겁을 줄 뿐만 아니라 두 고양이 모두 부정적 심리 상태를 갖게 한다. 이럴 때 쓸 수 있는 긍정적인 방법은 공격자의 관심을 상호작용 장난감을 이용해 다른 곳으로 전환시키는 것이다.

이 전환 기법을 위해서는 어떤 상호작용 장난감도 괜찮지만, 나는 특히 드래곤플라이와 캣 댄서를 좋아하는데 와이어가 말리는 덕분에 보관이 쉽기 때문이다. 즉 서랍 안에도 넣어둘 수 있고 소파 쿠션 아래에도 숨길 수 있어서 어디든 급히 꺼낼 수 있는 곳에 둘 수 있다. 우리 집에서는 어느 방에 있든지 상관없이 몇 초 만에 드래곤플라이나 캣 댄서를 손에 쥘 수 있다. 고양이들이 잘 노는 방 안에 몇 개를 두는 것이 가장 좋다. 이제부터는 문제를 일으키려는 고양이를 보게 되면 조용하고 빠르게 장난감을 쥐고 그 고양이의 관심을 장난감에게로 돌린다. 장난감의 등장은 고양이의 먹이 몰이 본능에 불을 지필 것이고, 우리는 고양이를 긍정적인 상태로 바꿔줄 수 있다. 이렇게 단발성 미니 놀이 세션을 하면 고양이는 다른 고양이에 대해 완전히 잊을 것이다.

전환 테크닉의 장점은 우리가 고양이의 행동을 잘못 읽어 고양이가 문제를 일으키려던 게 아니었다 해도 문제될 게 없다. 고양이로서는 벌을 받는 게 아니라 오히려 보너스 놀이 시간을 얻는 셈이니 말이다. 결과적으로 아무런 해도 없다(고양이를 쫓아버리거나 소리를 질렀다면 부정적 결과만 남았을 텐데 말이다).

물론 두 고양이가 막 충돌하려 할 때 우리가 항상 그 현장에 있을 수는 없다. 또 공격자가 목표로 삼은 고양이에게 가까이 갈 때까지 또는 고양이들이 서로를 따가운 시선으로 노려보고 있을 때까지 우리가 그 행동을 알아채지 못할 때도 있을 것이다. 전환 테크닉의 열쇠는 타이밍이다. 고양이가 목표물에 너무 집중하기 전에 주목을 끌 필요가 있다. 너무 늦게 문제를 알아차려 고양이들이 이미 싸운다면 그들이 놀라게 큰 소리를 낸다. 일단 두 고양이가 제각각 달아나면 그때 장난감을 가지고 가볍게(여기서는 '가볍게'가 중요하다) 공격받은 고양이에게 낮은 강도의 놀이 시간을 제공한다. 두렵고 부정적인 상태에서 벗어나게 돕기 위해서다. 단, 심각한 싸움 후에 극도로 흥분한 상태라면 차분해질 수 있도록 혼자 내버려둔다. 절대 물리적으로 싸움을 말리려 해선 안 된다.

전환 테크닉은 다른 상황에도 적용할 수 있다. 예를 들어 여전히 실내 생활에 적응이 안 되어 집밖으로 나가려고 문 앞에서 울어대는 고양이가 있다면, 고양이가 문에 도착하기 전에 또는 울기 전에 즉석 놀이 세션으로 고양이의 관심을 돌린다. 고양이는 습관의 동물이기 때문에 우리는 고양이의 패턴을 꽤 빨리 파악할 수 있다. 전환 테크닉은 집에 누군가 나타날 때마다 침대 밑으로 뛰어드는 소심한 고양이를 도울 수도 있다. 이 테크닉은 제10장에서 깊이 있게 다룬다. 또 스프레이 마킹을 하는 고양이에게도 사용할 수 있다. 고양이가 좋아하는 스프레이 마킹 목표를 향해 걸어가거나 조준을 위해 뒤돌아설 때 관심을 딴 데로 돌려준다. 전환 테크닉은 정말 유용하다. 고양이의 부정적 심리 상태를 긍정적으로 바꾸고 싶은 때가 오면 전환 테크닉을 떠올리자.

밤에 안 자는 고양이 다루는 법

고양이의 생활 패턴은 크게 '사냥, 만찬, 그루밍, 잠'의 반복으로 이뤄지는데 이 패턴을 잘 활용하면 우리 수면 시간이 좀 더 편해질 수 있다.

소심한 고양이와 노는 법

처음 상호작용 장난감에 위협을 느끼는 듯한 소심한 고양이가 있다면, 막대기에 끈을 매단 것처럼 단순한 뭔가를 사용해 낮은 강도로 시작한다. 아주 튼튼하고 안전한 끈을 사용하고 고양이가 그것을 씹지 않도록 주의한다. 고양이가 더 편안해지면 다른 장난감들을 소개하되 우리는 움직임을 계속 자연스럽게 유지한다. 또 세션 전에 장난감을 냄새 맡거나 조사하게 해주면 소심한 고양이에게 도움이 될 수 있다. 바닥에 장난감을 내려놓고 점검하게 해준다.

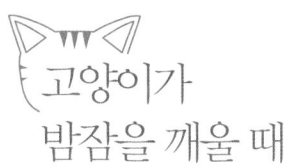
고양이가
밤잠을 깨울 때

다묘 가정이라면 새벽 4시에 기상 콜을 적어도 한 번은 받아봤을 것이다. 일단 음식, 우리 베개, 아니면 약간의 놀이 시간을 원하는 고양이는 믿을 수 없을 만큼 집요해질 수 있다.

고양이가 새벽 4~5시에 가슴팍 위에 앉을 때마다 고양이의 접시를 채워주려고 일어나고 있다면 그 행동을 강화하고 있는 셈이다. 더 이상 참을 수 없을 때까지 최대한 참았다 해도 결국 일어났다면 어쨌든 고양이에게 자기 방법이 효과가 있다는 것을 알려준 셈이다.

어쩌면 고양이는 음식을 원하는 게 아닐 수 있다. 우리 관심을 원할 수도 있다. 고양이를 방 안으로 들이지 않는 방법을 취했을 수도 있겠다. 일부 고양이에게는 효과가 있었을지 모르지만, 아마 고양이가 문을 앞발로 쳐대거나 아예 스크래칭을 하거나 아니면 문 앞의 카펫에 스크래칭을 하는 소리를 밤새 들어야 했을 것이다.

고양이는 해가 진 후 더 활동적이 되는 경향이 있다. 우리는 활동이 더뎌지지만 고양이는 그 반대다. 고양이는 낮에 몇 차례 낮잠을 자고 해가 떨어지면 놀 준비를 한다. 여기서 우리는 우리가 하루 종일 밖에 나가 집에 없다는 것을 기억해야 한다. 그 덕분에 밤에 우리가 집으로 돌아오면 고양이는 우리 존재로 인해 자극을 받는다.

다행히 자연적인 고양이 행동에 근거해 야행성 행동을 억제할 수 있는 효과적이고 재미있는 방법이 있다. 보통 우리는 집에 오면 고양이에게 먹이를 주고, 놀아주고, 그러고 나서 한동안 한자리에 꼼짝 않고 있는다. 이렇게 우리가 TV를 보거나 책을 읽는 동안 아마도 고양이는 우리 옆에 몸을 말고 있을 것이다. 그리고 우리는 침대로 간다. 이 일과는 유대감 측면에서는 훌륭할지 모르나 고양이의 자극 욕구를 다루지는 못한다.

고양이의 체내 시계를 바꾸기 위해 고양이의 가장 기본적인 활동 사이클을 떠올려보자. '만찬', '그루밍', '잠자기'. 고양이는 하루에 이 기본적인 활동 사이클을 수차례 반복한다. 먼저 고양이는 사냥 욕구를 자극하는 움직임을 찾아 나서고 일단 사냥감이 포획되면 만찬을 즐긴다. 식사가 끝나면 사냥감의 냄새를 모조리 지우기 위해 지나치리만큼 꼼꼼하게 스스로를 그루밍한다. 이 중요한 생존 기술을 끝내야 냄새로 인해 다른 먹잇감이 눈치채고 도망가거나 혹은 자기보다 더 큰 천적의 목표물이 되지 않는다. 배가 부르고 그루밍 업무도 끝나면 잘 준비를 한다.

자, 고양이의 원치 않는 행동을 바꾸고 싶다면 이 사이클을 머릿속에 기억해두자. 초저녁에 하는 일상적인 놀이 세션과 별도로 자러 가기 바로 직전에도 상호작용 놀이 세션을 한다. 좋다. 사냥에 신경을 썼으니 이제 만찬으로 넘어갈 차례다. 제한 급여, 즉 스케줄에 맞춰 고양이에게 사료를 주고 있다면 하루 급여량을 배분하여 취침 전에 한 번 더 식사를 준다. 그래야 전체 총량이 늘지 않는다. 식사가 끝나면 고양이는 그루밍을 하고 자기 위해 자리를 잡을 가능성이 아주 높다. 자율 급여를 한다면 저녁 일찍 사료그릇을 치웠다가 잘 시간에 신선한 사료를 그 위에 뿌려서 갖다놓는다. 다른 고양이 때문에 사료를 치우고 싶지 않다면, 자러 가기 직전에 건사료 위에 새 사료를 뿌리는 것을 중요한 일과로 정한다.

먹이에 동기부여가 되는 고양이가 아니더라도 취침 직전에 놀이 세션을 하는 스케줄을 계속 유지하면 평화로운 밤잠의 기회는 점점 늘어난다. 이런 세션은 일상적인 15분 놀이 세션보다 조금 더 길게 해야 할 수도 있지만 밤새 푹 잘 수 있다면 약간의 시간 투자는 충분히 가치 있다.

만약 고양이가 밤에 잠자기를 거부한다면, 밤새도록 그들을 바쁘게 만들어줄 활동을 몇 가지 준비해준다. 옆으로 눕힌 속이 빈 종이봉투, 장난감을 넣은 다 쓴 티슈상자 또는 터널 형태가 되도록 자른 빈 상자 몇 개를 놓아둘 수 있다. 먹이에 동기부여 되는 고양이는 플레이 앤 트릿 볼Play-n-Treat ball 몇 개를 놓아둘 수도 있다(이 장난감은 집에 개가 있다면 사용해선 안 된다. 개가 씹거나 통째로 삼킬 위험이 있다). 건사료로 반 정도 공을 채운다. 공에 구멍이 있어서 고양이가 이리저리 굴리면 사료가 주기적으로 떨어져 나온다.* 장난감을 한꺼번에 다 꺼내놓지 말고 돌아가며 사용하면 저녁마다 '새' 장난감을 주게 된다.

내 고양이 두 마리는 야간 순찰을 너무 좋아해서 나는 전략적으로 별도의 매력 있는 장난감들을 놓아둔다. 캣타워 받침대 위에는 털북숭이 쥐를 올려놓되 꼬리가 받침대 밖으로 매력적으로 늘어지게 한다. 우리 집에는 다리 달린 분첩처럼 보이는 거미 장난감이 하나 있는데 내 고양이는 이 이상한 거미에 환장을 해서 밤에 받침대 아래로 긴 다리가 대롱대롱하도록 놓아두거나 다리 몇 개만 보이도록 소파 아래 숨겨둔다. 내 고양이들이 사랑하는 플레이 앤 스퀵Play-n-Squeak이라는 작지만 멋진 장난감도 있다. 고양이가 발로 칠 때마다 매력적인 찍찍 소리를 내는 컴퓨터칩으로 움직이는 장난감 쥐다. 나는 밤마다 다른 장난감을 준비하고 내 고양이들은 새 모험을 고대한다.

※ 플라스틱 공이 벽이나 가구에 부딪히는 소리 때문에 밤에는 다소 시끄러울 수 있다. - 옮긴이주

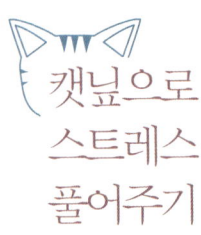

캣닢으로 스트레스 풀어주기

캣닢은 좋은 행동 수정 도구가 될 수 있는데, 많은 보호자가 캣닢을 아예 쓰려 하지 않거나 반대로 과용한다. 과용하면 고양이가 캣닢 효과에 면역될 수 있다. 다음은 캣닢에 대해 알아야 할 기본 사항이다. 캣닢은 '캣닢 효과'를 만드는 휘발성 기름을 함유하고 있다. 효과는 최음제 aphrodisiac와 비슷하지만 캣닢은 안전하고 중독성이 없다. 캣닢은 고양이의 억압감을 줄이는 환각제로 약 15분간 아주 큰 기쁨을 느끼게 해준다. 고양이는 이 허브 위에서 구르며 캣닢을 핥고 먹는다. 그렇다고 항상 꺼내두면 안 되는데, 고양이가 계속 캣닢에 노출되면 면역될 수 있기 때문이다. 흥미롭게도 캣닢에 대한 반응은 유전자의 영향을 받는데, 전체 고양이의 1/3에게는 나타나지 않는다. 캣닢은 반드시 성묘에게만 줘야 한다. 새끼 고양이는 이 허브에 반응하지 않는다. 그들의 끝없는 에너지를 보면 굳이 캣닢이 필요하지도 않다.

캣닢이 주는 혜택

캣닢은 '소파 고양이'를 벌떡 일어나게 할 수 있다. 고양이가 좀처럼 놀지 않아 고민이라면 캣닢은 훌륭한 출발점이 될 수 있다. 또 캣닢은 근사

캣닢을 즐기고 있는 고양이. 캣닢에 아무 반응을 보이지 않는 고양이도 많다. ⓒAnna Hoychuk

한 긴장 완화제이기 때문에 집에 손님이 왔거나 우리가 여행 갔다 돌아왔을 때처럼 고양이가 스트레스를 겪은 다음에 사용하면 좋다. 나는 가정방문 상담을 다니다 지쳐서 집에 온 날 고양이들에게 '캣닢 파티'를 열어준다. 제대로 된 상호작용 놀이 세션 시간을 꽉 채울 수 없을 정도로 피곤하지만 고양이들에게 특별한 시간을 만들어주고 싶을 때 고양이들이 제일 좋아하는 장난감에 캣닢을 뿌리거나 스크래칭 기둥에 문지르거나 양말 몇 개에 이 허브를 가득 채워서 주는 것이다.

또한 캣닢은 겁먹었거나 소심한 고양이들이 자신감을 갖게 돕는다. 단, 장난감에 집중할 수 없을 만큼 소심한 고양이에게는 상호작용 놀이 세션이 더 좋다.

캣닢 사용 시 주의사항

캣닢을 한 번도 경험하지 않은 고양이라면 처음에는 다른 고양이들 없이 혼자 있을 때 캣닢을 주는 것이 좋다. 어떤 수컷들은 캣닢의 영향을 받고 있는 동안 놀이에서 공격으로 바로 선을 넘을 수도 있다. 그러니 모든 고양이에게 함께 캣닢을 주기 전에 각자의 반응을 점검해야 한다.

캣닢 사용법

직접 재배할 수도 있고, 포장된 말린 캣닢을 살 수도 있고, 또는 캣닢을 집어넣은 인형을 살 수도 있다. 직접 재배할 경우 자칫 동네 고양이들에게 가장 인기 있는 집이 될 수도 있으니 마당에서는 재배하지 말자. 실내에서 재배한 후 건조하고 어두운 장소에 한 묶음을 거꾸로 매달아 말린다. 건조된 다음에는 잎과 꽃을 훑어낸다(줄기는 사용하지 않는다). 그리고 꽉 밀봉된 용기 안에 보관한다. 캣닢은 사용할 준비가 될 때까지 잎을 빻지 않는다. 잎을 빻으면 오일이 빨리 날아가 못 쓰게 되기 때문이다.

포장된 캣닢을 살 경우에는 잎과 꽃잎만 있는 것을 고른다. 줄기가 많이 포함된 캣닢은 질이 떨어진다. 캣닢이 봉투 안에 있다면 꽉 밀봉된 용기에 옮긴다. 고양이에게 캣닢을 줄 준비가 되면 양손 사이에 조금 넣고 문질러 오일을 발산시킨다. 캣닢을 뿌려줄 수도 있고 양말 안에 넣어 매듭을 묶어서 줄 수도 있다. 나는 늘 캣닢 속에 털북숭이 쥐 장난감 몇 개를 절이다시피 넣어둔다. 또 고양이에게 스크래칭 기둥 사용을 교육시키는 중이라면 주기적으로 스크래칭 기둥에 캣닢을 문질러준다.

해당 제조사의 수준을 알 수 없다면 캣닢으로 채운 장난감은 사지 않는다. 일부 캣닢 장난감은 질 나쁜 캣닢으로 채워졌고 심지어 엉뚱한 것으로 채워진 것도 있다. 스트레스 상황일 때 또는 특별한 사건 이후에 캣닢을 주는 것은 물론 그냥 일상적으로도 줄 수 있지만 일주일에 한 번 이상은 안 된다.

캣닢은 고양이가 접근할 수 없는 장소에 보관해야 한다. 고양이가 얼마나 끈질긴지 알고 나면 깜짝 놀랄 것이다. 나는 부엌 조리대 위에 무심코 꺼내둔 플라스틱 캣닢 용기가 망가졌다는 이야기를 정말 자주 듣는다.

제 6 장

식사 시간

식사 시간은 고양이들을 친구 사이로 만들 때 강력한 행동 수정 도구가 될 수 있지만, 다른 종류의 사료를 먹는 중이거나 고유의 식이 선호도를 가진 고양이에게 사료를 주는 것은 아주 힘든 일일 수 있다. 그저 사료그릇을 바닥에 두고 누가 먹고 누가 안 먹었는지 걱정할 필요가 없던 '단묘' 집사 시절은 끝났다. 다묘 집사가 된 순간 효과적인 식사 시간 전략이 필요하다는 것을 절감했을 것이다. 배고픈 작은 얼굴들이 부엌에 몰려와 한꺼번에 우리를 올려다볼 때 우리 삶을 좀 더 편하게 만들어줄 방법들을 소개한다.

그릇 취향

고양이는 저마다 사료그릇이나 물그릇에 대해 취향이 다르다. 우리한테는 그저 사료를 담는 '그릇'이지만, 고양이에겐 큰 차이가 있다. 반려동물 그릇은 셀 수도 없이 다양하고 많기 때문에 적정한 가격 범위에서 각자가 원하는 스타일의 그릇을 찾을 수 있다.

플라스틱은 반려동물 그릇으로 흔한 선택이지만 나는 반대다. 플라스틱은 냄새가 배는 경향이 있어서 이전에 먹은 사료의 오래된 냄새 때문에 고양이가 거부감을 느낄 수 있다. 또 쉽게 긁히고 그 작은 자국들 안에 박테리아가 갇힐 수 있다. 많은 고양이가 플라스틱 그릇에 담긴 사료를 먹다가 턱 주변에 피부 트러블(고양이 여드름 같은)을 얻게 되곤 한다. 또 너무 가벼워서 고양이가 그릇에 남은 마지막 사료를 먹으려다 보면 그릇이 이리저리 밀린다.

스테인리스스틸은 좋은 선택이다. 깨지지도 않고 닦기도 쉽다. 바닥에 고무받침이 빙 둘러져있는 것을 고르면 그릇을 한자리에 고정할 수도 있다. 하지만 어떤 고양이들은 스테인리스스틸 그릇에 담긴 특정 습식사료 맛을 거부할 수도 있다.

세라믹 그릇도 아주 좋다. 온갖 색상과 모양이 있다. 유약에 납이 함유된 것도 있으니 잘 확인하고, 표면이 완벽하게 매끄러운지도 손가락으로 신중하게 훑어 확인한다. 표면에 돌기가 있다면 고양이의 혀를 자극할 수 있다. 이가 빠진 그릇은 고양이의 혀나 입에 상처를 입힐 수 있으니 사용 금지다.

유리도 물그릇 또는 사료그릇으로 선택할 수 있다. 대신 씻을 때 금이 가거나 깨지지 않도록 조심해야 한다. 아주 살짝 금이 가도 무조건 버린다.

몇 마리를 키우건 간에 그릇에 돈을 지나치게 아껴선 안 된다. 오래된 마가린 용기나 종이 접시도 사용해선 안 된다. 스테인리스스틸이나 세라믹 그릇은 오래가니 결국은 가치 있는 투자다.

물 담는 곳과 사료 담는 곳이 하나로 연결된 그릇은 사지 않는다. 사료 조각이 쉽게 넘어가 물을 오염시킬 수 있다. 또 많은 고양이가 사료가 물에 너무 가까이 있는 것을 좋아하지 않는다. 또 목은 마르지만 배는 고프지 않다면 음식 냄새가 바로 옆에서 나는 걸 원하지 않을 수 있다.

그릇 재질은 물론 크기도 고려해야 한다. 어떤 고양이들은 먹는 동안 수염이 눌리거나 구부러지는 걸 좋아하지 않기 때문에 넓고 얕은 그릇을 좋아할 수 있다. 장모 또는 얼굴이 눌린 고양이도 얕은 그릇을 더 좋아하는 경향이 있다. 새끼 고양이는 수영장으로 써도 될 법한 그릇에서 물 마시기를 원하지 않는다. 내용물에 닿기 위해 모서리 너머로 안간힘을 써야 하는 여물통은 삼간다.

고양이는 자신이 배설하는 곳에서 먹지 않는다. 그러니 절대 모래화장실 근처에 사료 급여대를 만들어선 안 된다.

자율 급여

　대부분 고양이는 타고나길 조금씩 야금야금 먹는 동물이어서 자율 급여에 잘 적응한다. 건강하고 활동적인 고양이는 대부분 과식을 하지 않는다. 그래서 고양이가 자기 의지대로 먹도록 음식을 남겨두는 것이 보호자나 고양이 모두에게 편하다.

　자율 급여는 건사료에 가장 효과가 좋다. 습식 사료는 반시간만 지나도 오염되고 딱딱해져 매력이 없어진다.

　다묘 가정에서 그릇 하나를 공동으로 쓰는 것은 좋은 생각이 아니다. 모든 고양이가 서로 잘 지낸다 할지라도 그들이 성숙해감에 따라 영역 문제가 불거져나올 수도 있고, 한두 마리는 다른 고양이들을 몰아내려들지도 모른다. 또 고양이들 간의 긴장감, 불안감 그리고 적대감은 종종 급여 장소까지 확장된다. 우리는 모든 고양이가 먹기에 충분히 안전하다고 느끼는 평화로운 환경을 만들어주어야 한다. 하나 이상의 급여 장소를 만들어주면 어떤 고양이가 적대감을 느낄 때 다른 고양이의 영역으로 넘어갈 필요가 없다. 서로 아무런 적대감이 없다면 부엌 같은 곳 한구석에 몇 개의 급여대를 놓아줄 수도 있다. 하지만 긴장감이 조금이라도 있다면 집 안 곳곳에 급여대를 흩어놓아야 한다.

또 급여대는 다양한 높이로 마련해줘야 한다. 바닥 높이에서 먹는 걸 편하게 여기지 않는 고양이가 있다면 안전을 위해 높은 곳에 급여대를 마련해줄 필요가 있다. 극도로 겁이 많은 고양이는 좀 더 숨겨진 장소에서 먹는 것을 선호할 것이다. 개나 어린아이를 키우고 있다면 이들의 손이 닿지 않는 곳에 그릇을 둘 필요가 있다. 아주 역동적인 서열 체계를 가진 고양이 대가족을 거느리고 있다면 다양한 높이에 사료그릇을 놓아야 상위 랭킹, 중간 랭킹 그리고 하위 랭킹 고양이 모두가 안정감을 느끼며 식사를 할 수 있다. 사료 급여대의 위치를 정할 때는 그릇 취향을 염두에 둔다. 고양이들이 어떤 그릇에 호감 또는 반감을 가지는지 알고 있다면 다양한 위치에 그릇을 둘 때 이를 반영한다.

현재 제한 급여를 하는데 고양이들이 사료그릇 앞에서 공격성 또는 긴장감을 보이거나, 또는 몇 마리 고양이들이 너무 빨리 먹는다면 자율 급여를 하는 것이 보다 효율적일 수 있다. 누가 언제 먹을지 고양이들 스스로 스케줄을 짤 수 있기 때문이다. 급여대를 다양한 곳에 두면 영역 다툼을 완화할 수 있다. 게다가 사료를 지속적으로 공급하면 고양이가 실컷 먹은 다음 바로 토해내는 것을 막을 수도 있다.

어떤 고양이들은 물그릇보다 유리컵에 있는 물을 먹길 좋아한다. 다묘 가정에서 중요한 것은 고양이들의 '개묘차'를 이해하고, 그릇, 장난감, 놀이, 먹이 취향 등을 저마다에 맞게 고려해주는 것이다. 모든 고양이는 다르다. 집사의 길은 호락호락하지 않다.
ⓒ Nailia Schwarz

제한
급여

제한 급여 중이라면 고양이는 모두 개인 그릇을 갖고 항상 같은 장소에서 사료를 받아야 한다. 고양이 수가 아주 많을 경우 상당히 힘들 수 있지만 고양이는 습관의 동물이기 때문에 이 일과는 더 안전한 환경을 만들어 줄 수 있다. 고양이가 특정 그릇을 고수하지 않을지라도, 각자 사료그릇을 받으면 서로 거리를 두고 떨어져 식사를 하게 되고, 상위 랭킹과 하위 랭킹 고양이들도 사회적으로 수용할 수 있는 거리를 유지하며 평화롭게 식사를 할 수 있다.

그릇을 얼마나 멀리 떨어뜨려놓을지는 고양이들의 서열상 관계를 보고 판단한다. 아예 다른 방에서 먹는 것이 필요한 고양이도 있고, 1미터 정도 거리면 편안하게 먹을 수 있는 고양이도 있다.

일반적으로 따르면 좋은 규칙은 그릇을 벽이나 코너 쪽에 붙이지 않는 것이다. 방 출입구를 등지고 먹을 경우 불안감을 느낄 수 있기 때문이다. 그릇을 벽에서 몇 센티미터라도 떨어뜨려 겁 많은 고양이가 방 전체를 지켜볼 수 있게 해준다. 제한 급여를 할 때는 그릇을 두는 높이를 다양화하면 식사 시간이 더 평화로워질 수 있다. 높은 곳에서 먹는 걸 선호하는 고양이들도 있으니 말이다.

고양이들이 서로에게 긍정적인 연관을 형성할 수 있도록 돕는 가장 좋은 방법 중 하나는 서로의 시야 안에서 사료를 먹게 하는 것이다. 하지만 고양이들이 자기가 편안함을 느끼는 구역 내에 있도록 적절한 거리를 두는 것도 중요하다. 고양이가 먹는 걸 멈추고 다른 고양이를 쳐다본다면 서로 너무 가깝다는 의미다. 사료그릇 주변에서 소유욕이 지나치게 강해지는 고양이가 있거나 또는 사료 급여대 주변 또는 그 방에 들어오는 것조차 두려워하는 고양이들이 있다면 별도로 분리된 급여대를 제공해준다. 같이 있을 수 있는 고양이들은 함께 먹게 하는 편이 좋다.

일일이 따로 식사를 마련해주는 게 번거로울 수 있지만 먹이 싸움으로 사이가 악화되게 내버려두기보다는 행동 문제를 미연에 방지하는 것이 나으니 이쯤은 감수해야 한다. 식사 시간에는 모든 고양이가 완벽하게 안전해야 한다. 누구도 공격을 받아선 안 된다. 특정 고양이들에게 서로에 대한 긍정적인 연관을 형성하도록 행동 수정을 하는 중이라면 분리된 방에서 각자 사료를 주는 것으로 시작해서 아주 조금씩 차츰차츰 그릇을 가까이 옮긴다. 단, 얼마나 가까이 있길 원하는지는 고양이들 스스로가 정하게 해야 한다.

고양이가 너무 많지 않을 경우에 한하여 안전을 확실히 해주고 모든 고양이가 자기 전용 그릇에서 밥을 먹게 해주려면 그 자리에 우리가 있어야 한다. 우리는 안전 요원 역할을 하고, 고양이들이 자기 그릇을 찾게 돕는

어떤 고양이는 앞발로 그릇에서 사료를 꺼내서 먹는데, 이 경우엔 그릇 아래에 매트를 깔아두면 청소가 수월하다.

다. 일관성을 갖고 지속적으로 하면 이 일과는 자연스럽게 받아들여지고 고양이들은 빠른 시간 안에 자기 그릇으로 향하게 된다. 어떤 고양이가 심하게 소유욕이 있거나 하나 이상의 고양이가 식사 시간 동안 우리가 어떤 방법을 시도하든 간에 너무 불안해한다면 건사료를 그릇에 남겨두어 자율급여를 하게 한다. 지속적인 사료 공급은 불안감을 완화시킬 수 있다.

고양이의 식사에 대해 기억할 것

◇ 고양이 화장실 근처에는 물이나 사료를 두지 않는다.
◇ 사료그릇 하나로 다 같이 먹게 하지 않는다.
◇ 물그릇과 사료그릇은 분리한다.
◇ 필요한 경우 사료는 서열을 감안해 여러 높이에 둔다.
◇ 물그릇은 매일 씻고 신선한 물을 보충한다.
◇ 고양이의 개인적 그릇 취향을 존중한다.
◇ 습식 사료는 다 먹길 기다리고 반시간 이상 놓아두지 않는다.
◇ 식사 시간을 평화롭게 만들어준다.
◇ 모두가 적당한 양의 사료를 먹는지 확인한다.
◇ 아이에게 식사 중인 고양이를 괴롭히지 않도록 확실하게 가르쳐둔다.
◇ 어떤 고양이가 입맛이 변했다면 수의사에게 데려간다.

특별식을 먹는 고양이

한 고양이가 특별식을 먹어야 하는 경우가 있다. 성묘들만 있는 가정에 새끼를 한 마리 데려왔을 때, 건강 문제로 처방식을 계속 먹어야 할 때, 또 수의사가 체중 문제로 칼로리를 줄인 처방식을 권할 때가 이런 경우인데, 이때 다른 고양이들이 있다면 난처한 상황이 발생한다.

어떤 경우에는(예를 들어 과체중 고양이의 경우) 일반식을 높은 곳에 두어, 특별식을 먹는 고양이가 그곳에 닿지 못하게 막을 수 있다. 물론 비만 고양이가 체중 때문에 높은 곳에 오르지 못할 경우 가능하다.

특별식을 먹는 고양이가 있다면, 제한 급여를 하는 게 좋다. 그래야 해당 고양이가 먹어야 하는 것을 제대로 먹는지 확인할 수 있다. 어떤 특별식이냐에 따라 그리고 함께 사는 고양이들의 나이와 건강 상태에 따라 모두 같은 먹이로 바꿀 수도 있다. 단, 이는 담당 수의사가 결정해야 하는 사항이다. 고양이들이 매우 분명하게 정해진 영역을 가지고 있다면 해당 고양이의 특별 영역 안에 해당 처방식을 둘 수도 있다.

과체중 고양이에게는 더 적은 양을 더 자주 주는 것이 좋다. 참을 수 없을 만큼 오랫동안 위가 비어있지 않으면서 만족감을 느낄 수 있기 때문이

이리저리 굴려야 사료가 나오도록 고안된 트릿볼. 육체적 활동은 물론 지루함을 줄여 정신적 활동까지 하게 해준다. 다양한 디자인의 제품이 시중에 나와있다. ⓒGeorge Rudy

다. 또 추가적인 운동을 위해 트릿 볼을 몇 개 놔둘 수 있다. 이 공을 사용할 때는 하루 총 섭취량을 초과해선 안 된다. 또 상호작용 놀이를 통해 운동을 시킨다.

새끼 고양이의 경우, 한 살이 가까워지고 건강하고 몸무게도 적당하다면 수의사가 조금 일찍 성묘 사료로 바꾸는 것을 허락할 수도 있다. 그동안 다른 성묘들이 새끼 고양이용 성장식을 먹지 못하게 고군분투해 왔다면 이제 한숨 돌릴 수 있을 것이다. 하지만 수의사의 승인 없이 미리 바꿔선 안 된다. 새끼 고양이에겐 추가적인 지방과 단백질이 든 성장식이 꼭 필요하다.

고양이 접근 금지 장소를 정했다면 일관성을 유지해야 한다. 식사 시간이 아닐 때는 식탁 위에 올라가는 것을 허락했다가 식사 중에는 안 된다고 손을 휘저으며 내쫓는 혼란스러운 메시지를 보내선 안 된다. 또 고양이에게 적절한 높은 영역을 제공해주면 고양이는 굳이 음식을 준비하는 곳이나 내어놓는 곳 위에서 쉴 필요가 없다.

깨작깨작파와
설거지파
함께 밥 주는 법

　함께 살고 있는 고양이 모두가 먹는 스타일이 같다면 운이 좋다. 반대로 운이 나쁘면, 사료그릇을 단번에 싹싹 비우는 녀석들과 달리 겨우 두 입 집어 먹고는 사료그릇을 떠나는 녀석 때문에 애간장이 끓고 있을 수도 있다.

　고양이의 신체능력에 문제가 없다면, 이런 '깨작깨작파'들을 위해 정해진 높은 곳에 건사료를 올려두거나 지정 영역 안에 사료를 놓아줄 수 있다. 효과가 없으면 '설거지파' 고양이에게 적은 양을 더 자주 줘서 그들도 깨작깨작파가 되도록 트레이닝을 시도할 수 있다. 차츰 식사를 더 조금씩 더 자주 줘서 한 번에 조금씩 먹는 데 익숙해지게 한다. 그리고 플레이 앤 트릿 볼도 준다.

　또 다른 방법은 모든 고양이에게 제한 급여를 하는 것이다. 깨작깨작파들이 제한 급여에 익숙해지도록 처음에는 자주 사료를 준다. 곧 정해진 시간에만 먹을 수 있다는 것을 배우게 한다. 가능하다면 고양이들을 깨작깨작파로 바꾸는 게 더 낫다(담당 수의사가 반대하지 않는다면). 왜냐하면 이게 그들에게 더 자연스럽다.

사람 음식을 노리는 고양이

누구나 식탁이나 부엌 조리대 위에 고양이가 접근하지 않기를 바랄 것이다. 특히 손님에게 내놓을 참이었던 추수감사절 칠면조나 다듬어놓은 생닭을 고양이가 물고 도망가는 일이 없길 바라는 순간이면 더더욱 말이다.

고양이가 많을 경우, 부엌 조리대 밑에 모두 내려가있게 트레이닝하려면 더 집중적인 노력이 필요하다. 고양이를 조리대나 다른 높은 곳에 올라가지 못하게 하기 위해 첫 번째 할 일은 고양이가 올라가도 되는 곳과 그렇지 않은 곳을 결정하는 것이다. 일관성이 아주 중요하기 때문에 가족 모두가 이 규칙을 확실히 알아야 한다.

할인점에서 파는 저렴한 플라스틱 식기매트 몇 장과 반려동물용품점에 파는 양면테이프의 일종인 스티키 포우Sticky Paws를 구입한다. 일반 양면 마스킹 테이프도 괜찮다. 테이프를 식기 매트 위에 붙인 다음, 매트를 조리대 위에 이리저리 흩뜨려 놓는다. 식기 매트를 여러 장 충분히 사용해야 조리대를 고양이에게 불편한 장소로 만들 수 있다. 조리대 모서리를 따라 소리 나는 깡통을 몇 개 올려둬서 시각적 신호도 줄 수 있다(빈 음료수 캔에 동전을 몇 개 넣고 입구를 테이프로 봉하면 간단하게 만들 수 있다).

이 방법은 고양이가 우리를 떠올리지 않은 채로 그 장소에 대한 연관을 바꿀 수 있어 효과적이다. 조리대를 쓰지 않을 때도 항상 식기 매트를 올려둔다. 몇 주 후, 한 번에 하나씩 매트를 제거하되, 조리대 앞쪽 모서리에서 가장 가까운 매트는 가장 오래 남겨둔다. 소리 나는 깡통은 제일 오랫동안 조리대 모서리에 놓아둔다. 이 시각적 신호가 그 표면이 얼마나 불쾌한지를 고양이에게 상기시켜줄 것이다.

고양이 중에 쓰레기통 침입자가 있다면 뚜껑을 닫을 수 있는 안전한 쓰레기통으로 바꾼다. 그래도 여전히 신묘한 기술로 쓰레기통을 뒤진다면 쓰레기통을 캐비닛 안에 넣어둔다. 캐비닛 문에 잠금 장치가 없다면 안쪽에 자석 걸쇠를 붙이거나 아기 안전 잠금장치를 사용해 캐비닛 문을 잠근다.

조르기는 원치 않는 행동이다. 식사 중에 고양이가 음식을 달라고 조르기 위해 식탁 위로 뛰어오르면 조용히 안아서 바닥에 부드럽게 내려놓는다. 절대 소리치거나 언성을 높여서도 안 되고, 안아서 내릴 때도 떨어뜨리거나 내팽개치듯 해선 안 된다. 뽀뽀를 하고 내려놓는 것도 안 된다. 고양이가 우리 관심을 즐기는 것일 수도 있으니 말이다. 장난감이나 퍼즐 먹이통으로 관심을 돌리거나 제한 급여 중이라면 우리 식사 시간에 고양이 식사 시간을 맞추는 것이 좋다. 계속 조른다고 해서 마지못해 식탁 위에 있는 음식을 고양이에게 주면 모든 트레이닝이 수포로 돌아간다. 또 영양 균형을 망칠 뿐만 아니라 고양이가 자기 사료보다 우리 음식을 먹는 게 낫겠다고 결심하게 된다면 아주 입맛 까다로운 고양이가 될 수 있다.※

※ 마릴린 크리거의 〈고양이 클리커 트레이닝〉에 부엌 조리대 및 식탁 위에 올라오는 고양이의 행동을 수정하는 법에 대해 아주 자세히 나오므로 참고한다. - 옮긴이주

혐오 요법을 쓰면 안 되는 이유

고양이의 행동 문제를 고치는 데엔 분무기 물 쏘기가 효과가 있다는 이야기가 널리 퍼져있다. 이와 같은 것을 혐오 요법이라 하는데 효과를 보기 위해서는 까다로운 조건들이 모두 충족되어야 한다. 1) 원치 않는 행동을 할 '때마다'(교육에서 가장 중요한 것은 일관성이다), 2) 정확한 찰나의 타이밍에(그래야 무엇이 잘못된 행동인지 고양이에게 정확하게 알려줄 수 있다), 3) 고양이가 싫어할 만큼만 '최소한'의 강도로(너무 약하면 효과가 없고 너무 강하면 고양이에게 고통과 충격을 줄 수 있다), 4) 보호자가 쏜다는 사실을 모르게 물을 쏘아야 한다(하늘이 내린 천벌로 알게 해야지 안 그러면 보호자에게 부정적인 연관이 형성될 수 있다). 예상했듯 이 네 가지 조건을 충족시키기란 절대 쉽지 않다. 최신 동물행동학에서는 어떤 식이건 혐오요법 및 벌은 부작용이 있고, 올바른 순간에 제대로 사용하기란 너무 어렵기 때문에 정적 강화 positive reinforcement 방식의 교육이 권고되고 있다. 1. 문제 행동을 예방할 수 있는 환경을 미리 조성하고 대신할 수 있는 대안 행동을 마련해 주고, 2. 나쁜 행동에는 무반응으로 대응하고 좋은 행동에 보상을 주는 것이다. 즉, 식탁 위에 올라오는 고양이에게는 본문에서 언급했듯 1. 식탁 위에 접근 방지물들을 설치하고, 고양이의 흥미를 끄는 것들을 없애고, 2. 식탁 위 음식보다 더 흥미로워하는 장난감이나 퍼즐 먹이통을 갖고 놀게 하고, 3. 고양이가 식탁 위에 올라왔을 땐 아무 말 없이 바닥에 내려놓는다. 처음에는 바닥에 내려가 앉으면 좋아하는 트릿을 주는 것도 좋다. 몇 차례 정확하게 일관성을 갖고 반복하면, 고양이는 무엇이 자신에게 이득인지 금방 이해한다. 그저 벌만 주는 것은 고양이에게 무엇을 해야 하는지 알려주지 못한다. ※ 옮긴이주

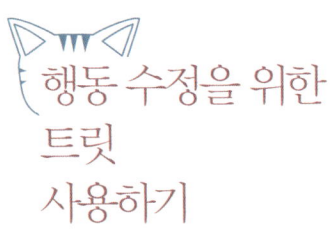
행동 수정을 위한 트릿 사용하기

대부분의 고양이는 먹이에 동기부여가 되기 때문에, 트릿은 행동 수정에 매우 효과적인 도구다. 단, 트레이닝 목적을 위해서는 트릿을 명확하게 사용해야 한다. 아무 이유 없이 그냥 트릿을 주어선 안 된다. 나는 우리가 얼마나 고양이를 사랑하는지도 잘 알고 그 사랑을 표현하고 싶은 마음도 잘 안다. 하지만 최고의 영양, 애정, 놀이 시간 그리고 사랑과 안전한 환경을 제공하는 것이야말로 매일 주는 트릿을 보상하고도 남는다.

트레이닝에 사용할 트릿은 작게 조각낸다. 시중에 나오는 대부분의 고양이 트릿은 큰 편이다. 이걸 둘 혹은 넷으로 조각내면 더 오래 먹을 수 있고 영양 균형이 깨지지도 않는다. 트레이닝 동안 특별 트릿을 그저 조금 맛보면 될 뿐 배를 채울 필요는 없다.

고양이가 시판 트릿을 좋아하지 않는다면 익힌 닭고기를 찢어서 준다. 다시 말하지만 적은 양이면 충분하다. 하지만 가능하다면 시판용 트릿을 고수해야 사람이 먹는 것과 고양이가 먹어도 되는 것 간에 혼란이 생기지 않는다. 고양이 트릿은 브랜드별로 다양한 맛과 질감으로 나와있으니 고양이가 좋아하는 것을 얼마든지 찾을 수 있다.

제 7 장

모래화장실

모래화장실 문제는 고양이 수와 무관하게 어떤 가정에서도 일어날 수 있지만, 고양이가 많을수록 문제 발생 확률은 확실히 증가한다. 다묘 가정이라면 아마도 그간 화장실 문제를 겪었거나 앞으로 언젠가는 겪게 될 거라 말해도 과언이 아니다. 대다수의 보호자가 모래화장실을 단순히 고양이들이 배변을 위해 사용하는 장소, 즉 우리가 사용하는 화장실의 고양이 버전으로 여기고 깨끗하게만 유지하면 모두가 행복할 거라 생각한다. 그렇게 간단하다면 좋겠지만 실제 모래화장실과 고양이 간의 관계는 복잡하고, 감정과도 연관이 있다. 둘 이상의 고양이가 화장실을 공유해야 할 때 그 관계는 훨씬 더 복잡해질 수 있다.

화장실은 최소한
고양이 수만큼
여러 곳에 둔다

고양이를 둘 이상 키우고 있다면 최소한 두 개 이상의 화장실이 필요하다. 즉 최소한 키우고 있는 마릿수만큼의 화장실이 필요하다. 미심쩍은 표정으로 고개를 젓고 있을 수 있다. 특히 다섯 마리가 넘는 고양이를 키우고 있다면 말이다. 하지만 모래화장실 기피 문제를 겪고 싶지 않다면 이것은 반드시 지켜야 할 고양이 양육 규칙 중 하나다. 반복하지만 다묘 가정에서는 적어도 고양이 개체 수만큼의 화장실 개수를 갖춰야 한다. 6~7개 화장실에서 더러워진 모래를 퍼내고 화장실을 씻어낼 생각을 하면 끔찍하겠지만 그래도 카펫을 아예 바꾸거나 바닥 마루를 새로 까는 것보다는 훨씬 낫다. 그리고 모래화장실은 한자리에 모아두지 말고 여러 곳에 나눠서 배치해야 한다.

최근 동물행동학자들은 모래화장실을 마릿수+1, 즉 n+1개를 갖추라고 말한다.
※ 옮긴이주

새끼 고양이들은 모래화장실을 놀이터로 삼기도 한다.
ⓒ Moncayofoto

고양이의 하부요로질환

고양이의 모래화장실 습관에 변화가 생긴다면 건강상에 문제가 생겼다는 표시일 수 있다. 고양이가 모래화장실 밖에서 배변을 보게 되는 몇 가지 상황이 있는데, 그중 하나가 하부요로질환(FLUTD, feline lower urinary tract disease)을 앓는 경우다. 흔히 고양이는 오줌을 싸는 동안 느끼게 되는 고통을 화장실 자체와 연관 지어버리곤 한다. 그래서 다른 장소를 선택한다. 하부요로질환을 가진 고양이는 방광이 예민한 상태여서 안에 소변이 한 방울만 있어도 급박한 배뇨감을 느낀다. 화장실을 자주 들락날락거리거나 오줌에 피가 약간 섞여있거나 배변 중에 울거나 아주 적은 양의 배변만 가능한 것과 같은 증상을 보인다면 이 병을 의심해볼 수 있다. 당뇨병과 신부전을 포함한 몇 가지 질병도 고양이가 화장실 문제를 갖는 원인이 된다. 그러므로 수의사에게 데려가 검진을 받기 전까지는 화장실 문제를 단순히 행동 문제로만 여겨선 안 된다. 비뇨기 계통의 문제는 요로가 완전히 막히게 될 경우 치명적일 수 있는데 특히 길고 좁은 요도를 가진 수컷 고양이들이 그렇다. 고양이의 모래화장실 사용 습관이 조금이라도 바뀌거나 먹이나 물 섭취 습관이 바뀌면 당장 수의사에게 데려간다.

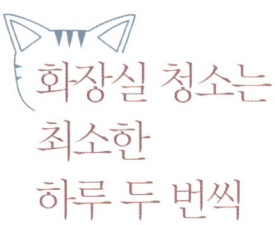

화장실 청소는 최소한 하루 두 번씩

고양이가 몇 마리든지 간에 화장실은 항상 깨끗하게 유지해야 한다. 냄새 나는 모래 더미는 고양이를 화장실에서 도망치게 한다. 하루에 최소한 두 번은 모래에서 대소변을 떠내야 한다. 하루걸러 한 번씩 화장실을 흘깃 쳐다보는 것으로 대충 때웠다면, 머지않아 문제에 맞닥뜨리게 될 것이라 장담할 수 있다.

가장 쉬운 방법은 아침에 눈 뜨자마자 제일 먼저 대소변을 퍼내고 밤에 잠자리로 가기 전에 다시 그렇게 하는 것이다. 잠재적 문제를 정말 피하고 싶다면 퇴근 후 귀가했을 때 몇 초를 더 할애해 화장실 청소를 한 번 더 하는 것이 좋다. 그리고 한낮에라도 화장실을 지나칠 일이 생기고 사용 흔적이 눈에 띄면 삽이나 체로 대소변을 떠낸다.

모래를 떠내는 테크닉은 사용 중인 모래 타입에 따라 달라질 수 있다. 떠낼 수 있게 뭉쳐지는 응고형 모래의 경우 구멍이 여럿 나있는 견고한 삽이 필요하다. 뭉쳐지지 않는 흡수형 모래의 경우엔 대변은 길고 가는 슬릿형 구멍들이 난 삽으로 떠내고, 젖은 모래 더미는 구멍이 없는 삽이나 큰 플라스틱 스푼으로 떠내야 한다. 안 뭉쳐지는 모래도 오염된 모래덩어리를 빨리 제거해야 고양이가 더 쾌적하고 편안하게 화장실을 이용할 수 있다.

비닐 쓰레기봉투를 하나 들고 모래화장실을 순회하며 대소변을 떠낸 다음, 외부에 있는 쓰레기통에 버린다. 하루 두 번 이상 더 자주 화장실 청소를 해주고 싶다면(정말 바람직하다!) 모래화장실마다 가까이에 딱 들어맞는 뚜껑이 있는 플라스틱 용기를 두고 작은 비닐 쓰레기봉투 또는 상점에서 물건을 살 때 딸려온 포장 비닐백을 용기 안에 깔아둔다. 뚜껑 위에 삽을 올려놓을 수도 있고 아니면 삽을 넣어둘 작은 용기도 따로 마련해둘 수 있다. 오물을 떠내어 용기 안에 넣고 뚜껑을 닫는다. 하루가 끝날 때 또는 용기가 어느 정도 차면 화장실을 순회하며 용기를 깨끗이 비운다. 이처럼 용기와 삽을 각각 마련해두면 자주 오물을 떠내기가 수월해진다. 물론 화장실이 열 개일 경우 열 개의 용기와 삽까지는 필요 없지만, 적어도 충분히 전략적으로 위치를 잘 잡아둬야 중요한 청소 임무를 태만히 하지 않게 된다. 더 규칙적으로 화장실을 치우면 고양이는 물론 우리 집도 위생적이 될 뿐만 아니라 고양이들 간의 긴장감도 줄일 수 있다. 예를 들어 어떤 고양이는 다른 고양이가 사용한 다음에는 화장실을 쓰려 하지 않는데, 특히 이 둘이 서로 사이가 나쁘다면 더욱 그렇다.

모래를 완전히 교체하고 화장실 자체를 씻는 스케줄은 모래 타입에 따라, 또 고양이의 습관에 따라 정한다. 삽으로 떠내는 모래를 사용하고 있다

> 모래화장실은 고양이들이 공동으로 사용해야 하는 영역이다. 모두가 안전함을 느낄 수 있도록 배치하는 것은 물론 늘 청결을 유지해줘야 한다. 조금만 방심하면 화장실 기피 문제 혹은 요로계 질환이 생기기 쉽다. 우리가 부지런할수록 고양이들은 행복하다. 고양이마다의 모래 및 화장실 선호도를 파악해 그 취향을 고려해준다.

해도 화장실 씻기의 중요성을 간과해선 안 된다. 오줌과 대변은 모래에만 묻는 것이 아니라 화장실 벽과 바닥도 더럽히기 때문에 화장실도 정기적으로 깨끗하게 씻어야 한다. 물에 희석한 살균소독제diluted bleach solution*를 사용하면 화장실, 용기와 삽의 표면에 생긴 미세한 흠집 속 박테리아도 죽일 수 있다. 살균소독제 냄새가 완전히 사라질 때까지 맹물로 철저히 헹군다. 일반 가정용 세제household cleaner는 냄새가 너무 강하기 때문에 사용해선 안 된다. 그리고 암모니아도 절대 사용해선 안 되는데 고양이에겐 오줌 냄새처럼 느껴지기 때문이다.

다묘 가정에서 화장실 하나는 있을 수 없는 일이다. 적어도 n+1개의 화장실이 필요하다. ⓒAlbina Tiplyashina

---

※ 표백제로 해석되나 국내 정황상 살균소독제로 번역한다. - 옮긴이주

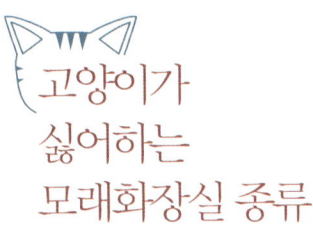
고양이가 싫어하는 모래화장실 종류

덮개형 화장실

고양이가 한 마리라면 논쟁거리가 안 될 수도 있지만(그럼에도 불구하고 나는 논쟁거리가 되는 경우를 꽤 접하고 있다), 다묘 가정이라면 뚜껑 있는 화장실은 여러 가지 문제를 낳을 수 있으므로 사용하지 않는 편이 좋다. 하나씩 그 이유를 살펴보자. 뚜껑이 있으면 냄새가 안에 갇힌다. 보호자 입장에선 그게 너무 좋겠지만 고양이에게는 끔찍한 노릇이다. 또 뚜껑은 적절한 공기 순환을 방해해서 모래가 건조되는 데도 시간이 오래 걸린다. 축축하고 냄새나는 모래가 차있는 어두운 상자 안으로 걸어 들어가는 게 얼마나 불쾌할지 상상해보자.

이런 형태의 화장실은 보호자에게도 불편하다. 화장실 청소를 할 때 뚜껑을 제거해야 하기 때문에 자꾸만 청소를 꺼리게 된다. 게다가 뚜껑도 씻어야 하니 일이 두 배가 된다.

내 책, 〈고양이처럼 생각하기〉를 읽은 독자라면 이 '두려운 뚜껑'에 대한 내 견해를 이미 잘 알 것이다. 다묘 가정에서 뚜껑 달린 화장실은 그야말로 위협을 제기하는 물건이다. '탈출 가능성의 부재' 때문이다. 우리 인간은 볼일을 볼 때 프라이버시가 중요하기 때문에 고양이도 마찬가지로 이를 중요시할 거라 생각하는데, 고양이에게는 안전이 프라이버시보다 먼저다. 고양이가 프라이버시를 그토록 중요하게 여긴다면 길고양이들이 남의 집 앞마당에 들어가 배변을 보는 일도 없어야 한다.

덮개형 화장실 상자는 출입구가 하나로 제한된다. 화장실 안에서 배변을 보는 동안 고양이는 다른 고양이의 습격에 매우 취약한 상태가 된다. 예를 들어 고양이 하나가 아무 낌새도 못 채고 화장실에서 볼일을 보고 있는 동안 다른 고양이가 뚜껑 위에 앉아있다. 이 고양이 스토커는 적절한 순간을 기다렸다가 희생양이 상자 밖으로 나오는 순간 뛰어내린다. 이런 깜짝 놀랄 일이 몇 번만 일어나도 희생양 고양이는 더 안전한 장소에서 배변을 해야겠다고 결심하게 된다. 모든 화장실이 뚜껑이 있다면 그 새로운 장소는 결국 거실 카펫이 될 수도 있다. 사이가 나쁘지 않은 고양이의 깜짝 등장도 같은 결과를 낳는다. 고양이는 또다시 그곳에서 갇히게 될 위험을 피하려 할 것이다.

뚜껑 있는 화장실의 또 다른 단점은 너무 작다는 것이다. 뚜껑 덕분에 우리에겐 화장실이 커 보일 수 있지만 사실 모래 표면만 보자면 다른 일반 화장실과 별반 차이가 없다. 모래가 밖으로 흩어지는 게 걱정되거나 화장실 벽이나 그 너머로 스프레이를 하는 고양이가 있다면 플라스틱 수납 박스를 사서 화장실로 사용한다. 나는 시판 중인 고양이 화장실 대부분이 너무 작다는 것을 깨달은 후로는 몇 해째 이런 수납 박스를 활용하고 있다. 수납 박스는 높이, 넓이, 길이가 다양하기 때문에 여러 곳에 화장실을 둬야 할 경우 네모반듯한 상자를 놓을 충분한 자리가 없을 때 유용하다. 고양이들이 가장 자주 사용하는 장소에 놓을 특대형 화장실도 해결된다.

모래가 밖으로 흩어지거나 잘못 조준해 오줌이 밖으로 새어나오는 문제를 해결하고 싶다면 높이가 높은 수납 박스를 고른다. 옆면 중 길이가 짧은

면 한쪽을 출입이 쉽도록 U자 모양으로 자른다. 나머지 세 면은 모래와 오줌 스프레이를 잘 막아주고, 상자에 덮개가 없기 때문에 대소변 덩어리를 떠내기도 편하다. 또 고양이로서는 잠재적 탈출 경로를 확보할 수 있어 좋다. 게다가 반투명한 우윳빛 수납 박스의 경우, 안에서 볼일 보던 고양이가 외부에서 접근해오는 고양이를 볼 수 있어 탈출이 더 쉽다. 또 모래도 덮개가 있는 상자에서보다 더 빨리 건조된다. 덮개를 접었다 폈다 할 수 있는 컨버터블 화장실이라 생각하자. 단점은 하나도 없고 덮개형 화장실이 가진 모든 이점은 다 갖춘 셈이다.

자동 청소 화장실

대규모 다묘 가정이라 모래를 떠낼 시간이 절대적으로 부족한 일부 보호자들은 자동 청소 화장실을 구세주처럼 여겨질 수 있지만 큰 오산이다. 전자식 화장실이 알아서 이전 고양이의 사용 흔적을 청소하는 동안, 다음 고양이가 화장실 안으로 들어가지 못하게 된다. 또 전자식 화장실은 모터와 더러워진 모래를 수용할 공간이 있어야 하기 때문에 화장실 자체는 커 보

다른 고양이가 화장실 입구 또는 화장실 위를 지키고 있을 경우, 소심한 고양이는 그 화장실을 사용하기 힘들다.
ⓒTamara Borgia

이지만 실질적 모래 표면이 너무 좁다. 게다가 모래 뭉침 덩이가 클 경우, 갈퀴에 걸릴 수 있다. 커다란 설사 덩어리도 마찬가지다.

게다가 전자식 자동 청소 화장실은 매우 중요한 건강 진단 기회를 뺏는다. 종종 건강상의 문제는 보호자가 고양이의 모래화장실 습관에 변화가 나타났음을 감지하며 발견되곤 한다. 특별히 변이 딱딱한지, 설사인지, 변에 피나 점액이 섞이지는 않았는지 또는 심지어 기생충은 없는지를 확인하는 것은 매우 중요한 일이다. 전자식 화장실은 이 중요한 초기 경고 시스템이 발동되는 것을 원천봉쇄해 버린다.

게다가 수동식 자동 청소 화장실은 완전히 시간 낭비다. 보호자에게 일반 화장실만큼의 수고를 요한다. 화장실을 뒤집어 통을 비우는 데 제법 많은 시간이 걸리는 데다 화장실도 씻어줘야 하는데 윗부분, 살대, 바닥 그리고 용기 모두를 씻어야 한다. 게다가 뚜껑이 있어서 내가 앞서 말한 여타의 단점들도 갖고 있다. 그리고 전자식 화장실과 마찬가지로 일반 화장실에 비해 실질적 모래 면적이 정말 좁다. 다묘 가정에서 '작다'는 것은 하나도 좋을 게 없다.

그 외 몇 가지 아주 별난 자동 청소 화장실이 있는데, 그중 우리가 절대 모래를 바꿔줄 필요가 없도록 영구적으로 사용 가능한 재질의 모래를 사용하는 것이 있다. 이 자동 청소 화장실은 자동으로 쉭 소리를 내며 모래를 물청소하는데, 청소 중일 때 고양이가 이 상자 안에 들어갔다가는 발이 젖게 된다. 화장실 기피 문제를 두 팔 벌려 기다리는 셈이다!

> 고양이 각각이 필요로 하는 것이 무엇인지 민감하게 살펴야 한다. 다묘 가정에서는 프라이버시를 찾는 고양이와 탈출로를 찾는 고양이의 욕구를 모두 다루기 위해 화장실 위치를 매우 창의적으로 조정해야 한다.

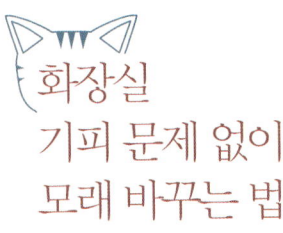
화장실 기피 문제 없이 모래 바꾸는 법

모든 고양이가 별 문제 없이 한 가지 모래 브랜드를 사용하고 있는 가정이라면 정말 운이 좋다. 영원히 그랬으면 좋겠지만 한두 마리가 특정 타입 또는 브랜드의 향, 질감, 또는 성능에 대해 반감을 갖기 시작할 수 있다.

어떤 경우라도 모래의 브랜드나 타입을 갑자기 바꾸어선 안 된다. 고양이는 습관의 동물이어서 화장실로 들어가면서 지난번에 마지막으로 들어갔을 때와 같은 질감을 기대하기 마련이다.

방법 1. 다른 모래를 채운 화장실을 추가한다

다른 모래를 시도해보고 싶거나 고양이 중 하나가 모래 기피 행동을 보인다고 느꼈을 때 모래를 어떻게 바꿔야 할까? 두 가지 방법이 있다. 첫째, 몇몇 고양이가 다른 타입의 모래를 선호한다는 의심이 들면, 그 새 모래로 채운 화장실을 하나(또는 그 이상) 추가로 마련한다. 이 새 화장실은 기존 화장실에 불만을 품은 고양이가 자주 쓰는 화장실 옆에 둔다. 고양이에게 선택권을 주기 위해 몇 종류의 모래 상자를 더 마련할 수도 있다. 평소 고양이의 일상적인 화장실 사용 습관을 알고 있다면 그 고양이가 새 모래를 사용하기 시작했는지 알 수 있을 것이다. 습관의 동물답게 고양이는 배변을 보기 위한 자세나 그걸 덮는 자세를 취할 때 같은 방식으로 행동하는 경향이 있다. 다묘 가정에서 특정 타입의 모래만 선호하는 고양이가 한둘쯤 있는 것은 특이한 일이 아니다. 고양이가 선호하는 모래로 상자 몇 개를 채워주면 된다. 다른 고양이들이 그 화장실을 못 쓰게 막는 건 불가능하겠지만, 적어도 그 까다로운 고양이는 행복할 것이다. 그 모래가 든 화장실의 사용 빈도가 높다면, 고양이 대부분이 그 화장실을 선호한다는 신호이니 더 많

모래가 마음에 들지 않을 때 고양이의 행동

고양이가 모래를 기피할 때는 먼저 파지 않은 채 볼일을 보거나 끝난 후 덮지 않는다. 이 고양이의 미션은 최대한 빨리 화장실에 들어가 볼일을 보고 나오는 것이다. 원래부터 볼일을 볼 때 파거나 덮지 않는 고양이도 있을 수 있다. 여기서 중요한 것은 행동상의 변화를 알아채는 것이다. 평소에는 모래를 긁는 고양이가 갑자기 긁지 않거나, 화장실 옆면이나 뒤쪽 벽 또는 화장실 주변의 바닥을 긁는다면 모래 기피 문제를 겪고 있는 것일 수 있다. 덮으려고 노력은 하지만 절대 필요 이상으로 그 모래와 접촉하고 싶지 않다는 뜻이다. 또는 두 뒷다리로 지탱한 채 화장실 벽 가장자리를 횃대 삼아 앉아있을 수 있다. 이 경우 당연히 엉뚱한 곳으로 조준하게 되지만 고양이 관점에서 보면 적어도 몸은 화장실 '안'에 있는 셈이다. 반대로 가장자리에 두 앞발을 올려놓고 앉을 수도 있는데 적어도 조준은 잘 맞는다. 고양이가 화장실에 가까이 가긴 하지만 절대 안에 발을 들여놓지 않는 것도 모래 기피 증상이다. 그 고양이는 화장실 바로 옆이나 가까운 매트 위에 볼일을 보기 쉽다. '모래가 너무 더럽거나 건강상의 문제가 있을 때도 모래 스크래칭 및 덮기를 멈춘다'는 사실을 꼭 기억한다.

은 화장실의 모래를 그 타입으로 바꿔준다. 고양이는 촉감이 매우 발달해서 모래의 질감이 중요하다. 다묘 가정 보호자라면 고양이 모두가 같은 모래를 선호하지 않는다는 사실에 대비해야 한다.

만일 소변 뭉침덩이가 깨지고 바스러져서 모래를 떠내는 게 어렵다면 다묘용 조제 모래로 바꾼다. 또 새 모래를 추가해주는 것도 방법이다. 다묘용 조제 모래는 더 잦은 사용에도 견딜 수 있도록 뭉침덩이를 더 단단하게 형성하는데, 이는 화장실을 청결하게 유지하는 데 도움이 된다.

방법 2. 새 모래를 추가하며 그 비율을 점차 늘린다

모래 브랜드나 타입을 바꾸는 두 번째 방법은 점차적인 전환이다. 현재 사용하는 모래에 새 모래를 소량 추가한다. 며칠에 한 번씩 차츰차츰 새 모래의 비율을 늘려나간다. 만약 모래 교체로 인해 화장실 기피 문제가 시작되는 기미가 보인다면 또는 평소보다 대소변 덩어리가 덜 덮여있다면 교체 속도가 너무 빨랐다는 의미이므로 속도를 늦춘다. 그래도 여전히 문제가 느껴진다면 우리가 선택한 모래를 대부분의 고양이가 받아들이지 않는다는 증거다.

흡수형에서 응고형 또는 응고형에서 흡수형으로 바꾸는 것같이 아예 다른 타입의 모래로 바꿀 때는, 호환이 불가능한 성질 때문에 모래 성능이 떨어진다는 것을 염두에 둔다. 응고형 모래는 화장실 안에 흡수형 모래가 많이 있는 동안엔 효과적으로 뭉쳐지지 않는다. 바꿔나가는 동안 잘 버틴다면 비율이 바뀌면서 모래 성능은 자연스레 향상된다.

새 고양이가 특정 타입의 모래에 이미 익숙해있다면, 보호실에 있는 동안엔 그 모래를 사용하게 해준다. 그런 뒤 점진적으로 교체한다. 고양이가 어떤 타입의 모래를 선호할지 확신이 없거나 길고양이를 구조한 경우라면, 보통은 향이 없는 떠낼 수 있는 모래로 시작하는 것이 좋다. 길고양이는 모래나 흙에 배설하는 것에 익숙했을 테니 말이다. 평소 집에서 특화된 모래를 사용한다면 보호실에 화장실을 두 개 마련해 새 고양이가 선택할 수 있게 해준다. 새 고양이가 특화된 종류를 택할 수도 있다. 그렇지 않다면 일단 적응 기간을 끝낸 다음, 우리가 점진적인 전환을 시도할 수 있다.

모래 높이

다묘 보호자가 되는 순간, 작고 옮기기 쉬운 상자나 비닐팩에 담긴 모래를 살 수 있는 행복은 끝이다. 이제 대형 할인 매장의 세계로 들어갔거나 어떤 곳에서 점보 사이즈 용기에 담긴 모래를 배달해주는지 조사를 끝낸 상태일 것이다. 모름지기 고양이 보호자들에게 절대 떨어져선 안 되는 중요한 자산 두 가지가 있다. 사료와 모래다.

모래 높이는 일관성 있게 유지해야 한다. 각각의 화장실 사용 빈도에 따라 새 모래를 추가해 일정 높이를 유지한다. 보통 며칠에 한 번씩 한다. 상담을 위해 가정방문을 할 때 가장 자주 접하는 문제점 중 하나가 화장실 모래의 부족이다. 화장실을 5~6개씩 둔다 해도 모래 높이에 인색하면 안 된다. 최소한 화장실을 세 번 방문할 때까지는 안에 깨끗한 모래가 충분히 있어야 한다. 고양이 중에 아주 열광적으로 모래를 긁어대는 녀석들이 있다면, 그들이 자주 다니는 화장실에는 여분을 좀 더 넣어야 한다. 화장실을 점검하러 갔을 때 한쪽에는 모래 언덕이 생겨있고 반대쪽은 바닥이 드러나 있으면 안 된다. 이 경우 화장실 기피 문제를 일으킬 수 있다. 고양이들이 모래 높이가 낮아진 것에는 별로 신경 쓰지 않는다 하더라도 화장실 바닥이 드러나면 오줌이 모래에 흡수되지 않고 그대로 남아있어서 냄새가 나게 된다. 반대로 상자가 넘칠 정도로 모래를 가득 채울 이유도 없다. 낭비다. 모래를 떠내기도 힘들고 모래가 흩어질 확률도 더 높고, 어떤 고양이는 모래산 위에 올라앉는 걸 거부할 수도 있다.

화장실 위치

모래화장실 위치에 관한 한 대부분의 보호자가 이미 알고 있는 절대 깨면 안 되는 규칙이 있다. '사료와 물 가까이에 화장실을 두지 말 것'이다. 만약 모르고 이 규칙을 깼다면 곧 화장실 기피 문제와 정면으로 맞닥뜨리게 될 거라 장담한다. 왜 그럴까? 고양이는 자기가 배변하는 곳에서 먹지 않는다. 상식이 되는 가장 기본 수준이다. 인간도 화장실에서 뭔가를 먹지 않지만, 무엇보다 고양이에게 이 행동은 생존과도 연결된다. 고양이는 자신의 오물 흔적으로 인해 천적을 끌어들이는 우를 범하지 않기 위해 보금자리에서 멀리 떨어진 곳에서 배변한다. 바깥세상은 전혀 모르고 자란 집고양이도 이 본능을 갖고 있다. 집에 고양이 사료그릇이 모래화장실 가까이 있다면 당장 딴 데로 옮긴다. 모래화장실이 사료그릇과 같은 방에 있어야만 한다면(새 고양이를 위한 보호실의 경우처럼), 사료와 반대편 벽에 둔다. 또 화장실 상자가 고양이를 놀래킬 수 있는 가정용 전자기기와 너무 가까이 있진 않는지도 확인한다. 세탁기가 내는 갑작스런 소음은 고양이에게 '접근 방지물'이 될 수 있다.

영역 문제 고려하기

다묘 가정에는 모래화장실 여러 개만 필요한 게 아니라 그 화장실을 둘 장소도 여러 곳 필요하다. '화장실 전용 방'을 두는 게 효율적이겠다고 생각할 수 있지만 그러면 화장실 기피 문제를 떠안을 위험이 있다. 왜 한방에 화장실 열 개를 나란히 두고 '공식 지정' 고양이 화장실로 만들면 안 되는 걸까? 제1장과 3장에서 말했듯, 집 안 모든 곳은 활동 범위 및 영역이 겹친다. 고양이 하나가 세탁실 근처를 자기 영역으로 삼고 있는데 우리가 모든 화장실을 그곳에 둔다면 서열이 낮은 고양이는 세탁실로 들어가기 꺼리기 마련이다. 어떤 고양이가 어떤 영역을 지배하는 경향이 있는지는 관찰하면 알 수 있다. 화장실은 모든 곳을 커버할 수 있도록 집 전체에 흩뿌려놓아야 한다. 특히 겁이 많거나 서열이 낮은 고양이가 화장실에 가기 위해 서열이 높은 고양이의 땅을 가로지르는 위험을 무릅쓰게 해선 안 된다.

내 고양이 세 마리는 집 안의 활동 범위 및 영역을 확실히 스스로의 힘으로 개척했다. 모두가 아무 문제없이 서로의 공간을 공유하긴 하지만 말이다. 나는 각 고양이의 영역 안에 화장실을 하나씩 배치했는데 세 마리 모두 모든 화장실을 공유하지만 자기 영역 안에 있는 화장실을 가장 자주 사용한다. 나는 내 고양이들에게 화장실 문제가 한 번도 생기지 않는 이유가 내가 그 어떤 고양이도 걱정할 필요가 없도록 확실하게 영역 문제를 다뤄줬기 때문이라 믿는다.

탈출 경로 확보해주기

앞서 말했듯, 우리는 우리가 프라이버시를 중요시하는 것처럼 고양이에게도 충분한 프라이버시를 제공해야 한다고 잘못 생각한다. 물론 어느 정도의 프라이버시는 필요하다. 어린아이들이 시끄럽게 비디오 게임을 하고 있는 거실 한가운데에 있는 화장실을 좋아할 고양이는 없다. 그런데 보호자들이 만드는 그 프라이버시 대부분은 주로 '자기 자신'의 편리함을 위한 것이지 고양이를 위한 것이 아니다. 강조하지만 지나친 프라이버시는 고양이에게 해가 될 수 있다.

고양이는 화장실 안에 있을 때 극도로 취약하다. 서열이 높은 고양이가 서열이 낮은 고양이를 매복 습격하겠다고 결심할 때가 바로 그렇다. 서열이 낮은 고양이는 서열이 높은 고양이가 소유권을 '주장하는' 상자 안에서 볼일을 보는 중이라 꼼짝없이 일이 끝날 때까지 구석으로 뒷걸음질 치는 게 고작이다.

탈출 가능한 경로는 상대가 고양이일 때만 필요한 게 아니다. 개나 어린

아이도 위협이 될 수 있다. 어떤 경우도 고양이가 볼일을 보면서 자기 방어에 대해 걱정하게 해선 안 된다.

탈출 가능 경로를 확보하기 위해서는 두 단계가 필요하다. 첫 번째는 '개방된' 화장실을 만들어주는 것이다. 그래야 고양이가 어떤 방향에서건 접근해오는 위협이 감지되면 반대쪽으로 달아날 수 있다. 뚜껑이 없는 화장실이라 해도 그게 수납장 안에 숨겨있거나 코너에 껴있다시피 하면 탈출 가능성을 절반으로 떨어뜨리는 것이다. 해결 방법은 간단하다. 오픈된 공간에 화장실을 두고 벽에서 얼마간 떼어놓으면 된다. 고양이가 필요할 경우 뒤쪽이나 옆으로 튀어나갈 수 있다고 느끼기 충분할 정도로 말이다.

두 번째는 '대처할 시간'을 확보해주는 것이다. 즉, 화장실 안에서 누군가가 접근해오는 것을 미리 볼 수 있게 해준다. 시야가 확보될수록 유리하다. 고양이가 긴장감과 관련 있는 배변 문제를 겪는 중이라면 '탈출 가능한' 오픈된 영역에서 배변을 할 가능성이 높다. 보초를 서고 있는 누군가로 인해 화장실 안에 갇히게 되는 걸 원치 않는 겁먹은 고양이는 집 안에서 대개 출구가 양방향으로 나있는 방을 화장실로 골라 카펫 위에 실수를 할 것이다. 이 고양이에게는 이곳이 만일의 사태에 대처할 수 있는 최적의 장소인 셈이다. 또, 서열이 낮은 고양이는 공식적으로 누구도 내 영역이라고 '선언'하지 않은, 또는 보호자가 자주 사용하지 않는 방을 화장실로 선택할 수 있다. 미국의 경우, 다이닝룸이 배변 실수를 저지르기에 가장 인기 있는 장소가 되는 이유다. 미국 가정에서 대부분의 다이닝룸은 출구가 양방향일 뿐만 아니라 대체로 손님이 올 때만 사용한다. 마찬가지 이유로 게스트룸도 인기 있는 장소다. 고양이는 이런 장소를 중성적 영역 또는 보금자리의 변두리로 받아들인다. 보호자의 침실을 고르는 고양이도 있는데, 그곳을 안전한 안식처로 여기기 때문이다. 이런 고양이들은 잠재적 탈출 경로가 필요했던 동시에 그 방에 가득 모여있는 친근한 우리 냄새에 편안함을 느낀다.

모래화장실은 고양이가 그 공간의 출입구를 볼 수 있는 위치에 둔다. 복도까지 볼 수 있다면 훨씬 좋다. 우리 자신과 고양이를 만족시키기에 충분한 프라이버시를 유지하면서 동시에 넓은 시야를 확보할 수 있는 곳 말이다. 긴장감이 극도로 높은 가정이라면 탈출 경로 확보가 프라이버시보다 우선시되어야 한다. 안전 차원에서 화장실이 방 한가운데 있어야 한다면 그렇게 해야 한다(걱정 말자, 임시일 뿐이다). 안전이 확보된 곳에 화장실을 둔다면 고양이들이 발톱을 세우는 과잉 반응을 보이지 않을 것이다.

화장실 상자를 지하실에 두고 출입문에 고양이용 출입문을 설치해야겠다고 결심하기에 앞서 탈출 가능 경로를 고려한다. 세탁실 문에 고양이 출입문을 설치한 보호자들을 본 적도 있는데, 고양이문은 한 고양이가 아무 경고 없이 다른 고양이를 맞닥뜨릴 위험에 처하게 만들 수 있다.

그 외 화장실 기피 문제의 원인

화장실 기피 문제는 우리가 절대 생각지도 못한 이유 때문에 일어날 수 있다. 심지어 늘 써오던 똑같은 브랜드의 모래를 사용한다 할지라도 말이다. 예를 들어 시판 중인 모래 첨가물을 처음부터 너무 많이 추가한 경우 그 향이나 질감의 변화를 일부 고양이가 불쾌해할 수 있다.

비닐 라이너Plastic Liner[*]를 박스 바닥에 씌워두는 경우, 고양이가 그 느낌이나 소리를 싫어할 수 있다. 특히 모래를 긁으려다 비닐에 발톱이 걸릴 수 있어 싫어하는 고양이들이 많다. 어쨌든 이런 비닐 라이너는 나쁜 아이디어다. 사이즈도 잘 맞지도 않고 종종 주머니가 생겨 오줌웅덩이가 생기거나 흡수되지 않은 상태로 남아있기도 한다.

※ 쓰레기통에 비닐백을 씌워 두듯 청소를 쉽게 하기 위해 모래를 붓기 전 화장실 상자를 감싸는 용도. - 옮긴이주

한번은 부엌 쓰레기통 봉투를 이 용도로 사용하는 클라이언트의 집을 방문한 적이 있다. 그녀는 화장실 상자에 그 쓰레기봉투를 씌우느라 고생하고 있었다. 심지어 모서리를 테이프로 붙이기까지 하면서 말이다. 다행히 그녀의 고양이들은 그다지 그걸 꺼리는 것 같지 않았는데, 갑자기 네 마리 중 두 마리가 동시에 그 화장실을 사용하지 않았다. 나는 많은 질문 끝에 클라이언트가 최근에 레몬 향이 나는 쓰레기봉투를 쓰기 시작했다는 것을 알았다. 고양이는 시큼한 시트러스 향을 싫어한다. 그러니 화장실 상태가 얼마나 못마땅했을까?

가끔 집에 있는 고양이 중 하나가 아플 경우, 그 고양이로부터 나는 냄새를 감지한 다른 고양이들이 같은 화장실을 사용하기 꺼려할 수도 있다.

새끼 고양이 때 구입한 화장실을 그대로 사용하는 보호자가 많다. 화장실이 너무 작고 얕으면 화장실 기피 문제가 생길 수 있다. 화장실은 모래를 적당한 높이로 담을 수 있을 정도로 넉넉하게 큰 것으로 준비한다. ⓒkthaikla

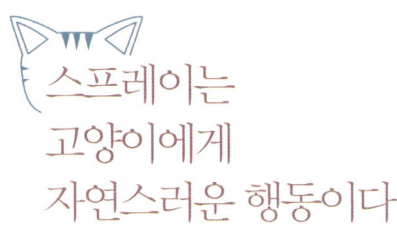

스프레이는 고양이에게 자연스러운 행동이다

오줌 마킹urine-marking은 자신감 있는 그리고 자신감 적은 고양이 모두가 하는 행동이다. 단순한 '내 구역 표시'가 아니라 의사소통의 복잡한 형태로 고양이의 독특한 언어다. 성적 상태 알림, 영역 표시, 공격성의 표현, 다른 고양이의 위협에 대한 반응, 공격적 대면 이후 승리의 표현, 또는 불확실함의 표현일 수도 있다. 자유로운 배회와 스프레이는 고양이의 삶에서 일상적이면서도 사회적 지위상으로 중요한 일이다. 나는 스프레이가 소위 말하는 '나쁜' 행동이 아니라는 점을 확실하게 말하고 싶다. 고양이가 고의로 못되게 굴거나 악의를 품고 스프레이를 하는 게 아니다. 전형적인 고양이과 방식으로 특정 상황에 반응하고 있는 것일 뿐이다. 불행히도 집 안에서 할 경우 좋게 받아들여지지 않는 게 문제다.

> 절대! 절대! 절대 고양이의 코를 오줌이나 똥을 싼 곳에 문질러선 안 된다. 이는 비인간적이고 고양이에게 극도의 스트레스를 유발하며 혼란을 준다. 그리고 트레이닝에 역효과를 낳는다. 고양이는 배변 행동 자체 때문에 벌을 받았다고 생각하지 위치를 잘못 택했기 때문이라 생각하지 않는다.

스프레이는 무분별한 오줌과는 다르다. 이 둘의 차이를 구분하는 것이 중요하다. 무분별한 오줌은 대개 수평적인 표면상에 일어나고, 모래화장실 기피 문제 및 요로질환 문제와 관련 있다. 이 장의 앞부분에서 설명했듯이 한 고양이가 모래화장실에 접근하는 것을 너무 두려워한다면 고양이 가족 내의 사회적 문제 때문일 수 있다.

한편 스프레이는 보통 수직적 물건을 향해 행해지고, 의사소통과 마킹의 목적으로 하는 것이다. 스프레이는 평소 오줌을 쌀 때처럼 쪼그려 앉는 자세와 달리 완전히 선 상태에서 한다. 원하는 물건을 향해 뒷걸음질하면서 꼬리를 떨기 시작하고 종종 앞발로 바닥을 꾹꾹 눌러댄다. 또 눈은 반 이상 감고 바보 같은 미소를 갑자기 지어 보이기도 한다.* 그리고 목표물을 향해 오줌 스프레이를 수직으로 쏘아 보낸다. 서서 하기 때문에 고양이의 코 높이에 조준할 수 있고, 이렇게 하면 지나가는 고양이가 이 냄새를 절대 놓칠 수 없다.

스프레이는 카펫, 침대, 소파, 테이블 같은 수평적 물건에도 할 수 있는데, 이 경우 가는 줄기로 나타나기 때문에 물웅덩이를 이루는 오줌과 구분할 수 있다. 하지만 보호자들이 대개는 벽 바로 아래 카펫 위에 생긴 오줌 웅덩이만 발견하기 때문에 그게 수직적 목표물로부터 흘러내린 것임을 알아차리지 못해 스프레이가 무분별한 오줌으로 오해받을 때가 많다.(또 수평적 논스프레이 마킹horizontal nonspray marking으로 알려진 행동이 있는데 이는 다음에서 다룬다.)

서열이 높은 고양이는 넓게 미치는 자기 영역을 다른 고양이들에게 알리기 위해 여러 곳에 스프레이를 하기도 한다. 새 땅에 들어온 우위의 고양이가 자신의 도착을 알리기 위해 또는 또 다른 고양이들이 딴생각을 못하도

※ 플레멘 반응이라고 하는데 입천장에 서골비기관이라는 냄새 맡는 기관이 있어서 이런 표정으로 냄새를 맡는다. - 옮긴이주

록 경고하기 위해 스프레이를 할 수도 있다. 바깥에 사는 길고양이는 보통 규칙적으로 자기 영역 둘레를 순찰하며 스프레이를 한다.

서열이 낮은 고양이는 혼자 힘으로 작은 영역을 차지하려는 시도 차원에서, 정보를 모으기 위해서(다른 고양이로부터의 직접적인 위협에 대한 반응으로서), 또는 수동적인 공격성의 표현으로서 스프레이를 한두 영역으로 제한하는 경향이 있다.

자신감이 적은 고양이는 직접적인 위협과 마주칠 경우 상대가 떠난 후에 스프레이 하는 것을 더 편안하게 느낄 수 있는데, 자극하기엔 상대가 너무 강하거나 우위라는 것을 알기 때문이다. 이런 경우 스프레이는 실질적인 대립 및 잠재적 상해의 위험 없이 위협에 대한 반응이 된다. 분쟁이 계속되면 더 서열이 낮은 수컷은 얼굴을 마주보는 대립 대신 '스프레이 전쟁'에 개입할 수도 있다.

흔히 스프레이 행동 하면 수컷을 떠올리는데 암컷도 위협을 받으면 스프레이를 한다. 자유롭게 배회하는 환경에서 암컷이 사냥 지역에 들어가면서 스프레이를 하는 것은 흔한 일이다.

오줌 없이 스프레이 자세만 취할 때도 있다. 주로 자신감이 적은 고양이가 이러는데 너무 무서워서 그 반응을 감당할 수 없기 때문이다. 일단 뿌린 오줌(위협의 의미인)은 철회할 수 없다는 것을 잘 아는 것 같다.

자신감이 덜한 고양이가 남긴 스프레이는 아주 가치 있는 정보를 모으는 데 사용되는데, 특히 새로운 고양이가 그 환경에 등장한 경우에 그렇다. 고양이가 남긴 스프레이는 새 고양이에게 '나는 직접적인 대면을 통해 정보를 모을 배짱이

> 갑자기 고양이가 침대 이불에 오줌을 싸기 시작했다고 하자. 수많은 이유가 있을 수 있지만 대표적인 것 하나를 들자면, 보통 우리는 침대를 창가에 두게 되는데, 그 창문 너머로 낯선 고양이의 모습이 보이거나 울음소리가 들릴 경우 고양이는 그 옆이나 아래에 있는 우리 침대 이불에 스프레이를 할 수 있다.
> ※ 옮긴이주

없다'는 정보를 준다. 고양이는 자신의 의사표시에 대한 새 고양이의 응답이 있는지 확인하기 위해 자기가 스프레이 마킹을 한 곳으로 되돌아올 것이다.

자신감 있는 고양이가 스프레이 하는 이유

◇ 새 영역에 들어갈 때
◇ 성적 상태를 알리기 위해
◇ 동등한 지위의 다른 고양이들과 경쟁 중일 때
◇ 영역 주변을 순찰할 때
◇ 승리의 표현으로
◇ 공격성을 표현하기 위해
◇ 위협에 대한 반응으로

자신감 적은 고양이가 스프레이 하는 이유

◇ 영역의 일부를 확립하기 위해
◇ 수동적인 공격성의 표현으로
◇ 정보를 모으기 위해서
◇ 위협에 대한 반응으로

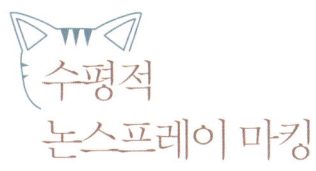 수평적 논스프레이 마킹

생소하겠지만 수평적 논스프레이 마킹이란 것이 있다. 자신감이 있거나 적거나 상관 없이 고양이 모두 이 행동을 보일 수 있다. 이것은 쪼그려 앉아 보는 대변과 소변이 모두 포함된다. 이런 방법으로 배변을 보는 것은 '미드닝middening'이라 알려져 있다. 자유롭게 배회할 수 있는 환경일 때 자신감 있는 고양이는 자기 영역의 경계나 도전장을 받은 길목 한가운데, 또는 라이벌이 나타날 수 있다고 생각되는 곳에 후각적·시각적 마커로 대변을 남길 수 있다. 보통 나무와 덤불에 한차례 오줌 스프레이 마킹을 한 다음에 수평적 논스프레이 마킹을 한다. 덜 자신감 있는 고양이도 특정 영역을 주장하기 위해 이렇게 할 수 있는데, 너무 겁이 나서 직접적인 위협인 스프레이 마킹은 못 하기 때문일 수 있다. 수평적 공간에 오줌을 남기는 것은 다른 고양이들에게 덜 도전적으로 보인다.

수평적 논스프레이 마킹을 무분별한 오줌 또는 화장실 기피 문제와 구분하기란 매우 어렵다. 일단 건강 문제, 모래 기피, 화장실 위치 기피, 더 많은 화장실의 필요, 탈출 경로의 필요 등을 배제하기 위해 체크리스트를 만들어 해당 사항인지 아닌지 하나씩 체크하고 지워나간다. 이 모든 항목에서 문제가 없다면 수평적 논스프레이 마킹 행동이라 볼 수 있다. 이것은 사회적 문제이므로 그 고양이들 간의 관계는 물론, 그들의 영역이 어떻게 나뉘고 다뤄지고 있는지 살펴야 한다.

고양이 하부요로질환 증상

- 자주 화장실을 드나든다.
- 오줌에 피가 섞여있다.
- 생식기를 자주 핥는다.
- 식욕이 줄어든다.
- 매번 조금씩 배뇨하거나 오줌을 누지 않는다.
- 배뇨를 시도하는 동안 운다.
- 오줌을 싸려고 안간힘을 준다.
- 화장실 밖에 배뇨한다.
- 우울증 그리고/또는 짜증 증상을 보인다.

무분별한 배뇨의 잠재적 원인

- 내재된 건강상의 문제
- 과잉 밀집
- 모래 기피
- 상자 안에 불충분한 모래
- 새 집으로 이사
- 아기의 탄생 또는 새 가족
- 보호자의 스케줄 변화
- 건강상의 문제 또는 벌 때문에 생긴 부정적 연관
- 더러운 화장실
- 잘못된 유형의 화장실 상자
- 바람직하지 않은 화장실 위치
- 모래 브랜드 및 모래 타입의 갑작스런 변경
- 리모델링 또는 건축
- 가족의 죽음
- 고양이의 죽음 또는 새 고양이의 도착

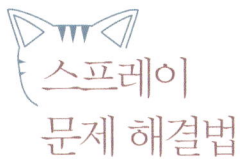
스프레이 문제 해결법

원인부터 찾는다

스프레이 문제 해결법 몇 가지를 살피기 전에 그 원인부터 밝히려 노력해야 한다. 고양이는 아무 이유 없이 스프레이를 하지 않기 때문에 고양이 커뮤니티 내의 사회적 환경을 조사할 필요가 있다. 자, 탐정 놀이를 할 때다. 고양이가 어디에 스프레이를 하는가? 어떤 상황일 때 하는가? 한곳에만 하는가? 아마 서열이 낮은 고양이가 작더라도 자기 영역을 확보하려고 노력 중일 것이다. 집에 새 고양이를 데려왔는가? 고양이가 더 늘거나 줄어들 때마다 서열 체계는 흔들린다. 고참 고양이들 중 하나가 신참 고양이가 얼마나 우위인지 확인하려고 노력 중일 수 있다. 고양이들의 전반적인 행동을 관찰한다. 최근에 어떤 변화를 알아챘는가? 어떤 고양이가 스프레이를 하는지 안다면 몇 분 전에 무슨 일이 일어났는지 떠올려본다. 아마 한 고양이가 항상 특정 고양이와 대립한 후에 스트레이를 할 것이다. 거기에 패턴이 있는가?

실마리를 얻기 위해 스프레이가 조준된 장소도 살펴본다. 집에는 소유권이 선언된 영역과 중립적인 경로들이 있다. 키우는 고양이들을 정말 잘 안다면(고양이는 습관의 동물이기 때문에 시간이 지나면서 점점 알기 쉬워진다) 아마 스프레이가 그 경로를 따라 일어난다는 것을 알 수 있는데, 소유권이 선언된 영역으로 다른 고양이가 들어오지 않도록 경고하는 것이다. 영역은 충분하지 않고 서열이 낮은 고양이는 소유지를 확보하려고 노력하다 보니 중립적 경로에 스프레이를 하는 경우가 생겨난다.

스프레이 목표 지점이 활기 넘치는 마당이 내다보이는 창문 아래 또는 창문 맞은편의 벽이라면 고양이가 자기 소유지에 들어온 낯선 고양이를 발견했기 때문일 수 있다. 이는 단묘 가정에서 아주 자주 일어난다. 다묘 가정에서도 일어날 수 있는데, 더 이상 나눌 영역이 없기 때문에 스프레이를 하는 것이다. 또 고양이 일부 또는 전부에게 외출을 허락하는 경우, 밖에서 다른 고양이를 우연히 만난 고양이가 집으로 돌아온 후 스프레이를 할 수 있다. 다른 고양이의 냄새를 묻혔거나 실제 싸움까지 하는 바람에 불안한 상태이기 때문이다. 안전한 집으로 돌아온 고양이는 스프레이를 통해 자기 영역을 강화하고 스스로를 안심시킨다.

자기 권위를 확고히 하는 우두머리 고양이 또는 아주 작은 영역이라도 확보하려고 애쓰는 최하위 랭킹 고양이만이 스프레이를 한다고 생각해선 안 된다. 나는 오랜 가정방문 상담을 통해 중간 랭킹 고양이들이 늘 옥신각신한다는 것을 알았는데, 대장 고양이는 자신이 우두머리라는 것을 확실하게 알고 있고 제일 서열이 낮은 고양이는 이미 오래전에 최하층을 인정한 상태지만, 중간 랭킹 고양이들은 서열상 자신의 위치에 만족하지 못할 수 있다. 의외의 고양이가 스프레이를 할 수 있는데, 스프레이는 우리가 보기엔 아주 비밀스럽게 일어난다. 따라서 우리는 고양이의 관점에서 집을 둘러봐야 한다.

누가 장본인인지 모른다면 다묘 가정에서 스프레이 문제를 해결하기란 어렵다. 개방적으로 자기표현을 하는 고양이들도 있지만, 대부분은 비밀스럽게 행동하는 편이다. 어떤 고양이가 스프레이를 하는지 전혀 모르겠다면 수의사에게 플로오레세인fluorescein* 캡슐을 요청한다. 이것은 무해한 안과용 염료가 든 캡슐로 고양이에게 경구 투여한다. 그리고 블랙 라이트black light를 구입한다. 블랙 라이트를 비추면 오줌 자국이 형

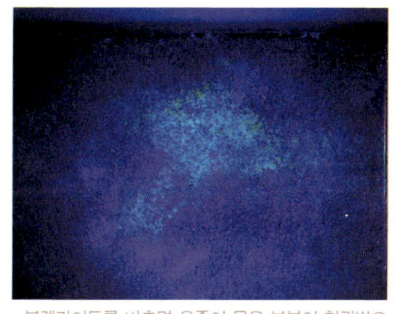

블랙라이트를 비추면 오줌이 묻은 부분이 형광빛으로 빛난다. ⓒIn The Light Photography

광빛을 띠는데, 특히 플로오레세인을 먹은 고양이의 오줌은 '진짜' 눈에 띈다. 블랙 라이트를 사용할 때는 방을 어둡게 하고 라이트를 카펫이나 다른 물건에서 얼마쯤 떨어뜨려 비춘다. 가장 의심 가는 용의자에게 플로오레세인 캡슐을 먹였는데 며칠째 어떤 흔적도 찾을 수 없다면 그다음 용의자로 넘어간다.

스프레이를 하는 곳이 몇 군데 정해져있다면 그곳에 CCTV를 설치할 수도 있다. 저렴한 아기용 모니터도 유용하다. 24시간 녹화를 해두었다가 영상을 돌려보면서 범인을 찾으면 된다.

모조리 찾아내기

스프레이가 일어나는 곳들은 시각과 후각으로 정확히 감지되는 경우도 있지만 그렇지 않은 경우도 있다. 그야말로 의외의 장소를 고르는 고양이도 있다. 우리는 오줌 자국을 모두 찾아야 한다. 블랙 라이트로 청소할 곳을 모조리 찾아낸다. 오줌 자국이 그리 많지 않다면 발견할 때마다 바로 청소하거나 나중에 확인하기 쉽도록 장소를 표시해 놓을 수도 있다. 나는 가

※ 야광 도료의 일종. - 옮긴이주

정상담 방문을 갈 때, 오줌 자국이 많을 경우 마스킹 테이프로 윤곽선을 그려둔다. 밝은 색상의 마스킹 테이프는 확인하기 쉬워 표시 지점을 간과하지 않게 될뿐더러 제거도 쉽다. 오줌이 묻은 벽, 카펫, 가구까지도 모두 확실하게 표시해야 한다. 고양이의 의도는 가구 한쪽일 수 있지만 그 뒤쪽 벽에도 마킹이 됐을 수 있다. 그러니 옷장, 침대 아래, 문 뒤쪽도 모두 확인한다. 어떤 고양이는 신발과 옷에도 스프레이를 하니 걸려있는 옷 아래쪽뿐만 아니라 옷장 바닥까지 블랙 라이트로 검사한다. 또 한두 마리가 모래 화장실 주변에 스프레이를 했을 수도 있으니 화장실 주변과 화장실이 있는 방의 출입구, 근처 벽도 블랙 라이트로 검사한다.

블랙 라이트를 켜고 방을 둘러보기 전에 마음의 준비를 한다. 상황은 예상보다 훨씬 더 나쁠 수 있다. 블랙 라이트는 오줌 한 방울까지도 모조리 밝혀준다. 게다가 고양이가 토했거나 설사를 했던 곳도 밝히니 카펫 위를 가로질러 불을 비출 때 온통 땡땡이 무늬가 나타나도 놀라지 말자. 헤어볼을 토해내는 일이 일상인 다묘 가정이라면 오줌 자국이 아닌 곳들이 빛나는 것일 수 있다. 의심스럽다면 이 모든 곳을 어쨌든 깨끗이 청소한다. 용기를 내서 카펫에 납작 엎드려 코를 그 지점에 바짝 붙여 오줌 여부를 판단해도 좋다. 모양새야 어쨌든 문제를 해결할 생각이라면 집요한 수사관이 돼야 한다.

얼룩 지우고 냄새 중화시키기

스프레이 행동의 원인을 파악하는 사이, 고양이가 다시 그 자리에 스프레이를 하거나 다른 고양이가 그 위치에 스프레이를 시작하게 만들지 않도록 오염된 곳을 깨끗이 청소해야 한다.

오염된 곳이 마룻바닥이라면 훨씬 청소하기 쉽다. 그냥 오줌을 문질러 닦은 다음, 냄새중화제(또는 냄새제거제)를 그곳에 뿌리면 된다. 카펫을 청소

해야 한다면 먼저 종이 타월로 오줌을 최대한 흡수한 다음 반려동물용 효소 얼룩 및 냄새중화제를 사용한다. 효소가 포함되었는지를 반드시 확인해야 하는데, 냄새를 중화시킬 유일한 방법이기 때문이다. 일반적인 카펫용 및 가정용 클리너는 단지 냄새를 덮어씌울 뿐 잔여 냄새 입자들은 그대로 남아 고양이의 예민한 후각에 모두 감지된다.

냄새중화제를 오염된 카펫 위에 뿌리거나 붓는다.* 그런 다음 손가락으로 카펫 섬유를 부드럽게 문지른다. 수건으로 문질러선 안 된다. 카펫이 중화제를 머금게 몇 분 동안 둔 다음, 수건으로 수분을 닦아낸다. 경우에 따라 오줌이 카펫을 통과해 아래쪽 충전재까지 스며들었을 수 있다. 이 경우 제조사의 지시 사항을 숙지하면서 좀 더 많은 중화제를 사용하고, 다시 수건으로 수분을 닦아내는데 최대한 많은 수분을 빨아내도록 무거운 물체를 수건 위에 올려두고 잠깐 그대로 둔다. 필요하다면 중간에 새 수건으로 바꾼다. 최대한 많은 수분을 빨아들인 다음에는 작은 선풍기를 틀어놓아 건조시킨다.

반복적으로 오줌 스프레이가 일어났던 곳이라면 먼저 물에 적셔야 할 수도 있다. 오래된 오줌이 무겁게 쌓여있으면 효소도 효과가 없을 수 있기 때문이다. 카펫을 먼저 맹물로 적신 다음 닦아내고 냄새중화제를 앞에서 설명한 것처럼 사용한다.

효소 냄새중화제는 반려동물용품점에서 구할 수 있다. 오줌뿐만 아니라 구토, 혈액, 설사 같은 다른 얼룩에도 효과가 좋다. 나는 늘 이 효소 중화제를 사놓고 사용한다.

벽이나 테이블 다리 같은 수직적 목표물에는 냄새중화제를 사용하지 않는다. 이런 곳은 맹물로 닦은 다음, 각각에 맞게 전용 제품을 쓴다.

※ 미국에선 냄새중화제라 하나 국내에선 냄새제거제로 판매되고 있다. - 옮긴이주

그 지점에 대한 고양이의 연상 바꾸기 - 펠리웨이 활용하기

스프레이 얼룩을 발견해 완벽하게 없앴다 하더라도 고양이는 습관의 동물이기 때문에 다시 그 자리로 가기 마련이다. 하지만 걱정 말자. 다행히 이런 행동 패턴을 깨뜨릴 방법이 있다.

앞에서 수직적 영역에는 얼룩 및 냄새중화제를 사용하지 말라고 했는데, 펠리웨이라 불리는 제품 때문이다. 이것은 원래 고양이의 스프레이 마킹 행동의 교정을 돕기 위해 고안된 것이다. 펠리웨이에는 합성 고양이 얼굴 페로몬이 들어있다. 페로몬은 고양이가 몸에 있는 여러 냄새분비선에서 내뿜는 냄새 화학물질이다. 고양이가 오줌 마킹을 할 때는 오줌과 함께 냄새 화학 물질도 같이 방출되는데 이것은 고양이가 자극 상태일 때만 분비된다. 한편 고양이가 집 안의 물건이나 우리 몸에 자기 얼굴을 문지르는 것을 본 적 있을 것이다. 고양이의 얼굴에도 냄새분비선이 있다. 얼굴 페로몬은 고양이가 평온한 상태일 때 분비되는데, 나중에 그 냄새를 맡았을 때 스스로를 평온하게 하는 효과가 있다. 펠리웨이에 들어있는 합성 호르몬이 이와 동일한 효과를 갖는다. 고양이가 이 합성 호르몬을 자기 것으로 해석하기 때문에 스프레이 문제를 교정하는 데 도움이 된다. 즉 스프레이 지점에 대한 고양이의 연상을 바꿔준다. 고양이는 자기가 얼굴을 문지른 곳에는 오줌 마킹을 하지 않기 때문이다.

고양이가 오줌 마킹을 한 수직적 영역을 물로 먼저 닦은 다음 펠리웨이를 뿌린다. 그러면 고양이는 그곳에 자기가 얼굴을 문질렀다고 생각하게 되서 그곳을 위협적인 영역이라기보다는 안전하고 편안한 곳으로 여기게 된다. 그 지점에 대한 생각이 바뀌는 것이다. 이 오염된 수직적 영역을 물로만 청소해야 하는 이유는 효소 중화제가 펠리웨이에 있는 페로몬을 비활성화시킬 수 있기 때문이다.

펠리웨이는 반려동물용품점, 동물병원에서 구입할 수 있고, 스프레이 형태와 펠리웨이 컴포트존Feliway Comfort Zone이라는 플러그인 디퓨저 형태가 있다. 상황에 맞게 더 좋은 것을 사용하면 된다. 오줌 스프레이 영역이 많거나 그 지점이 숨겨진 장소라면 스프레이 형태를 사용해야 한다. 페로몬 레벨을 일관성 있게 유지하기 위해 각 오줌 마킹 지점에 한 달 간 12시간마다 한 번씩 뿌린다. 물체에서는 10센티미터 정도 떨어뜨려서 뿌리고, 바닥에서는 20센티미터 정도 떨어진 높이에서 뿌린다. 이 높이는 평균적인 고양이의 코 높이다. 펠리웨이는 고양이가 그 영역으로 돌아오기 30분 전에 뿌려야 한다. 펠리웨이가 마르면 우리로서는 아무 냄새도 맡을 수 없지만, 고양이는 이 긍정적인 페로몬을 발견할 수 있다.

펠리웨이를 뿌릴 위치를 제한할 필요는 없다. 방 안에 있는 눈에 띄는 물건들에 뿌려두면(다시 말하지만 바닥에서 20센티미터 정도 떨어진 높이에 뿌린다) 고양이가 그 영역을 지나다가 그 물건들을 마주치게 되는데 고양이가 스프레이를 할 의도를 가지고 방 안으로 걸어 들어왔을 경우 도움이 될 수 있다. 고양이가 자극을 받았거나 불안한 상태에 있다면 이 '카밍 페로몬calming pheromone'이 편안하고 안정감을 느끼게 도와준다.

플러그인 디퓨저는 특히 스프레이 마킹이 된 지점이 하나의 방으로 제한되어 있을 때 유용하지만, 우리로서는 불안한 만큼 모든 방마다 두고 싶을 수 있다. 대부분의 시간을 보내는 곳에 디퓨저를 사용하면 고양이들의 긴장감을 낮은 수준으로 유지하는 데 도움이 될 수 있다. 디퓨저는 하루 두 번씩 뿌릴 걸 기억할 필요가 없어 간편하다.

스프레이는 하루 두 번씩 적용하고, 한 달이 지나 상황이 호전되면 다음 달에는 하루 한 번으로 줄인다. 호전되지 않았다면 한 달 정도 더 하루 두 번의 스케줄을 유지한다. 한 달간 하루 한 번의 스프레이도 효과가 있었다면 이제 일주일에 몇 차례만 뿌리는 스케줄을 유지한다.

펠리웨이는 화장실 기피 문제 외에도 여러 가지 용도에 적용할 수 있다.

새 고양이를 데려왔을 때 보호실에 사용할 수도 있고, 이사 간 새 집에 고양이들이 더 빨리 적응하도록 돕고 싶을 때도, 그밖에 가정 내 긴장감을 일으키는 시기에도 사용할 수 있다. 기본적으로 평화로운 환경이 필요할 때면 언제든 도움이 될 것이다.

상호작용 놀이 치료

스프레이 지점에 대한 고양이의 연관을 바꾸는 다음 방법은 목표로 삼았던 지점 가까이에서 고양이와 함께 놀이 세션을 갖는 것이다. 고양이의 의식구조를 개선하는 가장 좋은 방법 중 하나는 고양이의 먹이 몰이 본능에 방아쇠를 당기는 것이다. 상호작용 놀이 세션은 두 가지 방법으로 사용한다. 첫째, 고양이가 스프레이를 하는 곳에서 하루에 몇 번씩 개별 놀이 세션을 갖는다. 여러 마리가 스프레이를 한다면 개별 세션을 해야 하므로 고양이들을 분리시켜 놓아야 한다. 오줌 마킹 영역이 여러 곳이라면 규칙적이고 공정하게 각각을 커버하기 위해 돌아가면서 세션을 갖는다. 이런 놀이 세션은 고양이가 이전에는 불안하게 여겼던 영역을 안전하고 긍정적인 곳으로 인식하게 돕고 고양이를 더 자신감 있는 상태로 만든다. 먹이 몰이를 하고 포식자가 되는 데는 자신감이 필요하니 말이다.

상호작용 놀이 치료의 두 번째 방법은 잠재적 스프레이 타깃으로부터 고양이의 관심을 다른 데로 돌리는 것이다. 이 방법은 고양이가 실제 스프레이 행동을 하기 '전'에 고양이에게 사용하는 것이 중요하다. 일단 스프레이를 시작했다면 고양이의 관심을 뺏을 수 없다. 흔히 우리는 순간적으로 소리를 지르거나 쫓아버리려 드는데 이는 역효과일 뿐이다. 소리치거나 쫓으면(더 나쁘게는 뭔가를 집어던지거나 고양이를 때린다면), 그 특정 순간에 그 특정 영역에서 스프레이를 못 하게 막을 뿐이거나 우리 앞에서만 스프레이를 못 하게 막을 뿐이다. 고양이가 더 은밀한 '오줌 뿌리개'가 될 가능성만 높아진다. 소리치기는 고양이의 스프레이 마킹 욕구를 완화시켜주지도 않을뿐더러 고양이와 보호자 간의 감정적 유대감에 손상을 준다. 그러니 고양이의 의식구조를 바꾸기 위해 관심을 돌리는 긍정적인 방법을 사용하자. 여러 장소에 장난감을 숨겨두었다가 잠재적 스프레이가 의심될 때 주의를 끌기 위해 부드럽게 장난감을 던져 고양이를 방해한다. 고양이가 좋아하는 장난감이라면 어떤 형태든 사용할 수 있다. 요즘 한창 스프레이를 한다면 아예 주머니에 장난감 몇 개를 가지고 다닌다. 상호작용 장난감도 사용할 수 있다. 드래곤플라이와 캣 댄서는 '긴급 관심 돌리기'에 아주 유효하다. 둘 다 보관하기 좋게 말아둘 수 있고 집 안 곳곳에 숨겨두기도 편하다.

최후의 방법으로 장난감이 고양이의 관심을 돌리지 못하거나 이미 스프레이를 시작했다면 빈 캔이나 페트병에 동전을 몇 개 넣은 소리 나는 깡통과 같이 고양이를 살짝 놀라게 할 만한 뭔가를 사용할 수 있다. 부엌에 있다면 주전자로 소음을 만든다. 하지만 수차례 강조하지만 여기서 중요한 것은 우리가 그 소음을 내는 모습을 고양이가 보게 해선 절대 안 된다는 것이다. 안 그러면 고양이는 곧 더 은밀하게 스프레이를 할 것이다. 고양이가 어떤 특정 영역을 큰 소음 또는 물총에 맞는 것과 연관 짓고 그걸 '하늘이 내린 벌'로 여기게 되면, 그 영역을 있고 싶지 않은 곳이라 여기게 된다. 놀라게 만드는 자극은 최소화해야 한다.※

작은 '오줌 뿌리개'들이 성공적으로 모래화장실을 사용하는 것을 본다면 사용 후에 칭찬을 해준다. 적절한 장소에 스프레이를 하려던 중에 성공적으로 모래화장실로 방향을 바꿨다면 특히 더 말이다.

※ 이렇듯 부정적인 방법으로 교육을 시키는 것은 어렵기도 하고 비인도적일 수도 있고 부작용도 있기 때문에 못하는 행동이 아니라 잘하는 행동에 초점을 두는 긍정 강화 교육법이 전문가들 사이에서 각광받는다. - 옮긴이주

사료그릇은 전략적으로 배치한다

이는 고양이의 부적절한 대소변 문제를 수정하려 할 때 자주 사용되는 역조건형성counter-conditioning* 방법이다. 고양이는 자기가 먹는 곳에서는 배변을 하지 않기 때문에 여분의 작은 사료그릇(건사료를 담은)을 스프레이 하는 곳에 두면 고양이의 연관을 바꾸는 데 도움이 된다. 그래도 그곳에 스프레이를 하려는 고양이를 만난 적이 몇 번 있긴 한데, 여전히 장점이 더 많은 방법이다. 나는 이 방법을 펠리웨이와 상호작용 놀이 시간과 병행하면 더 성공적이라 생각한다. 이 방법을 시도하기로 했다면 평소의 사료 급여대를 그대로 유지한 채 과잉 급여하지 않도록 평소 식사량의 일부를 덜어 사료 그릇을 하나 더 마련한다.

접근 방지물과 보호

고양이가 간단히 놀이 시간을 갖거나 사료그릇을 둘 수 없는 곳에 스프레이를 한다면(바라건대 펠리웨이는 사용할 수 있는) 더 이상의 피해를 막기 위해 임시로 접근 방지물을 설치한다. 적당한 크기의 비닐 매트로 그곳을 덮은 다음, 펠리웨이를 그 위에 뿌린다. 절대 고양이가 접근하지 않길 바라는 곳이라면 비닐 매트를 덮고 그 앞에 소리나는 깡통 몇 개도 놓는다. 소리나는 깡통은 고양이가 싫어하는 것이고, 우리에겐 유용한 청각 경고 시스템이다. 또 스프레이 지점 앞 비닐 매트 위에 스티키 포우Sticky Paw 같은 양면테이프 조각을 붙일 수도 있다. 사실 이런 접근 방지물을 사용하면 고양이가 부정적인 연관을 형성하게 되기 때문에 사실 별로 좋아하지 않는 방법이지만, 적어도 그 지점이 계속 '공격'당하는 건 막을 수 있다. 더불어 모든 긍정적인 방법의 행동 수정 작업도 병행해야 한다. 비록 바로 그 지점에서 고

※ 자극과 반응이 서로 연결되게 만드는 절차(행동이 습관화, 즉 학습화되는 과정)를 조건형성이라 하고, 이 조건형성에서 없애고 싶은 행동과 상반되는 행동을 강화하는 것을 역조건형성이라고 한다. - 옮긴이주

양이와 확실하게 놀아줄 수 없을지라도 우리는 여전히 고양이와 일상적인 놀이 세션을 가져야 하고 펠리웨이를 사용하고 고양이의 불안감의 근본 원인을 계속 찾아야 한다.

서로에 대한 연상 바꾸기

오줌으로 쩐 지점에 대한 고양이의 생각을 바꾸는 것은 이 일의 일부일 뿐이다. 스프레이하는 고양이와 그 상대 고양이들이 평화롭게 서로를 이해하도록 돕기도 해야 한다. 만약 우리가 환경적 변화만 만들고 고양이들의 관계에 무관심하다면 서로에 대한 생각은 여전히 적대감이나 긴장감으로 남는다.

먼저 모든 고양이가 각자 충분한 영역을 가졌는지, 모래화장실 배치와 관련된 사항들이 모두 올바른지 등을 점검하여 필요한 환경적 변화가 이뤄졌는지 확인한다. 그런 다음 더 집중적인 형태의 전환 테크닉을 이용해 '관계'에 공을 들인다. 고양이들이 상호작용 중일 때의 특정 몸자세를 지켜보다가 공격적인 고양이의 행동을 다른 곳으로 전환시키기 위해 상호작용 장난감을 사용한다. 이는 고양이가 만들어놓았을 지속적인 행동 패턴을 깨는 데 중요하다. 전환 테크닉은 매우 효과적이고 제5장에서 자세하게 소개되었다.

스프레이 하는 고양이와 다른 한 마리 이상의 고양이 사이에 계속 긴장감이 흐르거나 심지어 공공연하게 이들 사이가 적대적이라면 완전히 처음으로 돌아가 다시 소개를 할 필요가 있다. 이런 상황을 고칠 수 있는 가장 좋은 방법은 처음부터 다시 시작해 차츰차츰 긍정적인 상황에서 서로에게 노출시키는 것이다. 스프레이 행동이 새 고양이의 등장과 함께 시작됐다면 보호실에 신참을 두고 다시 천천히 소개를 진행한다.

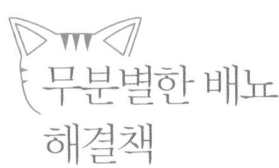
무분별한 배뇨 해결책

고양이가 스프레이 마킹을 하고 있는 게 아니라면 무분별한 배뇨 문제를 다뤄야 할 때다. 앞에서 언급했듯이 무분별한 배뇨의 원인은 다양하다. 따라서 행동 문제인지를 파악하기 위해서는 먼저 질병 가능성을 배제해야 하는데 가장 대표적인 것이 요로 감염이다.

고양이가 건강상 아무 이상 없다는 것을 확인했다면, 다음에 확인해야 할 체크리스트는 모래 기피, 화장실 위치 기피, 너무 더러운 화장실, 과잉 밀집 등이다. 블랙 라이트를 들고 오염 지점을 찾는다. 고양이가 특정 지점에 반복해서 배뇨를 하고 있다면 고양이가 어떤 위치를 선호하는지 우리에게 알리는 셈이다. 그러니 임시로 그곳에 화장실을 두자. 이렇게 하면 원하는 것을 제공받은 고양이의 긴장감이 크게 누그러질 것이다. 고양이가 그 지점의 화장실을 일상적으로 쓰면서 더 이상 카펫에 배뇨를 하지 않게 되면 화장실을 좀 더 편안한 위치로 조금씩 옮겨간다. 하루에 1미터 정도씩만 옮긴다. 농담이 아니다. 위치가 갑자기 변하면 고양이가 바로 다시 카펫 위에 배뇨를 하게 될 것이다. 그러니 고양이가 눈치채지 못하도록 조금씩 옮겨나간다. 우리가 고른 최종 화장실 위치는 원래 배뇨 지점과 마찬가지로 반드시 고양이의 욕구에 맞아야 한다. 행동 수정이 끝나고 사회적 문제가 해결된 후에도 고양이가 여전히 그 장소에서만 배변하기를 고집한다면 그가 선택했던 위치가 유일하게 안전을 느낀 곳일 수 있다.

때로 고양이는 질병, 요로감염 또는 설사나 변비 때문에 통증을 경험하는 동안 모래화장실에 부정적인 연관을 형성하기도 한다. 장기적 질병이나 통증이 아니어도 자기가 느끼는 고통과 모래화장실을 연결 지어 생각할 수 있다. 짧지만 고통스러운 복통과 설사에도 그럴 수 있다. 고양이의 건강 상태가 좋아진 후에도 화장실 문제가 저절로 해결되지 않는다면, 완전히 새로운 화장실 상자에 다른 브랜드의 모래를 채워 원래 화장실이 있던 장소에서 너무 가깝지 않은 곳에 둔다. 고양이가 어떤 것을 제일 좋아하는지 확신이 없다면 여러 장소에 몇 개의 화장실을 배치한다. 질병, 통증 또는 부상은 경우에 따라 고양이가 화장실을 드나드는 것을 어렵게 만들 수 있다. 그런 경우라 생각된다면, 크지만 높이가 낮은 상자 몇 개를 고양이가 배변하는 경향이 있는 영역에 놔둔다.

무분별한 배뇨의 치료는 앞서 말했듯 원인을 발견하는 것에서 시작되고, 오염된 영역의 청소와 중화에 철저해야 한다. 체크리스트를 작성해 모래화장실 문제의 잠재적 원인 항목들을 살펴본다. 하지만 먼저 질병에 의한 원인을 배제하기 위해 수의사를 만나야 한다.

길고양이가 벽에 스프레이를 하고 있다. 인간의 입장에서 불편하니 문제 행동으로 여겨지는 것이지 사실 스프레이는 고양이과 동물에게 지극히 정상적인 행동임을 먼저 이해해야 한다.
ⓒ Kapustin Igor

화장실 소유욕을
보이는
고양이

서열이 높은 고양이는 모래 화장실을 감시하기도 한다. 화장실을 육체적으로 막아서는 형태인 감시 행동은 명확할 수도 있고 보호자가 놓칠 정도로 미묘할 수도 있다. 화장실이 있는 방 바깥의 복도에서 쉬고 있는 고양이는 사실 감시 중인 것일 수 있다. 복도는 중립적인 경로이기 때문에 다른 고양이들은 금방이라도 일어날 차단 또는 매복을 의심하지 않을 수 있고, 감시 중인 고양이는 위협만으로 효과가 있어 실질적 대립을 일으킬 필요가 없다. 이것이 우리가 화장실 위치를 정할 때 접근 및 탈출의 용이성을 고려해야 하는 것은 물론 접근해오는 위험을 미리 알 수 있도록 충분한 시야를 확보해줘야 하는 이유다. 화장실을 물청소했을 때 제일 먼저 사용하겠다고 항상 주장하는 고양이가 있다는 것을 알아차렸는가? 꽤 일반적으로 보이는 행동으로 고양이가 화장실 세척이 끝나길 기다리며 참을성 없이 왔다 갔다 서성일 수도 있고, 세척 후 모래가 다 찰 때까지 미처 기다리지도 못할 수도 있다. 또는 우리가 '자기' 화장실을 만지작대는 동안 강렬한 시선으로 우리를 지켜보고 있을 수도 있다. 서열이 높은 고양이가 자기가 새 모래에 세례명을 주는 존재임을 확신하고 화장실에서 더 많은 시간을 보내는 것은 정상적인 행동이다.

제 8 장

스크래칭 행동

고양이 양육자라면 고양이의 스크래칭 행동과 고양이에게 필요한 것을 제공하는 법에 대해 숙지하고 있어야 한다. 이 둘에 실패하면 집 안 가구는 물론이고 고양이와의 관계까지 망가지는 결과가 초래된다. 고양이의 정상적인 스크래칭 행동에 대한 이해가 부족하면 심각하게는 비극적이고 비인간적인 발톱 제거술 declawing을 하는 일까지 일어나기도 한다.

왜 스크래칭을 하는 걸까?

많은 사람이 고양이가 스크래칭하는 이유를 단지 발톱을 날카롭게 만들기 위해서라고만 생각한다. 물론 스크래칭은 타고난 행동으로 발톱의 죽은 외피를 제거할 기회도 되지만 이는 고양이가 스크래칭을 하는 이유 중 극히 일부에 지나지 않는다.

마킹

이미 말했듯 고양이는 의사소통의 달인이어서 자기 세력권 내에서 또는 그 주변에서 모든 일이 순조롭게 돌아가게 하기 위해 필요한 모든 형태의 소통 방법을 사용한다. 고양이가 어떤 물건을 스크래칭할 때 생기는 발톱 표시는 시각적 마커marker 역할을 한다. 회피 또는 거리를 존중하며 평화를 유지하는 고양이 세계에서 이 신호는 아주 유용하다. 접근 중이던 고양이가 멀리서 그 마킹을 보면 자신이 누군가의 영역 안에 들어왔음을 깨닫고 문제를 피할 수 있다. 또 고양이의 발바닥 패드에는 냄새분비선이 있어서 어디에 스크래칭하든 간에 그곳에 발을 누를 때 냄새가 남는다. 발톱 제거 술을 당한 고양이도 물체에 후각적 마킹을 하기 위해 여전히 스크래칭 행동을 보인다.

감정 표현

스크래칭은 고양이가 일과를 마치고 집으로 돌아온 우리를 보고 신이 났을 때와 같은 감정을 표현하는 방법이기도 하다. 이를 전치displacement라고 한다.* 우리가 현관문 여는 소리를 듣고 스크래칭 기둥으로 곧장 달려간다거나 저녁 먹을 시간이 돼서 부엌으로 가는 우리를 보고 스크래칭을 하는 고양이를 봤을 것이다. 또 사회적 좌절감이나 다른 스트레스도 스크래칭 기둥에 풀 수 있다. 고양이는 자기가 원하는 뭔가를 얻는 데 실패하면 가장 가까운 스크래칭 기둥에서 건강한 스크래칭 시간을 가지며 좌절감을 줄인다. 즉 감정은 그루밍을 통해서도 드러나지만 스크래칭을 통해서도 드러난다.

스트레칭

스크래칭을 하면 스트레칭도 함께 된다. 고양이는 아주 유연한 척추를 가졌고, 몸을 공처럼 둥글게 말고 잘 수 있다. 스크래칭 기둥에 발톱을 찔러 넣은 채 등과 어깨 근육을 쭈욱 스트레칭하면 얼마나 기분이 좋을지 상상해보자. 낮잠 후에 또는 창가에 앉아 오랫동안 새를 관찰하고 난 직후 바로 스크래칭 기둥으로 향하는 것도 전혀 이상할 게 없다. 내 고양이 세 마리 중 20살이 된 앨비Albie는 내 침대에서 밤새 함께 자는데 아침에 알람 소리를 끌 때면 앨비가 침대 옆에 있는 기둥에서 활력 넘치게 스크래칭하는 소리를 들을 수 있다. 스크래칭은 20살 먹은 근육도 효과적으로 풀어준다. 앨비는 한밤중에 일어나 화장실에 가려고 할 때도 일단 스트레칭을 많이 해야 해서 스크래칭 기둥부터 찾는다.

※ 심리학 용어로 원래의 대상에게 주어야 할 감정을 다른 대상에게로 옮기는 것을 말한다. - 옮긴이주

스크래처의 종류

고양이는 수직적 물건과 수평적 물건에 스크래칭을 할 수 있다. 대부분 수직적 물건에서 스크래칭하는 경향이 있는데 더 잘 보이는 시각적 표시를 남길 수 있는 데다 스트레칭을 하기도 좋기 때문이다. 하지만 어떤 고양이는 수평적 물건에 스크래칭하기를 더 좋아하고, 많은 고양이는 둘 다 즐긴다.

수직형 스크래처

수직 기둥의 가장 이상적인 형태는 높고 견고하고 사이잘삼 같은 거친 재질로 덮인 것이다. 반려동물용품점에서 흔히 볼 수 있는 부드러운 융 재질로 덮인 기둥은 그야말로 돈 낭비다. 고양이는 발톱을 기둥에 찔러 넣었을 때 발톱의 죽은 외피가 벗겨져나갈 만큼의 저항력을 받길 원하는데, 융 재질 커버의 경우는 그렇지 않다. 그러니 돈 낭비 말자. 고양이는 기둥을 덮고 있는 융 재질의 색상이나 그 꼭대기에 대롱대롱 매달린 장난감에는 관심이 없다. 어쨌든 고양이가 가구에 스크래칭을 하고 있다면 잘못된 기둥을 산 것이다.

많은 반려동물용품점에서 사이잘삼으로 감긴 기둥을 찾을 수 있긴 하지만 단순히 그것에만 만족하면 안 된다. 기둥은 높고 밑동이 적당히 묵직해서 견고해야 한다. 고양이가 전신을 완전히 스트레칭할 수 있을 만큼 충분히 높아야 하고, 기둥이 흔들려서도 안 된다. 사이잘삼뿐만 아니라 로프를 감은 기둥도 흔히 볼 수 있는데, 이 경우 주기적으로 로프를 꽉 감아줘야 한다.

손재주가 있다면 수직 기둥을 직접 만들 수 있다. '엉덩이'가 견디는 한 끈기 있게 사이잘삼이나 로프 또는 카펫으로 기둥을 감는다. 그다지 매력적으로 안 보일 수 있지만 카펫 조각을 멋지게 활용할 수 있다. 아무도 안 쓰는 수직 기둥이 있다면 거기에 매력적인 재질의 끈이나 천을 새로 감아 재활용할 수 있다. 그냥 생나무에 스크래칭하길 좋아하는 고양이도 있다. 어떤 종류의 기둥을 사야 할지 확신이 서지 않는다면 고양이들이 현재 어떤 재질의 기둥에 스크래칭을 하고 있는지 조사해보자.

로프로 감은 기둥은 시간이 지나면서 느슨해질 수 있으니 다시 꽉 감아줘야 한다. 사실 수직 기둥은 그렇게 자주 교체할 필요가 없다. 기둥 자체가 잘 만들어졌다면 로프만 갈아주면 된다. 한편 골판지 수평 패드는 보통 뒤집어서 사용할 수 있어서 두 개를 쓰는 셈이다. 완전히 망가졌을 때 리필 교체품만 사면 된다.

기둥을 교체할 때는 새 걸 사서 오래된 것 바로 옆에 둔다. 고양이가 오래된 걸 없애기 전에 새 걸 사용하게 둔다. 그러면 새 걸 사용하는 데 편안

특히 다묘 가정에서 스크래칭은 더 다양하고 중요한 의사소통 역할을 한다.

해지기까지 시간을 갖게 되고, 그사이 새 기둥에 시각적 그리고 후각적 표시를 충분히 남길 것이다. 기둥의 로프를 다시 감거나 골판지 패드를 뒤집을 때는 표면에 캣잎을 살짝 문질러 고양이가 그 '신상'에 쉽게 접근할 수 있게 한다.

수평형 스크래처

수평 패드로는 사이잘삼 커버 패드와 골판지 패드가 대표적이다. 거의 모든 반려동물용품점에서 흔히 볼 수 있다. 고양이는 골판지를 좋아한다. 골판지로 된 경사진 스크래처도 있어서 스크래칭 자세 선호도에 맞춰 구입할 수 있다. 골판지 패드나 경사진 골판지 스크래처를 살 때는 넓은 것을 찾아야 한다.

고양이가 스크래처에 무관심하다면?

만약 고양이가 스크래처에 별 관심을 보이지 않는다면 스크래처 주변에서 상호작용 놀이를 해 고양이의 관심을 유도한다. 일단 스크래처에 발톱을 찔러 넣게 되면 그 다음부터는 애용하게 될 것이다. 또, 고양이가 적당하지 않은 물건에 스크래칭을 해서 한 번이라도 벌을 받은 적이 있다면 우리 앞에서 스크래칭하는 것 자체를 두려워할 수 있으니 스크래칭을 살짝 유도해 줄 필요가 있다. 단, 기둥에 고양이 발을 억지로 가져다대지 않는다. 오히려 고양이를 놀라게 할 수 있고, 그 기둥에 부정적 연관을 형성시킬 수 있다. 고양이에게 뭔가를 강압적으로 하게 하는 것은 항상 역효과가 난다.

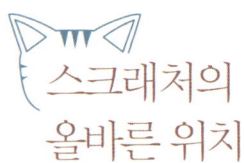
스크래처의 올바른 위치

　수직 기둥을 놓을 첫 번째 장소는 고양이가 이미 부적절하게 스크래칭을 하고 있는 곳이다. 기둥을 둘 때는 두 가지를 염두에 둔다. 하나는 영역이고 또 하나는 고양이가 스크래칭하기 좋아하는 곳이다. 우선 영역을 고려해 여러 기둥을 충분히 여기저기 늘어놓아야 한다. 그래야 모든 고양이가 편안하게 사용할 수 있다. 집 안 곳곳에 모래화장실을 놓아둔 것처럼 말이다. 수직 기둥을 여러 개 살 형편이 안 되거나 적절한 위치에 대한 확신이 없다면 주변에 골판지 스크래처를 몇 개 흩뜨려놓는다.
　고양이가 공통적으로 스크래칭하기 좋아하는 곳들이 있는데, 일반적으로 먹고 잠자는 곳 옆이다. 이곳에 수직 기둥이 있다면 잠자는 동안 말고 있었던 몸이나 사료그릇 위로 구부렸던 몸을 스트레칭하기 딱 좋다.
　어떤 고양이들은 현관문 쪽이나 방 출입구 가까이에 있는 가구에 발톱을 긁는다. 자기 영역을 표시하기 위해서다. 그럴 경우 그곳에 기둥을 놓으면 고양이가 자신의 영역 경계선을 만족스럽게 마킹할 수 있다. 이때 고양이가 방에 들어가기 전에 먼저 마킹하는 것을 선호한다면 기둥을 방 안쪽에 놓아서는 안 된다.

고양이가 특정 장소에 스프레이를 한다면, 제7장에 나오는 행동 수정과 더불어 고양이가 그 지점과 연관 지은 스트레스를 해소할 수 있도록 그 근처에 수직 기둥을 둔다. 손님에게 관심을 갖는 고양이를 위해서는 현관문 바로 안쪽에 또는 고양이가 방문자의 도착을 지켜볼 수 있는 곳 가까이에 기둥을 둔다.

고양이들이 시간을 많이 보내는 방이 있다면 기둥 몇 개와 수평 패드 몇 개를 그 방의 가구와 벽 가까이뿐만 아니라 방 중앙에도 놓아둔다. 어떤 고양이들은 메인 도로에서 벗어나있길 좋아할 수 있지만 방 한가운데서 더 편안함을 느끼는 고양이도 있다. 또 이렇게 하면 고양이들 사이에 평화를 유지하는 것을 돕는데, 서열이 낮은 고양이는 자신의 안전 지역에 남을 수 있고 더 지위가 높은 고양이는 중앙 영역을 장악할 수 있기 때문이다.

너무 많은 고양이와 너무 적은 스크래처

스크래칭은 마킹 행동이기 때문에 고양이 입장에서는 여럿이 한 기둥을 공유해야 하는 상황이 유쾌하지 않을 수 있다. 고양이마다 스크래칭하기 좋은 시간, 장소, 방법에 대한 욕구가 다르다. 스크래처가 한두 개뿐이라면 이를 두고 영역 문제 및 서열 문제가 생길 수 있다. 따라서 다묘 가정이라면 수직 기둥도 그만큼 여러 개가 필요하고, 수평 패드도 필요하다.

고양이가 가구에 스크래칭을 한다면?

대안이 없다면 고양이는 가구를 선택하고 만다. 고양이는 발톱을 긁을 표면을 고르기 위해 매력적인 질감을 가진 데다 편리한 위치에 있는 견고한 물건을 찾는다. 소파나 의자가 흔한 타깃인데, 이것들은 스트레칭을 하기 적당한 높이를 가졌고 찔러 넣은 발톱이 걸리는 소재로 덮여있기 때문이다. 또 가구의 위치가 고양이 관점에서 볼 때 이상적이기 쉽다.

스크래칭은 타고난 행동이기 때문에 꾸짖거나 때리거나 물을 뿌리거나 쫓아버린다고 막을 수 없다. 막으려 하면 고양이는 또 다른 장소를 찾아 나설 것이고 불안감도 점점 더 심해질 것이다. 고양이는 본능적으로 스크래칭을 원하기 때문에 하고 싶은 욕구가 충족되지 못하면 심한 불안감을 느끼게 되고, 이 감정을 해소하기 위해 더 열렬히 스크래칭을 원하게 된다. 또는 자신의 좌절감을 줄이기 위해 그루밍을 한다. 어느 쪽이건 고양이는 행복하지 않다.

부적절한 물건에 발톱을 긁는 것을 고칠 수 있는 두 가지 접근법이 있다. 하나는 '효과적인 접근 방지물'이고, 하나는 '더 나은 대안'이다. 우리가 부정적 관점에서 긍정적 관점으로 바꾸면 고양이도 자기 삶에서 지극히 자연스럽고 필수적인 일을 계속할 수 있다.

접근 방지물로 막고 스크래처를 둔다

아마 알루미늄 포일과 접근 방지용 물뿌리개도 시도해봤을 것이고, 이들이 효과가 없다는 것도 깨달았을 것이다. 앞에서 고양이가 조리대에 오르지 못하게 막는 도구로 스티키 포우를 언급했는데, 사실 이 투명한 양면테이프는 애초에 가구 스크래칭을 막기 위한 용도로 제작되었다. 스티키 포우는 고양이가 스크래칭하는 소파 부위에 붙일 수 있게 조각 형태로 나온다. 이 테이프의 접착제는 잔여물을 남기지 않아서 일반 양면테이프보다 낫다. 스티키 포우는 특대형으로도 나오는데, 방충망이나 가구의 넓은 면을 커버하기에 좋다. 스티키 포우로 가구에 긁힌 면을 덮고 가족 모두에게 아무도 그곳에 기대지 않도록 테이프를 붙인 장소를 알려준다.

소파나 의자에 발톱 자국이 난 면적이 테이프로 덮기에 너무 넓다면 천 같은 것으로 전체를 다 덮어야 한다. 전체를 단단히 덮은 다음 테이프나 안전핀으로 천을 바닥에 고정해서 고양이가 아래쪽도 접근하지 못하게 한다. 또 소파나 의자를 덮은 천을 긁지 못하도록 그 위에 스티커 포우 몇 조각을 붙여둔다.

더는 가구에 접근하지 못하게 만들어 놓았으니 이제 고양이에게 대안을 줄 차례다. 고양이가 사용하기 편리한 수직 기둥을 스크래칭을 하던 가구 바로 옆에 둔다. 고양이의 관심이 이 기둥으로 옮겨져야 하므로 아주 매력적인 것이어야 한다. 일단 소파로 걸어온 고양이는 늘 해오던 스크래칭 표면이 더 이상 매력적이지 않다는 것을 알게 되고, 다른 대안을 찾으려다 바로 옆에 있는 근사한 수직 기둥을 발견한다. 더 관심을 끌도록 기둥에 캣닢을 약간 문질러놓을 수도 있다. 고양이가 수직 기둥에 완전히 재교육되었다는 확신이 들 때까지 접근 방지물(천과 스티키 포우)은 그대로 둔다.

고양이가 바닥에 깔린 카펫 한쪽에 수평적 스크래칭을 한다면 수평 패드를 그 지점 바로 위에 둔다. 고양이가 원래의 스크래칭 지점에 접근하기 위해 패드를 옮긴다면 튼튼한 카펫 러너를 깔고(아랫면에 올록볼록 돌기가 있어야 미끄러지지 않는다) 그 위에 수평 패드를 올린다. 고양이가 카펫에 수평적 스크래칭을 한다 해도 수평 패드뿐만 아니라 수직 기둥도 같이 놓아줄 수 있다. 고양이가 그 카펫에 스크래칭을 해온 것은 효과적인 질감 때문일 수 있는데 사실 고양이가 더 좋아한 것은 그 '위치'다.

벌은 효과가 없다

집에 돌아와 가구에서 새 발톱 자국을 발견하고는 고양이를 벌주려고 그곳에 데려가선 안 된다. 고양이는 왜 우리가 이런 식으로 행동하는지 절대 이해하지 못할뿐더러 우리를 두려워하게 만들 뿐이다. 벌받은 고양이가 우리를 볼 때마다 달아나는 것을 보고 벌을 주거나 야단치는 것이 효과가 있다고 생각할 수 있다. 고양이가 '자기가 나쁜 짓을 하고 있다는 것을 안다'는 확신이 들 수 있지만 정말이지 틀렸다. 사실 그 고양이는 우리 존재를 두려움, 불안감과 연관 짓고 있을 뿐이다. 우리와의 관계가 악화되었기 때문에 달아나는 것이지 우리가 고양이를 잘 교육시켰기 때문이 절대 아니다.

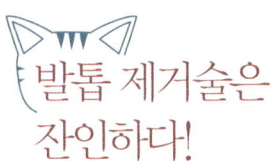
발톱 제거술은 잔인하다!

　강조해서 말하지만 올바른 종류의 수직 기둥을 좋은 위치에 놓고 적절한 접근 방지물을 설치한다면 가구 스크래칭 문제는 일어나지 않는다. 여전히 가구 스크래칭 문제가 있다면 아직 그 요소들이 제대로 수정되지 않았다는 말이다.

　발톱 제거는 매우 논란이 되고 있는 주제고, 나 역시 이에 대해 결사반대다. 슬프게도 잘못된 정보를 얻은 많은 보호자가 이 수술을 예방접종 과정처럼 여긴다. 발톱 제거술은 발가락 위쪽 관절을 절단하는 것이다.* 회복 과정은 매우 고통스럽고, 어떤 고양이들은 치료 기간 후에도 오랫동안 발에 대해 예민해한다. 수술 후 관리가 잘 이뤄지지 않으면 회복은 무척 더디다. 발톱 제거는 고양이의 첫 번째 방어무기를 앗아가는 것이고 공격자로부터 탈출할 능력을 없애는 것이다. 스크래칭은 고양이의 육체적·정신적 웰빙에 있어 필수적인 부분인 만큼 그걸 빼앗는다는 것은 말할 필요도 없이 끔찍하고 잔인한 비극이다.

　만약 가족 중 누군가를 지키기 위해 발톱 제거를 생각하는 중이라면 고

※ 사람으로 치면 손톱이 있는 손가락 마디를 통째로 절단하는 것이다. - 옮긴이주

보호자가 포기한 의자. 하지만 올바르게 준비하고 대처하면 가구 스크래칭 문제는 일어나지 않는다.
ⓒSupaleka_P

양이는 코너에 몰리면 여전히 물 수 있는 동물임을 떠올리자. 고양이와 그 가족원 모두가 알맞은 교육을 받는 것만큼 중요한 것은 없다. 아이들을 항상 지켜보고 모두가 안전한지(다리가 두 개건 네 개건) 확실히 해둬야 한다.

발톱이 제거된 고양이를 키우고 있는 보호자 중에는 새로 들이는 고양이도 발톱 제거를 해야 한다고 생각하는 이가 많다. 놀이 시간을 공평하게 해준다는 이유에서다. 그렇지 않다. 새 고양이의 발톱을 정기적으로 잘라주기만 하면 아무 문제가 없다. 게다가 알맞은 인사 과정을 거친다면 아무 문제도 일어나지 않는다. 발톱을 제거당한 고양이와 온전한 발톱을 가진 고양이는 안전하게 삶을 공유할 수 있다.

제 9 장

공격성

공격성은 다른 고양이를 향한 것이건 사람을 향한 것이건 보호자를 몹시 두렵게 한다. 고양이 간의 공격성intercat aggression도 충분히 무섭지만, 사랑하는 고양이가 느닷없이 우리에게 공격성을 보이게 되면 집 안은 위기상황이 된다. 부상의 위험 때문이다. 특히 어린아이라도 있다면 더 심각한 일이다. 고양이가 무는 것은 심각할 수 있고 공격성은 반드시 전문가의 진단을 받고 올바르게 다뤄져야 하는 문제다. 그래야 아무도 다치지 않는다.

공격성은
비정상적인 행동이
아니다

　동물 세계에서 공격성은 두려운 상황에 처한 동물에게 나타나는 보편적인 반응이다. 고양이도 마찬가지다. 우리 집에서 이런 모습을 보기는 원치 않지만 이것이 비정상적인 행동이 아니라는 것은 분명히 알아야 한다. 자유롭게 배회하는 환경에서 고양이는 영역, 짝짓기 상대, 보금자리, 집단 내에서 자신의 지위를 걸고 싸운다. 먹이 사냥에도 공격성이 필요하다. 고양이에게 공격적 행동은 의사소통의 한 형태이다. 절대 악의적인 의도가 아니다. 공격성 문제를 해결하기 위해서는 고양이가 자신의 행동을 통해 말하려는 것이 무엇인지 우리가 알아채야 한다.

　동물의 공격성은 공격 차원이거나 방어 차원에서 일어난다. 대부분의 경우, 고양이는 실질적 충돌을 피하는 편이고 이를 위해 몸짓언어와 음성이 정교한 레퍼토리로 발달해있다. 고양이로서는 되도록 전투에 휘말리지 않는 편이 확실히 유리하다. 괜히 상처라도 입었다간 더 이상 사냥을 할 수 없게 될 수도 있기 때문이다. 하지만 다묘 가정 또는 복잡한 도심지 외곽과 같이 고양이가 밀집한 환경에서 좁은 영역을 갖고 사는 고양이들은 공격 외에 다른 선택권이 없다고 느낀다.

일반적으로 고양이 간에 공격적 표현은 대부분 자세 취하기posturing로 이뤄진다. 이런 자세 취하기는 고양이들을 서열에 맞게 행동하게 하는데 서열이 높은 고양이가 공격 자세를 보이면 서열이 낮은 고양이들은 대개의 경우 물러난다.

적극적 공격성offensive aggression은 위협적인 자세를 갖춘 채 자신과 상대 사이의 거리를 분명하게 좁혀나가는 방식으로 나타나는 반면, 방어적 공격성defensive aggression은 둘 사이의 거리를 벌리며 싸움을 회피하려 노력하는 형태를 보인다.

친근한 고양이들 사이에서는 자주 비밀스러운 공격성covert aggression이 일어나기도 한다. 고양이들이 자신들의 지위가 같지 않다는 것을 인지한다면 실제 육탄전이 벌어지지는 않는다. 단, 우위의 고양이가 남긴 여러 가지 마킹이 지위가 낮은 고양이들에게 계속해서 위협을 가한다. 이 비밀스러운 공격성은 신참 고양이가 집에 새로 왔을 때도 일어날 수 있다. 고양이 중 누군가가 실제 싸움에 휘말릴 자신이 없을 경우 이러한 소극적인 방법으로 상대를 위협한다.

공격성이 행동 문제인지 판단하기 전에, 공격적 행동에 영향을 미칠 수 있는 내재된 건강상의 문제가 없는지 먼저 확인해야 한다. 신체검사 및 적절한 연구가 행해져야 한다. 갑상선 기능항진, 감각과민증hyperesthesia, 간질 같은 증상을 가진 고양이는 공격적 행동을 보일 수 있다. 그 외에도 고양이가 육체적 고통을 겪고 있다면 만졌을 때 공격성을 보일 수 있다. 공격성에 영향을 미칠 수 있는 건강상의 문제들은 더 많다. 또한 약 2~4살경 사회적 성숙이 시작되면 서열에서 높은 지위를 차지하려고 다투느라 공격성이 나타날 수 있다. 만약 화장실 문제가 해결되지 않는다면 잠재적으로 내재된 공격성도 살펴야 한다.

고양이가 공격성을 보이면 집 안의 동물이나 사람에게 상해를 입힐 수 있기 때문에 수의사에게 도움을 구해야 한다. 수의사는 잠재적 원인을 찾는 것은 물론 공격성의 원인을 찾게 도와줄 것이다. 문제의 심각성에 따라 행동학자에게 도움을 받을 수 있고, 행동 수정 과정에 약물 치료를 할 수도 있다. 전문가의 도움 없이 공격성 문제를 처리하려고 해선 안 된다. 특히 그 원인을 알 수 없을 때는 더더욱 말이다.

부정적인 교육법은 금지다

- ◇ 절대 고양이 코를 탁 치거나 손가락으로 튕겨선 안 된다. 어떤 육체적 상호작용이라도 공격성을 증가시킬 수 있다.
- ◇ 처벌은 비인간적이고 역효과를 낳고 고양이와의 유대감을 망친다.
- ◇ 육체적 처벌은 다른 가족원에게 상처를 입힐 위험을 높인다.
- ◇ 고양이에게 소리를 질러서는 안 된다. 두려움, 스트레스, 방어성을 증가시킬 뿐이다.
- ◇ 고양이들이 서로 '승부가 날 때까지 싸우도록' 내버려두지 않는다. 심각한 상해를 입을 수 있고, 고양이들 간의 관계가 깨질 수 있다.
- ◇ 막 공격성을 보인 고양이를 쓰다듬거나 안아 올려선 안 된다. 부정적 행동을 강화하게 된다.
- ◇ 잠재적 공격성을 가진 고양이를 어린아이와 단둘이 두지 않는다.

고양이 간(수컷 간)의 공격성

남성 호르몬인 테스토스테론testosterone은 수컷 고양이 간의 공격적 행동의 가장 큰 요인이다. 수컷들은 흔히 영역 다툼을 하고, 짝짓기를 위해 암컷을 놓고 싸운다. 중성화가 공격성을 없애줄 수 있는데, 특히 고양이가 생후 6~7개월이 되어 성적으로 성숙해졌을 때 또는 적어도 최소한 1살이 되기 전에 중성화수술이 이뤄지면 가능성이 더 높다.

사회적 성숙이 시작되면 이전에는 평화롭게 잘 지내던 고양이들 간에 공격성이 나타날 수 있다. 비슷한 시기에 사회적 성숙기에 이른 고양이가 몇 마리 있다면 방어적passive 공격성의 징후가 있는지 가까이에서 잘 지켜봐야 한다. 하악질, 으르렁거리기 또는 노골적인 육탄전이 없다고 해서 평화로운 상태라고 단정할 수는 없다. 몸자세를 지켜보고 화장실 습관이나 영역 내에서 생긴 사소한 변화에도 주의를 기울인다.

가족이 아닌 외부의 고양이가 공격성을 유발할 수도 있다. 고양이 중 하나라도 외출을 허락한다면, 그 고양이가 거리에서 배회하는 고양이들과의 싸움에 휘말릴 수 있다. 고양이들이 모두 집에만 있는 경우라도 외부에 낯선 고양이가 나타나면 스프레이 마킹을 하거나 한집에 사는 동료 동물 또는 사람에게 방향 전환된 공격성을 보일 수 있다.

해결 방안

수컷 간 공격성을 다루기 위해서는 먼저 고양이들이 중성화되었는지 확인한다. 짝을 찾는 수컷들 사이에 가장 흔히 일어나기 때문이다. 필요하다면 모두가 적절한 영역을 가졌는지 확인하고 환경을 수정한다. 수직적 영역을 늘리고 모래화장실 개수도 늘리고, 고양이 간의 의사소통을 잘 관찰한다. 특히 서열이 높은 수컷이 몇 마리라면 더더욱 그래야 한다. 고양이들이 사회적 성숙기에 이르렀다면 잠재적 문제 행동의 징후들을 살핀다. 공격적 행동을 나타내는 고양이에게는 목줄에 방울을 달면 더 잘 모니터할 수 있고, 뒤를 밟는 능력을 방해해 희생자 고양이에게 좀 더 빨리 경고를 줄 수도 있다. 공격적인 고양이들은 행동의 잠재적 원인을 밝힐 때까지 서로 분리시킨다. 문제의 심각성에 따라 이 장에서 나중에 말하게 될 완전한 재소개 과정을 가져야 할 수도 있다. 어떤 경우에는 절대 함께 살 수 없는 고양이들도 있는데, 그럴 경우 영구적인 분리만이 답일 수 있다.

외출이 허락된 고양이들은 자극받은 상태로 집에 돌아와 다른 동료 고양이들에게 공격적으로 행동할 수 있다. 외부 고양이들과의 충돌을 막고 한집에 사는 동료 고양이에게 방향 전환된 공격성을 보이는 것을 막기 위해서라도 외출을 금지하고, 모두 항상 집 안에 있게 한다. 한집에 사는 고양이 간의 공격성이 바깥에서 어슬렁대는 낯선 고양이 때문이라면 이 장의 '방향 전환된 공격성' 부분에 나오는 지침을 따른다.

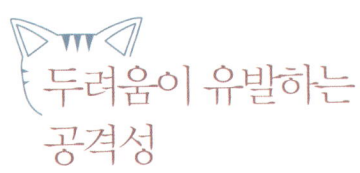
두려움이 유발하는 공격성

겁먹은 고양이는 일단 잠재적 충돌을 피해 탈출하는 것을 선택한다. 하지만 탈출할 수 없다면 또는 코너에 몰린다고 느끼면 어쩔 수 없이 공격성에 의지하게 된다. 우선 방어적인 몸자세를 취할 것이다. 처음에는 털을 곤두세우고 등을 아치형으로 만들고, 그다음에는 귀를 뒤로 돌려서 머리 쪽으로 납작 붙인 채 쪼그려 앉는다. 동공은 확장되고, 아마 으르렁대고 하악질을 하고 '칵' 소리를 낼 것이다. 한꺼번에 두 자세의 중간쯤을 취할 수도 있다. 즉, 필요하다면 전투를 할 대비를 하며 상반신과 앞발은 앞쪽을 향하지만, 하반신은 탈출 기회를 노리며 언제든 튀어나갈 수 있게 옆을 향한다. 탈출이 가능해지거나 상대방이 물러설 때까지는 계속 방어적인 자세를 유지한다.

새끼 때부터 다양한 자극에 노출되지 못한 고양이는(낯선 장소나 다양한 소리, 수의사나 집에 온 손님에게 안기고 만져지기 등) 이 종류의 공격성을 더 자주 보일 수 있다. 두려움에서 나오는 공격성은 동물병원으로 가는 무시무시한 여정에서 고양이가 흔히 보이는 표현이다. 동물병원 직원들은 진찰대 한쪽 구석에서 잔뜩 날이 선 채 면도칼을 휘둘러대는 웅크린 털 뭉치에 아주 익숙하다. 한때 수의테크니션이었던 나는 잔뜩 겁먹고 공격적인 고양이를 다루는 것은 전혀 재밌는 일이 아니란 것을 체험으로 안다. 체온계가 얼마나 최신식인지는 중요하지 않다. 고양이가 체온을 재도록 허락해줄지가 관건이다.

상대가(사람이건 동물이건) 다가오는데 탈출이 여의치 않다면, 겁먹은 고양이는 완전한 방어 차원에서 배꼽을 드러내는 자세※를 취한다. 이 고양이는 나중에도 사람이나 동물이 접근해오는 것을 위협으로 여길 것이다. 두려움에 의한 공격성을 가진 고양이를 돕고 싶다면, 고양이가 두려워하는 자세를 드러낼 때 더 이상 다가가지 말아야 하고, 고양이의 개인적 공간을 존중해주어야 한다. 이런 사실을 어린아이나 손님에게도 확실히 알려준다.

해결 방안

두려움에 의한 공격적 행동이 동물병원 방문에 국한된다면 분리되는 캐리어가 해결책이 될 수 있다. 고양이가 진료받는 동안 캐리언 안에 머물 수 있게 해준다. 때로는 친숙한 캐리어 안에 머물게 해주는 것이 고양이의 불안감을 줄여줄 수 있다. 동물병원에 가기 위해 고양이를 넣기 전, 캐리어 안쪽 구석에 펠리웨이를 뿌린다. 또 병원에 펠리웨이를 가져가 진찰대 위에 뿌린 후 진료를 받게 할 수도 있다. (제7장에서 펠리웨이에 대해 더 많은 정보를 얻을 수 있다.) 동물병원에서 너무 오래 기다리지 않도록 한가한 시간으로 예약하고, 가능하다면 주말 진료는 피한다.

수의사의 진찰을 받는 동안 우리 고양이에게 어느 정도의 보정restraint※이

※ 흔히 이런 자세는 복종과 관련 있다고 알려졌는데, 개의 경우엔 맞지만 고양이의 경우엔 의미가 다르다. 고양이가 이 자세를 취하면 네 발과 이빨 모두를 사용할 수 있으므로 여차하면 바로 공격을 할 수 있다. 흔히 이런 자세를 취하고 있는 고양이의 배를 만지려다 네 다리에 팔이나 손을 붙잡힌 채 소위 뒷발질과 입질을 모두 당한 경험이 있을 것이다. 물론 상황에 따라 놀자는 신호로도 사용된다. - 옮긴이주

※ 안전을 위해 움직임을 제한하는 것. - 옮긴이주

필요한지 인지하고 있어야 한다. 물론 병원 스태프의 안전을 보장해야 하지만 보정이 과하게 이뤄지는 것은 좋지 않다. 캣머즐cat muzzle*과 보정 가방 및 보정 케이지*는 고양이의 두려움을 더 키운다. 극단적인 경우라면 동물병원에 오기 전에 집에서 고양이에게 진정제를 주라는 처방을 받을 수도 있다. 때로는 진찰받는 동안 고양이를 진정시키기 위해 가볍게 마취를 할 수도 있다. 마스크로 고양이의 입과 코를 덮어 씌워 가벼운 마취 상태에서 호흡하게 하는 것이다. 마스크는 극히 짧은 시간만 작용하기 때문에 마스크를 벗기면 재빨리 의식이 돌아온다.

병원에 입원하거나 호텔에 맡겨져 케이지에 있어야 하는 상황에서 고양이가 두려움을 느껴 공격성을 보인다면, 케이지 한쪽 구석에 종이봉투를 넣어 고양이가 숨을 수 있는 공간을 마련해준다. 이때 종이봉투 모서리를 소맷자락처럼 말아서 찌그러지지 않고 계속 열려있게 해야 한다. 아무것도 안 보이는 곳에 있게 되면 고양이는 훨씬 더 빨리 진정된다. 케이지 앞에 신문지를 붙이는 것도 안전함을 느끼게 하는 데 도움이 된다.

두려움에 의한 공격성이 집에서 일어난다면, 해당 고양이를 어두운 방에 혼자 두거나 원래 있는 곳에 그대로 혼자 놔두어 진정하게 한다. 여전히 긴장하고 공격적인 반응을 보인다면 상호작용을 적게 할수록 더 좋다. 두려움에 찬 고양이의 안전이 걱정된다면 문에 아기 안전문을 설치하거나 저렴한 방충문을 설치한다.*

만약 공격성이 오직 어린아이 또는 특정인에게만 드러난다면 점진적으로 탈감각화desensitization*와 역조건형성counter-conditioning을 통해 치료한다. 우

※ 귀를 빼고 고양이의 얼굴을 거의 다 가리는 머리에 씌우는 형태. - 옮긴이주
※ 얼굴만 빼고 몸을 감싸는 형태. - 옮긴이주
※ 최근에는 시중에 반려동물 전용 안전문도 나왔다. 높이가 더 높고 철창 간격이 더 촘촘하다. - 옮긴이주
※ 어떤 대상이나 물건, 사건에 대한 공포심을 점차 둔화시켜 결국은 최소화하거나 완전히 제거하는 행동 수정 기법 중 하나로 둔감화, 탈감작, 탈감작화라고도 한다. - 옮긴이주

리가 방 한쪽에서 고양이에게 트릿 또는 식사를 제공하거나 상호작용 놀이 세션을 갖는 동안, 고양이가 공격성을 드러내는 특정인을 조용히 방 반대쪽에 앉게 한다. 고양이는 스스로 안전하다고 느끼는 곳에서 머물게 해준다. 차츰차츰 세션이 거듭될수록 그 사람을 조금씩 가까이 오게 한다.

공격성이 특정 고양이에게 드러난다면, 두 고양이가 서로의 존재 앞에서 먹이를 먹게 하여 서로에게 긍정적인 연관을 형성하도록 한다. 사료그릇을 방 반대편에 각각 두어 고양이들이 문제없이 먹는다면, 다음 세션 때는 좀 더 그릇을 가깝게 옮긴다. 만약 한 고양이가 먹기를 거부한다면 너무 빨리 그릇을 옮겨 너무 서로 가까이 있게 한 것이다. 트릿도 서로에게 긍정적인 연관을 형성하는 것을 도와준다. 쉽게 말해 뇌물인 셈이다.

공격성이 더 심한 경우나 다른 고양이의 매복 및 공격 때문에 일어나는 경우에는 재소개 과정을 거쳐야 한다. 고양이가 집에 있는 모든 고양이를 너무 두려워해서 적절한 중개 속에서 철저한 재인사 과정을 거쳤는데도 별 도움이 되지 않는다면 그 고양이에겐 영구적으로 분리된 영역이 필요하다.

재소개 과정이 아무 효과가 없어 고양이들이 서로를 보고 공격한다면 몇 주간(그렇다 몇 주!) 떼어놓아야 할 수 있다. 그럴 때는 적극적인 공격성을 보이는 고양이에게 목줄과 하네스를 착용하는 교육을 한다. 단, 그 고양이가 '완전히' 목줄을 편안하게 받아들이는 경우에만 사용한다. 안 그러면 결국 더 큰 문제가 일어나고 우리까지 다칠 위험에 처한다.

고양이들 사이에 냉랭한 낌새가 보이거나 노골적인 전투가 진행 중일 때는, 소음을 만들어 그 행동을 방해하고 희생자에게 탈출할 기회를 준다. 어떤 상황에서도 물리적으로 싸움을 말려서는 안 된다. 본인이 심각한 상처를 입을 수 있다.

두려움에서 비롯된 공격성의 패턴을 깨기 위해 더 많은 탈출 경로를 만들어주는 등 최상의 환경을 조성해주는 것이 필요하다.

영역 공격성

영역 때문에 비롯된 공격성은 고양이가 사회적 성숙에 이르면서 갑자기 생겨날 수 있다. 동물에게도 사람에게도 향할 수 있고, 특정 고양이에게만 한정될 수도 있다.

터줏고양이들이 있는 집에 새 고양이가 들어올 때 영역 공격성이 자주 나타난다. 또 누군가가 동물병원에 갔다 왔을 때도 공격성이 일어날 수 있는데, 병원에서 낯선(게다가 정말 싫은) 냄새가 묻어 꼭 침입자 같기 때문이다.

영역 공격성은 여러 가지 미묘한 방법으로 드러난다. 집에서 한 번도 하악 소리를 듣지도 못했고, 누군가 앞발을 쳐드는 것을 본 적이 없다고 해서 안심해서는 안 된다. 이렇다 해도 영역 공격성은 일어날 수 있다.

예를 들어, 우위의 고양이가 화장실이나 사료그릇에 대한 접근을 막을 수 있는데 우리 눈에는 그냥 고양이가 그 출입구에서 가볍게 쉬고 있는 것처럼 보일 것이다. 부적절한 배변이나 스프레이 마킹 문제가 명확해질 때까지는 이 블로킹 행동 blocking behavior에 대해 전혀 눈치채지 못할 수 있다.

해결 방안

우리는 고양이의 서열 체계를 잘 관찰하여 영역 공격성이 터질 실마리를 찾아야 한다. 새 고양이의 알맞은 소개 과정과 현재 살고 있는 고양이의 재소개 과정이 가장 중요하다. 집 안 곳곳의 다양한 영역 내에 여러 개의 사료 급여 장소와 적절한 개수의 모래화장실을 두는 것도 중요하다. 고양이들이 평화롭게 서열을 유지할 수 있게 수직적 영역을 늘리고 다양한 높이의 층을 만들어준다.

영역 공격성이 동물병원 방문 후 일어난다면, 고양이가 집에 돌아왔을 때 다시 자기 냄새를 풍길 수 있도록 별도의 분리된 방에서 그루밍할 기회를 준다. 그루밍은 병원에서의 힘든 경험 후 안정을 되찾고 평소의 행동으로 돌아갈 수 있게 도와주기도 하다. 또 수건으로 집에 있던 고양이를 '먼저' 문지른 다음, 병원에 다녀온 고양이를 문지르는 방법도 있다. 이때 절대 순서를 바꿔선 안 된다. 동물병원 냄새가 다른 고양이에게까지 퍼지면 집 안이 온통 분노한 고양이로 가득 찰 것이다. 동물병원 방문으로 인한 영역 공격성 문제를 반복적으로 보인다면 병원에 가기 전에 수건으로 고양이를 문지른 다음, 그가 집에 돌아왔을 때 다시 그 수건으로 고양이를 문질러 원래의 냄새가 배게 한다.

우리가 아무리 노력해도 다른 고양이와 평화롭게 공존할 수 없는 고양이들도 있을 수 있다. 이런 경우에는 주거 환경을 수정해서 그들이 별개의 공간에서 머물도록 해주거나 그들이 더 행복할 수 있는 단묘 가정을 찾아 보내주는 것을 고려한다.

놀이 공격성

놀이 공격성은 사람에게 향하는 경향이 있다. 어미와 한배 형제들로부터 너무 일찍 떨어진 고양이들 또는 사람 손에서 자란 고아들은 새끼 때 다른 한배 형제들과 사회적 놀이를 경험하지 못했기 때문에 놀이 반응을 조절하고 판단하는 방법을 잘 모른다. 노는 동안엔 자신의 발톱을 넣고 있어야 한다는 것을 배우지 못했을 수도 있다. 그래서 선을 넘어 우리와 너무 공격적으로 놀게 된다.

또 새끼였을 때 우리가 부적절한 놀이 기술을 사용했을 경우에도 놀이 공격성이 생길 수 있다. 우리도 모르는 사이에 말이다. 우리는 놀이를 부추기려고 새끼 고양이 앞에서 손가락을 이리저리 움직이곤 하는데, 이런 행동은 고양이가 성장하면서 심각한 영향을 미칠 수 있는 나쁜 메시지를 보내게 된다. 즉 고양이가 보호자의 손을 무는 것이 허용된다고 배우게 되고, 우리뿐만 아니라 아이 또는 나이 많은 할머니의 손도 물어도 된다고 생각할 수 있다. 그러니 손은 절대로 장난감으로 사용해선 안 된다.

또 고양이와 레슬링 형태의 놀이도 피해야 하는데 방어 차원의 공격성을 일으킬 수 있기 때문이다.

고양이와 손이나 발 등 신체 부위로 놀아주다간 실제 물릴 수 있고 다른 가족(특히 아이)의 손이나 발이 공격 대상이 될 위험까지 있다. ⓒMakDill

해결 방안

귀를 납작하게 하거나 으르렁거리는 등 고양이가 놀이 모드에서 공격성으로 옮겨가는 신호를 주시한다. 고양이랑 놀 때는 상호작용 낚싯대 장난감을 사용해서 물어도 되는 것이 무엇인지 정확하게 일러준다. 작은 장난감은 우리 손과 고양이 이빨 사이에 충분한 거리를 두지 못하므로 문제가 생길 수 있다.

고양이가 적절하게 놀았을 때는 보상으로 트릿을 준다. 하루에 두세 번 놀이 시간을 짜서 고양이가 욕구불만이 쌓이지 않게 그리고 레슬링, 난투극, 또는 집적대며 괴롭히기 같은 행동을 하지 않게 한다.

고양이가 계속 우리 손을 노리거나 발목을 매복 습격한다면 혐오 요법 aversion therapy*을 쓸 수 있다. 주로 물총이나 작은 에어 블로워*를 고양이의

※ 혐오감이 생기게 유도해서 나쁜 습관을 없애는 요법. - 옮긴이주
※ 카메라 장비 등을 청소할 때 사용하는 도구로 누르면 바람이 나와 먼지가 날아간다. - 옮긴이주

옆구리나 등 아래 엉덩이 윗부분에 빠르고 짧게 쏘아 행동을 방해하는 방법이다. 이때 행동을 방해할 정도로 최소한의 양만 사용해야 하며, 절대 고양이의 얼굴을 향해 쏘아선 안 된다. 핵심은 고양이를 살짝 놀라게 해서 '그 행동의 패턴을 깨뜨리는 것'이지 겁을 주는 게 아니다. 수차례 강조하지만 절대 얼굴에 뿌려서는 안 되고 특히 에어 블로워를 사용할 때는 더더욱 그렇다. 또한 훅 불어 닥치는 바람이나 물줄기가 우리로부터 나오는 것임을 고양이가 알지 못하게 해야 한다. 그래야 고양이가 이것을 '하늘이 내린 벌'이라고 생각한다. 이렇듯 혐오 요법은 신중하게 사용되어야 한다. 자칫 잘못하면 고양이가 우리를 두려워하게 될 수도 있다. 더군다나 벌punishment은 절대 사용해선 안 된다.

단묘 가정이라면 상호보완적인 성격을 가진 둘째 고양이를 들이는 것이 도움이 될 수도 있다. 예를 들어 첫째가 매우 적극적인 성격이라면 너무 우위적으로 보이지 않는 고양이를 둘째로 선택한다. 첫째가 수줍음이 많다면 고양이계의 불도저 같은 고양이와 짝을 지어주고 싶진 않을 것이다. 첫째가 무릎 고양이라면 무릎 고양이가 될 것 같지 않은 고양이를 들이는 것이 좋다.

놀이 공격성은 사람을 향해 나타나는 경향이 있긴 하지만, 집 안의 다른 고양이의 반응도 지켜봐야 한다. 고양이 하나가 우리한테 거칠다면 다른 고양이들에게도 위협적일 수 있고 그러면 고양이들은 어떤 그룹 놀이에도 참여하길 꺼릴 것이다. 또 우리에게서 잘못된 놀이 방법을 배운 고양이는 이후 동료 고양이들과 놀 때도 유쾌하지 않은 방법으로 놀기 쉽다.

방향 전환된 공격성

자신을 흥분하게 만든 1차 원인이 차단될 때 고양이는 애꿎은 상대 즉 가장 가까이 있는 고양이, 사람 또는 개에게 공격성을 보이는데 이를 방향 전환된 공격성이라 한다. 대개의 경우 이 고양이는 극도로 흥분해 자신이 공격하는 상대가 누군지 깨닫지 못하는 상태다.

가장 전형적인 예는 창밖을 내다보던 고양이가 마당에 있는 낯선 고양이를 발견했을 때다. 흥분 상태에서 심한 좌절감을 느끼고 있는데 마침 동료 고양이가 옆을 지나가거나 함께 창밖을 볼 요량으로 창가로 뛰어오른다면, 이 동료 고양이는 방향 전환된 공격성의 목표물이 되는 것이다. 이때의 급작스러운 공격은 두 고양이 간의 관계에 손상을 줄 수 있다. 특히 가까운 사이라면 더더욱 그렇다. 그 외에 우리 옷에서 낯선 고양이의 냄새가 나거나, 갑작스레 큰 소음이 나거나, 낯선 환경에 있게 되거나, 또는 보호자가 고양이 싸움을 몸을 이용해 말리려고 할 때 등도 방향 전환된 공격성의 계기가 된다. 방향 전환된 공격성은 보통 오래 지속되지 않지만 공격당한 고양이의 방어적 자세가 지속되면 이것이 연료가 되어 계속될 수도 있다. 갑자기 두 고양이가 더 이상 서로를 친구로 인정하지 않는 것은 이런 적의를

문밖 또는 창밖에 나타난 낯선 고양이 때문에 집안의 평화가 깨질 수도 있다. 공격성이 일어날 수도 있고 스프레이 문제가 생길 수도 있다.
ⓒSvetlana Mihailova

보이는 자세 때문이다.

방향 전환된 공격성은 종종 이유 없는 공격성unprovoked aggression으로 잘못 진단되곤 한다. 보호자가 원인을 알아차리기 어렵기 때문이다. 예를 들어 창밖의 낯선 고양이를 본 뒤 흥분 상태가 지속되다가 뒤늦게 공격성이 나타날 수도 있는데, 퇴근 후 집으로 돌아온 우리 눈에는 난데없이(외부 고양이는 이미 가고 없다) 자기 친구를 뒤쫓는 적의에 찬 고양이만 보이니 말이다.

해결 방안

고양이들을 즉시 분리한다. 공격자를 다른 방으로 구슬려 데려갈 수 있다면 안아 올리지 않고 그렇게 한다. 아니면 공격당하는 쪽을 옮긴다. 빨리 분리시킬수록 상황도 더 빨리 정상으로 돌아가고, 고양이들 관계도 회복되기 쉽다. 방향 전환된 공격성이 의심만 될 때라도 고양이들을 분리시킨다. 흥분한 고양이가 진정돼서 먹고 화장실을 쓰고 편안하게 그루밍하고(전치 차원의 그루밍이 아닌) 낮잠을 자는 평소의 활동을 재개할 때까지 혼자 둔다. 방은 어둡고 조용하게 한다. TV나 라디오도 끈다. 차분하게 회복하도록 펠리웨이를 사용한다. 고양이를 다시 소개할 때는 사료나 트릿을 주는 것 같은 긍정적인 상황에서 진행한다. 재소개는 서두르지 않고 모두가 평온하게 평소 상태로 돌아간 다음에 진행한다.

고양이를 흥분하게 만든 1차 원인을 파악했다면 그것을 제거하거나 수정한다. 예를 들어 원인이 외부 고양이라는 것을 알았다면 하얀색 종이로 창문 아래쪽 절반을 덮어 고양이의 시야를 막는다. 반만 가린 창문은 빛을 안으로 들어오게 하면서 고양이가 나무에 있는 새를 보며 즐길 수 있게 해준다. 반면 종이 때문에 외부 고양이가 우리 고양이를 볼 수 없게 되면, 그는 다른 집 마당으로 옮겨갈 것이다. 또는 외부 고양이를 볼 때마다 큰 소음을 내거나 사정거리가 먼 물총을 창가에 두었다가 사용할 수도 있다. 외부 고양이가 이웃집 고양이라면 상황을 설명하고 그를 집 안에만 두도록 설득할 수도 있다. 이때는 사람에 따라 이를 과민하게 받아들일 수도 있으니 이웃과의 관계를 망치고 싶지 않다면 시도해도 괜찮을지 잘 판단한 후 행동한다. 외부 고양이가 길고양이로 의심된다면 포획을 시도할 수 있다. 혼자 할 수 없으면 지역 보호소나 구조 기관에 연락한다. 그들은 우리를 도와줄 사람들 리스트를 가지고 있다.

마당에 있는 새 먹이통 때문에 외부 고양이들이 들어온다면 먹이통을 치워야 할 수 있다. 계속 새에게 먹이를 주고 싶다면 먹이통을 우리 고양이들이 볼 수 없는 곳에 두고, 그 대신 주기적으로 고양이 오락용 방송을 틀어줘서 이를 보상해준다.

> 수차례 강조하지만 혐오 요법은 제대로 사용하기가 정말 어렵기 때문에 최근 동물행동학에서는 이럴 경우 '타임아웃time-out'을 주라고 권고한다. 즉, 즉시 그 자리를 떠 고양이가 혼자 있게 해서 놀이 시간이 끝났다는 걸 말해주는 것이다. 이때 소리치거나 말하지 않아야 한다. '무반응'이 중요하다. 타임아웃의 길이는 30초에서 1~2분이 적당하다. 고양이가 차분해지면 다시 장난감을 이용해 차분하게 놀아주기 시작한다. 139쪽의 '혐오 요법을 쓰면 안 되는 이유'를 참고한다. ※ 옮긴이주

고통이 유발하는 공격성

고통에 의한 공격성은 고양이의 꼬리가 당겨지거나 어린아이가 손 한가득 털을 움켜쥐었을 때 일어나는 방어적인 반응이다. 상처 때문에 일어날 수도 있고 들어 올려졌을 때 고통을 일으키는 관절염같이 건강 문제 때문에 일어날 수도 있다.

새끼 고양이 시절에는 사회적 놀이가 중요한데, 이를 통해 어느 정도의 강도로 물어야 고통을 주지 않는지를 배울 수 있기 때문이다. 이때 자기가 문 고양이의 반응이 가치 있는 교육이 된다. 한배 형제 없이 자란 고양이는 이 수업을 놓치고 성묘가 되어 다른 고양이와 놀 때 너무 세게 물었다가 고통에 의한 공격성을 받게 된다.

때로 고통에 의한 공격성은 두려움에 의한 공격성의 이차적 문제로 바뀔 수도 있다. 예를 들어, 고통스러운 만성적 귀 감염증이 있는 고양이는 처음에 고통에 의한 공격성을 드러냈다가 치료가 끝난 후에는 그 고통에 대한 기억 때문에 누군가 귀를 만졌을 때 두려움에 의한 공격성을 드러낼 수 있다.

악의적이건 무의식이건 학대(어린아이에 의한)도 고통에 의해 유발되는 공격성의 원인이 될 수 있다.

해결 방안

제일 처음 할 것은 최대한 고통을 완화시켜주는 것이다. 고양이가 만성적인 고통을 가지고 있다면, 모든 가족원에게 고통을 최소화시켜주기 위해 고양이를 조심스럽게 다루는 법을 가르친다. 공격성에 대해 고양이에게 절대 보상을 주어선 안 된다. 그게 아무리 고통 때문에 일어난 공격성이라 할지라도 말이다. 고통에 의한 공격성이 두려움에 의한 공격성으로 발전했다면 행동 수정이 필요할 수 있다.

병원 치료가 고통스러운 고양이는 공격성을 보일 수 있다. 이런 경험은 후에 두려움에 의한 공격성으로 나타날 수 있다. ⓒIevgen Shapovalov

쓰다듬기가 유발하는 공격성

이런 일상을 상상해보자. 소파에 앉아 우리 무릎 위에서 몸을 말고 엎드려있는 고양이를 쓰다듬으며 TV를 보고 있다. 힘든 하루를 보낸 우리로선 그야말로 완벽한 휴식이다. 그런데 갑자기 빛의 속도로 고양이가 고개를 휙 쳐들고는 피가 날 만큼 세게 우리 손에 이빨을 꽂는다. 우리가 황당한 눈빛으로 피나는 손을 응시하며 방금 무슨 일이 일어났는지 의아해하는 동안, 고양이는 무릎 아래로 뛰어 내려가 몇 발자국 떨어진 바닥에 앉아서 그루밍이나 하고 있다. 이때 고양이가 보인 행동이 쓰다듬기petting가 유발하는 공격성이다. 우리는 공격성이 난데없이 나타났다고 생각하거나 고양이가 순간적으로 뭔가에 홀렸다고 생각하겠지만 사실 고양이는 공격을 하기 전에 우리에게 경고 신호를 보냈을 것이다.

처음에는 만져지는 걸 즐기지만 명확한 허용 한계치에 이르는 고양이들이 있다. 이런 공격성의 원인은 과잉 자극 또는 고양이가 나른해지면서 오는 일시적인 접촉 혼란 때문일 수 있다. 즉 고양이가 잠이 오는데 뭔가 자기 몸에 계속 접촉되는 걸 느끼면 생존 본능이 깨어나 방어 차원에서 물거나 할퀸다.

쓰다듬기 유발 공격성은 우위 문제의 일부일 수도 있다(다음의 지위와 관련된 공격성 항목을 참고한다). 그 외에 특정 부위가 만져지는 것에 매우 예민한 고양이도 있다. 어떤 고양이는 등 아래 엉덩이 윗부분, 옆구리 쪽 또는 꼬리 가까이의 자극을 좋아하지 않을 수 있다.

쓰다듬기 유발 공격성을 난데없다고 생각할 수 있지만, 고양이는 우리에게 몸짓으로 경고 신호를 보내고 때론 음성으로도 신호를 준다. 경고 신호에는 피부 떨기 skin rippling, 꼬리 휘두르기 또는 꼬리치기, 몸자세 바꾸기, 긴장한 자세, 뒤로 돌아간 귀, 낮은 으르렁거림, 퍼링 멈추기가 포함될 수 있다. 공격 전에 고양이의 수염은 전방으로 향하며 사방으로 펼쳐진다. 고양이의 관점에서는 그만하라는 신호를 엄청나게 준 셈이다. 더 이상 방법이 없다고 느끼면 그때서야 고양이는 문다.

해결 방안

최고의 해결법은 짧은 시간 동안만 만지는 것이다. 고양이가 2~3분쯤은 허락한다는 걸 알았다면 1분에서 멈춘다. 쓰다듬기 유발 공격성의 행동 패턴을 깨기 위해서는 항상 고양이가 더 원하도록 여지를 남겨두어야 한다. 고양이의 한계를 모르겠다면 만지는 동안 고양이의 경고 신호를 지켜본다. 어쨌든 짧게 만지는 것이 좋고, 그냥 고양이가 우리 무릎 위에 앉아 있는 것에 만족한다. 또한 고양이가 좋아하는 부위만 만진다. 이런 긍정적인 경험들은 그 상황에 대해 고양이가 형성시킨 연관을 바꾸는 것을 도와준다. 시간이 지나면서 만지는 시간을 점차 늘릴 수 있긴 하지만 이때도 고양이의 한계를 존중하는 것이 중요하다.

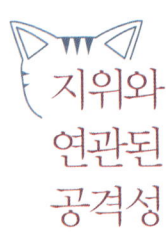

지위와 연관된 공격성

고양이는 서열상의 자기 지위에 영향을 미치지 않은 채, 집 안의 다른 고양이 또는 우리에게 지위와 연관된 공격성을 보일 수 있다.* 이들은 통제권을 갖기 위해 물거나 발톱질을 하는데 테이블이나 의자에서 내려질 때, 우리가 자기를 쓰다듬으려 할 때, 또는 심지어 그냥 자기 옆을 지나갈 때도 그럴 수 있으며 이런 공격성은 특정 가족 또는 손님에게만 드러낼 수 있다.

지위와 연관된 공격성의 다른 예로는 보호자가 지나는 길 막기, 노골적인 시선 보내기, 도전의 의미로 보호자에게 머리를 비빈 후 물러나 노려보기 등이 포함된다. 또 자기가 먼저 시작했을 때만 우리 애정 표현을 받아들인다. 실제 물지 않고 이빨만 갖다대는 입질 행동 mouthing behavior도 가능하다.

해결 방안

납작한 귀, 노골적인 시선, 으르렁대기, 긴장한 몸자세 같은 몸짓 신호를 지켜본다. 고양이가 무릎 위에 올라와서 으르렁대고 노려보거나 팔을

※ 사람에게 보이는 공격성은 대부분 놀이, 두려움이 유발하는, 쓰다듬기가 유발하는, 방향 전환된 공격성이며, 지위와 관련된 공격성인 경우는 극히 드물다. - 옮긴이주

물면 자리에서 일어나 고양이를 내려가게 한다. 손으로 안아서 바닥에 내려놓으면 안 된다. 물릴 게 뻔하다. 그냥 일어나 고양이가 안전하게 바닥으로 내려가게 되면 고양이는 자신의 행동이 자신이 원하는 통제권을 주지 못했음을 배우게 된다. 고양이가 평소의 행동으로 돌아갈 때까지 그 고양이와 상호작용하면 안 된다. 고양이를 때리거나 벌을 줘도 안 되는데, 비인도적일 뿐만 아니라 도전으로 보여 문제가 더 복잡해진다.

지위 관련 공격성의 첫 신호가 보일 때 올바르게 가르친다. 다시 말하지만 고양이의 몸짓언어를 지켜보자. 고양이가 우리가 가는 길을 가로막는다면 바로 그를 지나쳐 블로킹(고양이가 우릴 막는 행동)은 옳지 않은 행동이라고 알려준다. 고양이가 달려들 때를 대비해 몸짓신호를 지켜보면서 필요하다면 분무기를 준비한다. 단, 물 쏘기는 우리가 그 행동을 '그 찰나'에 잡아낼 수 있을 때만, 그리고 분무기 물이 우리에게서 나오는 것이 아니라 하늘이 내린 천벌이라고 알게 해야 도움이 된다는 것을 '명심'해야 한다.

클리커 트레이닝은 이런 고양이들에게 어떤 행동이 허용되는지를 명확하게 가르쳐준다.* 고양이가 우리가 원하는 행동을 하는 찰나에 클릭 소리를 내고 즉시 먹이 보상을 주길 반복하면, 고양이는 자신의 행동을 좋은 것, 즉 먹이 보상과 연관 짓게 되면서 더 자주 그 행동을 하게 된다.

먹이 보상에 대해 말하자면, 트레이닝 중에는 자율 급여보다 제한 급여가 더 좋다. 자기 밥은 자기가 벌어야 하는 것이고 그것이 우리에게서 나온다는 것을 연결 지을 수 있기 때문이다.

지위 관련 공격성을 보이는 고양이는 절대 마시멜로 같은 부드러운 무릎 고양이가 되지 않을 것이다. 그저 무릎 위 혹은 옆에 앉아있다는 것으로 만족해야 한다.

---

* 클리커 트레이닝 교육법은 마릴린 크리거의 〈고양이 클리커 트레이닝〉을 참고한다. - 옮긴이주

포식동물 공격성

알맞은 타깃(장난감, 진짜 먹잇감)을 향한 포식 '행동'은 사람의 신체 일부(보통은 발과 손)를 향하는 포식동물 '공격성'과는 다르다. 포식동물 공격은 사냥을 모의 실험하는 것이다. 즉 소리 없이 접근하기, 몸과 머리 낮추기, 그런 다음 갑작스럽게 튀어오르기 같은 일련의 행동을 하는데, 문제는 이 행동이 사람을 향할 때다. 즉, 아침에 침대에서 나온 우리를 목표로 삼고 움직이는 우리 발을 덮친다. 또 살금살금 우리를 쫓다가 우리가 갑작스런 움직임을 보일 때마다 뛰어오른다.

해결 방안
고양이에게는 먹이 몰이 욕구를 만족시켜줄 적절한 배출구가 필요하다. 매일 상호작용 놀이 세션을 가져서 고양이가 적절하게 먹이 쫓기에 참여하고 무엇이 받아들여지는 타깃이고 아닌지를 배울 수 있게 한다. 트레이닝 기간 중에는 고양이 목줄에 방울을 달아두면 고양이의 위치를 알 수 있다.

고양이가 쥐를 노리고 있다. ⓒSergey Zaykov

일반적인 포식 행동은 먹는 욕구 때문에 일어나는 것만은 아니다. 어떤 고양이들은 배가 불러도 사냥을 하고 먹이를 잡는다. 그들은 그 먹이를 먹지 않는다. 그러니 고양이에게 외출을 허락하는 건 바깥의 새들에게 위험한 일이다. 돈으로 살 수 있는 최고의 먹이를 주고 있기 때문에 바깥의 새가 안전하다고 믿고 싶겠지만 말이다.

모성 공격성

여왕(어미 고양이들)은 자신의 보금자리와 새끼를 지키기 위해 다른 동물이나 사람을 향해 공격성을 보일 수 있다. 이들은 침입자를 새끼들로부터 아주 먼 거리에 두기 위해 정말 많은 경고를 한다. 으르렁대기나 이와 관련된 자세들로 말이다. 잠재적 위협이 되는 낯선 사람 및 고양이가 주로 공격 대상이 된다. 여왕의 위협을 과소평가해선 안 된다. 자신의 새끼를 지키기 위해서 '진짜' 공격을 할 것이다.

자유롭게 배회하며 살아가는 환경에서 새끼 고양이들은 실제 수컷 고양이들로부터 살해 위험에 놓인다. 실내에서만 사는 여왕도 이전의 관계가 적대적이었느냐 아니냐에 따라 집에 있는 어떤 수컷에게 공격적이 될 수 있다. 새끼 고양이가 자라나면 공격성의 강도는 줄어든다.

해결 방안

새끼들의 보금자리를 집 안의 다른 고양이들로부터 안전하게 유지한다. 방문을 닫을 수 있는 방 하나에 '유아원'을 만들 필요가 있다. 방에 모래화장실을 마련해주고 어미를 위한 스크래처 기둥도 준비한다. 물과 음식도

야생의 어미 고양이는 새끼가 위험하다고 판단되면 보금자리를 옮길 수 있지만 실내 환경에서는 그럴 수 없으므로 우리가 어미와 새끼가 안전함을 느낄 수 있게 도와줘야 한다. ⓒ schubbel

고양이 어미에게도 자식은 그지없이 소중하고 사랑스러운 존재다. ⓒ Andrey_Kuzmin

물론이다. 신문지보다 더 깨끗한 식자재용 포장지 같은 걸로 안을 댄 상자(새끼들의 보금자리)를 가구 뒤쪽이나 옷장 안에 둔다. 단, 어미가 보금자리를 보고 싶을 때면 언제든지 볼 수 있어야 한다. 상자의 한쪽 면을 U자 모양으로 잘라서 어미가 들락날락거리기 좋게 만든다. 어떤 수컷이 새끼들에게 해를 입힐지도 모르니 유아원 방을 드나들 때는 우리 뒤를 밟는 고양이가 있는지 잘 살핀다.

   모성 공격성의 위험을 줄이기 위해, 생후 며칠간은 새끼 고양이들을 만지는 것은 피하고, 첫 2주 동안은 아주 제한적인 기준에 따라 핸들링한다(2주 후부터 사회화 시기가 시작된다). 2주 전에 새끼 고양이를 만지는 것은 어미 고양이가 매우 편안해하는 가족원에게만 제한되어야 한다.

특발성 공격성

특발성 공격성idiopathic aggression이란 정말 완벽하게 정당한 이유가 없는 원인 불명의 공격성을 말한다. 특발성 공격성인지 판단하기 위해서는 방향 전환된 공격성으로 오판되는 경우를 포함해 다른 종류의 공격성과 잠재적 질병 원인을 제외시켜야 한다. 대표적으로 감각과민증은 특발성 공격성으로 자주 오해된다. 감각과민증은 종종 롤링 스킨 디시즈rolling skin desease로 불린다. 이 신드롬은 몇 가지 다른 방식으로 나타난다. 극도의 예민증은 명확하게 등과 꼬리를 따라 발달하는데 이는 고양이에게 과도한 그루밍을 하게 하고 결국 자해로 이어진다. 완벽하게 이유를 알 수 없는 공격성은 이 신드롬의 또 다른 증상이다. 이런 고양이는 잠깐은 좋아 보이는데 만지는 순간 완전히 공격적으로 바뀐다. 발작 또한 이 신드롬과 연관이 있을 수 있다. 하지만 특발성 공격성은 극히 드물다. 진단도 어렵고 치료도 어렵다. 대부분의 공격적 행동은 앞에서 말한 종류들 중 하나에 포함되기 쉽다.

해결 방안

특발성 공격성은 보호자 혼자 고치기 어렵다. 정밀검사를 통해 꼭 맞는 진단을 내리기 위해 반드시 수의사를 만나야 하고 행동 전문가의 도움을 구해야 한다.

클리커 트레이닝이란?

누르면 딸깍 소리가 나는 클리커로 바람직한 행동을 하는 찰나에 표시해줌으로써 개나 고양이에게 그 행동을 더 많이 하도록 유도하는 비강압적인 교육법. 동물행동학자인 카렌 프라이어 박사가 학습이론에 의거해 만든 체계적이고 과학적인 동물 교육법으로 세계적으로 각광받고 있다. "네가 원하는 걸 해봐. 그럼 내가 칭찬해줄게."

클리커 트레이닝의 기본 3단계

1단계 보호자 : 클리커를 누르는 동시에 간식 주기를 반복한다(가장 좋아하는 간식(또는 배고픈 시간)을 이용해야 한다. 이 단계가 없으면 클리커는 아무 의미 없다).
고양이 생각 : "클릭 소리=간식. 클릭 소리가 나면 행복한 일이 생기는구나!"

2단계 보호자 : 고양이가 바람직한 행동(앉기, 내려오기, 손 주기 등)을 할 때마다 클릭하고 간식 주기를 반복한다(고양이가 그 행동을 할 때까지 기다릴 수도 있고 하게끔 유도할 수도 있다).
고양이 생각 : "아하! 내가 이 행동을 할 때마다 클릭 소리(=간식)가 나네? 신난다. 계속해야지."

3단계 보호자 : 고양이가 그 행동을 자주 반복하기 시작하면 신호를 붙인다. (클리커와 간식은 차츰차츰 줄이다가 결국은 없앨 수 있다.)
고양이 생각 : "아하! 이게 '앉아'라는 거구나!"

더 자세한 내용을 알고싶다면 〈고양이 클리커 트레이닝〉을 참고한다. ※ 옮긴이주

학습된 공격성

학습된 공격성은 지금까지 나온 공격성 종류들 중 어느 곳에도 적용될 수 있는 하위 종류다. 학습된 공격성은 보호자가 고양이의 공격적 행동을 우연히 또는 무의식적으로 강화했을 때 일어난다. 공격성을 드러내는 고양이를 진정시키거나 달래려는 시도가 사실상 공격성을 강화하게 된다. 보호자에 의해 가장 흔히 일어나는 실수로, 보호자는 흥분한 고양이를 편안하게 해주고자 할 뿐이지만 사실은 고양이에게 적절하게 잘 행동하고 있다는 메시지를 보내는 셈이다. 때문에 고양이는 같은 상황에 처하면 다시 그 방식을 취하기 쉽다.

> 약물 치료는 고양이의 공격성을 다루는 데 아주 유용할 수 있다. 단, 행동 수정과 반드시 병행해야 한다. 행동 수정 없이 약물만 투여하면 그저 그 행동을 억압하는 것일 뿐이어서 약을 끊으면 다시 공격성이 나타나기 쉽다. 향정신성 약물은 '두루두루 적용되는' 상비약 같은 것이 아니니 약물을 처방받기 전에 정확한 진단을 받는 것이 정말 중요하다. 이 방법을 택하길 결심한다면 반드시 수의사와 행동전문가들과 밀접하게 일해야 한다. 더 많은 정보는 제12장을 참고한다.

공격성에 대해 벌을 주면 안 된다

고양이의 공격성에 대해 벌을 줘선 안 된다. 고양이의 몸짓언어에 익숙해지고, 어떤 것이 고양이의 공격성을 유발하는 방아쇠가 되는지 예측하고, 적절한 행동 수정 테크닉을 사용해야 한다. 고양이가 긴장하기 시작했다고 우리에게 알려주는 몸짓 경고 신호를 빨리 알아챈다면, 방해물을 이용해 관심을 돌려 고양이를 평온하게 만들어야 한다. 정적 강화 positive reinforcement*를 만드는 어떤 것은 원치 않는 행동이 실제 일어나기 '전'에 해야 한다. 기억하자. 정적 강화는 우리가 고양이에게 어떤 걸 하는 게 좋은지를 말해주는 메시지다. 또 학습된 공격성은 보호자의 괴롭힘, 자극 또는 체벌에 의해서 만들어질 수도 있음을 기억하자.

> 고양이를 교육시킬 때는 나쁜 행동이 아니라 좋은 행동에 중점을 두는 마음가짐을 가져야 한다. 나쁜 행동에는 무반응으로 일관하고, 좋은 행동에는 보상을 준다. 보호자의 일관성, 꾸준함, 인내심이 교육에 있어 가장 중요한 덕목이다. ※ 옮긴이주

※ 보상을 통해 어떤 행동을 강화시키는 것을 말한다. 정적 강화가 가장 의미에 적합한 번역이고 긍정 강화, 양성 강화라고도 한다. - 옮긴이주

재소개

이게 무슨 말이고 왜 이걸 해야 하나 싶어 어리둥절해하고 있을 수 있겠다. 재소개는 이미 친숙한 고양이들을 처음 본 사이처럼 다시 서로에게 소개하는 것이다. 이 과정은 대체로 진짜 첫 소개 과정 때처럼 오래 걸리진 않지만, 고양이 간의 공격성이 심한 경우에는 심지어 처음보다 훨씬 더 오래 걸릴 수 있다. 필요한 시간이 얼마든 간에 테크닉은 기본적으로 같다.

재소개가 필요한 상황이 몇 가지 있는데, 예를 들어 새 고양이를 원래 있던 고양이 공동체에 올바르게 소개하지 못했고 상황이 절대 진정될 기미가 보이지 않는다면 완전히 다시 시작하는 게 최선이다. 이전에는 아주 잘 지내던 고양이들이 갑자기 원수지간으로 변해버리는 상황은 아주 흔하다. 방향 전환된 공격성으로 공격받은 고양이는 방어적이 되어 악순환 고리가 만들어지거나 또는 고양이가 사회적 성숙기에 이르러 높은 지위와 관련된 상황을 살피기 시작할 때가 그렇다.

끊임없이 서로를 노리는 고양이들을 그대로 두면 부정적 관계는 더 굳어진다. 반면 재소개를 하면 고양이들이 긴장 상태에서 벗어나 정말 필요한 휴식을 갖게 되므로 스트레스 수준이 내려간다. 일단 모두가 평상시 상태로 돌아갔다면 재소개 과정을 시작해 고양이들이 전에는 서로를 좋아했다는 것을 발견하도록 또는 처음으로 서로를 좋아하도록 돕는다. 최초의 소개가 얼마나 나빴는지 또는 고양이들이 얼마나 오래 같이 있었는지는 중요하지 않다. 재소개 방법은 문제를 바로잡는 최선책이고, 고양이들은 평화롭게 살기 시작한다. 매 단계를 얼마나 천천히 또는 꼼꼼하게 해야 하는지는 상황에 따라 다르지만, 나는 늘 지나치리만큼 조심하라고 조언한다.

새 고양이를 소개하는 것과 재소개하는 것의 주된 차이점은 '장소'다. 한 고양이가 다른 고양이를 괴롭히고 있다면 희생자에게 집 안의 장소 선택권을 주는 방법으로 고양이를 분리하는 것이 가장 좋다. 희생자 고양이는 프리미엄 영역에 접근권을 가짐으로써 자신감과 안전 수준이 올라가게 된다. 반대로 희생자를 비선호지역에 고립시키고 공격자에게 선택권을 준다면 결국 공격자에게 원하는 결과를 줘서 그 행동을 강화하는 셈이 된다. 그는 자신의 공격적 표현이 희생자를 두렵게 만들었다고 생각할 것이고, 우리는 더 심한 따돌림을 조장한 셈이다.

하지만 공격자가 너무 흥분했거나 좌절했을 경우에는 공격자를 한 영역에 분리하는 것이 효과가 전혀 없다. 또 희생자가 너무 겁을 먹어서 오히려 보호실에 있는 걸 더 안전하다고 느낄 수도 있다. 그러니 고양이 각각에 맞는 분리 방법을 써야 한다.

재소개를 시작하기에 앞서 우리는 희생자는 자신감 부양에, 공격자는 분노 관리에 공을 들여야 한다. 상호작용 놀이는 희생자가 자신의 먹이 몰이에 참여하기 충분하도록 안전과 편안함을 느끼게 도와준다. 공격이 집 안의 특정 영역에서 반복적으로 일어났다면 그 위치에서 놀이 세션을 가져서 희생자 고양이가 해당 영역에 대한 의식구조를 바꿀 수 있게 돕는다. 고양이가 포식자가 되려면 자신감이 있어야 하니 이런 놀이 세션은 고양이의 자신감을 살려줄 것이다. 또한 피해 현장에서의 놀이 세션은 그 영역에 새로운 긍정적인 연관을 형성시켜준다. 그곳에서 트릿을 주고 펠리웨이를 사용하는 것도 잊지 말자. 희생자 고양이가 보호실에서 더 편안함을 느낀다면 이제부터는 그곳에서 계속 놀아준다. 잠시 후 문을 열고 장난감으로 유도해 문 밖으로 나오게 한다. 이때 또 다른 고양이는 다른 방에서 안전하게 멀리 떨어져있어야 한다. 그러면 희생자 고양이가 자신의 안전 구역을 넓혀나가는 속도를 스스로 정할 수 있다.

공격자 고양이의 경우, 집 안의 프리미엄 영역이 아닌 다른 곳으로 가는 분리가 벌이 되어선 안 된다. 예를 들어 지하실로 유배 보내선 안 된다. 그의 영역은 매력적이고 편안해야 하지만 그가 싸움을 벌이는 특정 영역에 제한되어선 안 된다. 하루 몇 번씩 놀이 세션을 통해 물어도 괜찮은 목표물이 무엇인지를 가르친다. 또 그가 있는 환경에 펠리웨이를 사용한다.

두 고양이 모두 평온하고 준비가 돼보일 때 재소개를 시작할 수 있는데, 이는 제4장에 나오는 '소개 매뉴얼' 부분에 잘 설명해두었다.

이 고양이들을 각자의 제한된 영역에서 나와 서로 만나게 하기에 앞서, 또 다른 문제를 일으킬 만한 잠재적 요소와 상황이 있는지 주의 깊게 살핀다. 예를 들어, 한 개의 공용 사료그릇만 있었다면, 이제는 한 개 이상의 사료 급여대를 마련해주는 게 좋다. 모든 고양이가 화장실, 좋아하는 받침대 또는 낮잠 은신처에 잘 접근하는지 확인한다. 어떤 상황이 고양이들 간에 긴장감을 일으키는지를 관찰하고 발견하고 수정해준다. 훌륭한 행동 수정 도구인 긍정적 전환 테크닉을 사용하면 잠재적 대립을 날려버릴 수 있다. 자세한 건 제5장을 참고한다.

물렸을 땐 어떻게 해야 하나

고양이에게 물리는 일을 피하려면 다음 세 가지 규칙을 따른다. 1) 고양이의 몸짓언어에 주의를 기울인다. 2) 손이나 신체 일부를 장난감 삼아 놀아주지 않는다. 3) 고양이를 때리지 않는다(소리치거나 콧등을 살짝 튕기는 것도 안 된다).

이런 규칙을 지키더라도 우리 손에 고양이 이빨이 박힐 수 있다. 이럴 때 그 상황을 어떻게 다루는지에 따라 우리 손의 상처도 최소화하고 고양이도 추가적인 스트레스로 괴로워하지 않을 수 있다.

우리가 주로 하는 실수는 고양이 입에서 손을 빼내려는 것이다. 사실 우리로선 지극히 자연스러운 반응이지만, 이게 먹잇감처럼 행동하는 꼴이 되어 안 좋은 결과를 낳는다. 즉, 고양이는 더 세게 문다. 고양이로서는 자신의 입에서 뭔가가 빠져나가려 할 때의 당연한 반응이다. 손을 잡아 빼는 대신 입 쪽을 '향해' 부드럽게 밀면 오히려 고양이가 힘을 풀게 된다. 이 행동은 순간적으로 고양이를 혼란스럽게 하는데 먹잇감은 절대 자발적으로 포식자 쪽을 향해 움직이지 않기 때문이다. 고양이가 움켜 문 힘을 느슨하게 할 때 재빨리 손을 빼낸다. 또, 물린 순간 큰 소리를 내어 고양이를 놀라게 해야 한다. 높은 톤으로 "아야!" 하고 소리를 낸다(물론 자연스럽게 튀어나오겠지만 좀 더 명확하게!). 갑작스러운 높은 톤의 소리는 고양이를 놀라게 하고 혼란스럽게 할 것이다.*

고양이가 놀이 중에 물고 흥분하거나 또는 자기가 장난감을 물고 있는데 우리가 부적절한 순간 손길을 놀렸다고 생각되는 경우라면? 그냥 장난감을 고양이에게 주고 고양이가 적절하게 놀 때 칭찬해주면 된다. 공격성으로 인해 문 것이라면 그 방아쇠가 무엇인지 파악해야 한다. 만약 심하게 무는 고양이를 다루고 있는 중이라면 트레이닝하는 동안 분무기나 에어 블로워를 항상 가지고 다니다가 고양이가 공격적 행동 징후를 보일 때 이를 사용해 고양이를 놀라게 한다. 단, 고양이를 잠깐 놀라게 해서 그 행동을 방해할 정도의 자극만 주어야 한다. 여러 차례 강조하지만 이 테크닉은 인도적으로 올바르게 사용되어야만 효과가 있다. 그렇지 않으면 되레 다른 더 큰 문제들을 만들 수 있다.

마지막으로, 고양이에게 좋은 행동에 대한 보상을 주는 것을 잊지 않는다. 고양이에게 하면 '안 되는' 것을 계속 교육시킬 수는 없다. 우리는 고양이에게 우리가 원하는 것이 무엇인지를 알려줘야 한다. 트레이닝 세션 동안, 주머니 안에 트릿을 계속 준비해두고 고양이가 적절하게 행동할 때 보상으로 준다. 만약 먹이에 동기부여가 되지 않는 고양이라면 부드럽고 편안한 톤의 목소리로 칭찬을 하고 쓰다듬어준다(고양이가 쓰다듬어주는 것을 좋아한다면 말이다).

※ 단, 무는 행동을 방해하고 주의를 끄는 정도여야 한다. 화를 내거나 소리를 지르는 것과는 다르다. - 옮긴이주

공격성을 다룰 때의 가이드라인

- 고양이의 몸짓언어를 관찰하면서 경고 신호를 찾는다.
- 공격성의 근본 원인을 찾고 전문적인 지침을 찾는다. 잠재적 질병 원인을 배제하기 위해 반드시 수의사의 진료를 받는다.
- 그 공격적 행동을 유발하는 상황을 피한다.
- 분무기 또는 에어 블로워 같은 방해 또는 혐오 도구를 사용할 때는 그 행동을 그만두게 할 정도로 최소한의 자극만 준다.
- 더 적절한 행동으로 고양이의 관심을 돌리고 놀이 세션으로 고양이의 불안감을 진정시킨다.
- 고양이에게 우리가 바라는 행동이 무엇인지를 알려주기 위해 긍정 강화를 사용한다.
- 환경에 필요한 변화를 준다. 고양이를 위해 적절한 영역과 안전 구역을 제공한다. 방향 전환된 공격성의 경우에는 시각적으로 접근 차단하기, 화장실 더 만들기, 필요하다면 고양이 분리시키기 등이 요구된다.
- 문제가 수의사의 도움으로 해결될 수 없다면 행동전문가의 상담을 받는다.
- 약물 치료가 필요하다면 사전에 전반에 걸친 정밀검사를 받는다. 약물 치료는 반드시 행동 수정과 함께 병행해야 한다.
- 경우에 따라 우리가 이룰 수 있는 성공의 정도를 이성적으로 판단한다. 즉, 영역 또는 지위와 관련된 공격성을 보이는 고양이는 절대 무릎 고양이가 되지 못할 수 있다.

창밖을 내다보는 고양이들. ⓒSari ONeal

제 10 장

스트레스 관리

스트레스는 고양이의 삶에 큰 영향을 미친다. 고양이가 스트레스 받을 일이 많다고 생각하지 않을 수 있다. 나가서 일할 필요도 없고, 돈 문제도 없고, 자식을 대학에 보낼 필요도 없는데? 햇빛 아래 쉬거나 장난감을 갖고 놀고 있는 고양이를 보면서 그들의 삶에 어떤 스트레스가 있을지 상상하기 어려울 수 있지만, 사실 고양이는 수많은 잠재적 스트레스에 쉽게 영향을 받는다.

스트레스 증상과 요인

고양이는 습관의 영역 동물이라는 것을 다시 떠올려보자. 이 사실은 고양이를 수많은 스트레스 상황에 처하게 한다. 영역적이라는 것은 낯선 사람이 집에 왔을 때 스트레스를 받을 수 있다는 의미다. 우리는 수의사가 집으로 왕진을 왔을 때 고양이가 받는 스트레스가 어떤지 잘 안다. 우리가 습관의 동물이라고 가정하면, 새 집으로 이사를 가거나 또는 새로 인테리어를 하는 상황을 견뎌야만 하는 게 얼마나 힘들지 상상할 수 있을 것이다. 새 고양이 소개도 얼마나 스트레스일지 살펴보자. 서열 체계 이해하기에 관한 장을 읽는다면 대부분의 다묘 가정 환경이 섬세한 균형을 이루고 있는 데 감사할 수밖에 없다. 다묘 가정에서는 모래화장실을 사용하는 것도 위험할 수 있다.

보호자로서 우리가 아무리 좋은 의도를 갖고 한 일이라 할지라도 고양이에겐 스트레스 원인이 되기 일쑤다. 세일을 한다는 이유로 갑작스럽게 모래나 사료 브랜드를 바꾼다. 화장실을 충분히 깨끗하게 유지해주지 않는다. 들쭉날쭉한 스케줄 때문에 고양이는 우리가 언제 집에 올지 모른다. 어느 날 갑자기 새 고양이 친구를 데리고 나타나서 당장 좋은 친구가 되길 기대한다. 고양이의 질병의 신호를 알아차리지 못하기도 한다. 벌을 주고, 고양이의 의사소통을 잘못 읽고, 이사하고, 결혼하고, 아기를 낳고, 이혼하고, 다시 결혼하고, 개를 키우기 시작한다. 세상에. 모든 것이 정말 스트레스다. 환경상의 어떤 변화도 고양이에겐 스트레스가 될 수 있다.

스트레스 징후는 매우 다양하지만 최고의 진단 도구는 관찰이다. 고양이 중 하나에게 어떤 변화라도 있다면 잠재적인 레드카드다. 생김새, 행동, 식욕, 화장실 사용 습관의 변화를 지켜보자. 얼마나 사소한 것이든 간에 변화가 보이면 추가 조사를 해야 한다.

스트레스는 증상이 많다. 아마도 가장 흔한 것이 부적절한 배변 및 배뇨 그리고 스프레이 마킹이다. 또 스트레스를 받고 있는 고양이는 과도하게 그루밍한다. 다른 증상들에는 다음과 같은 것들이 포함된다.

> 숨기
> 사람이나 다른 고양이로부터 떨어져있기
> 요구가 많아지고 끊임없이 관심 구하기
> 기둥에 스크래칭을 하는 대신 다른 물체에 하기. 또는 다른 물체에도 하기
> 과도하게 울기
> 식욕 저하
> 사람이나 동료 고양이에 대한 공격성
> 특정 장소 기피
> 그루밍을 안 하거나 과도하게 그루밍하기
> 차분하지 못함
> 설사
> 변비(과도한 그루밍으로 인해 털이 쌓인 것이 원인)
> 화장실 밖에 부적절한 배변
> 부적절한 스프레이 마킹

이러한 증상들은 질병과도 관련 있을 수 있으니 우선 잠재적 질병 원인을 배제하기 위해 반드시 수의사의 진료부터 받아야 한다. 장기간의 스트

레스는 고양이의 면역력에 영향을 줄 수 있다. 하부요로계 질환 병력을 가진 고양이의 경우, 반복적 재발을 야기할 수 있다.

다묘 가정에서 고양이들은 저마다 다른 스트레스에 영향을 받고 각기 다른 방법으로 스트레스를 다룬다. 고양이 대다수가 쉽게 변화에 적응할 경우엔 나머지 한두 마리가 그렇지 못할 때를 알아차리지 못할 수 있으니 관찰력을 날카롭게 유지해야 한다. 고양이들 간의 관계를 지켜보고 고양이와 가족원 간의 관계도 지켜본다. 고양이 교육에 있어서 일관성이 없거나 부적절하진 않았나? 집을 자주 오래 비우는가? 모래화장실 청소를 책임감 있게 잘 해오고 있는가? 집에 왔을 때 고양이들과 충분히 상호 교류를 하는가? 최근 집에 '어떤' 변화라도 있었는가? 최근 특정 한 마리가 가족들로부터 떨어져있으려는 것을 알아차린 적 있는가? 매우 놀기 좋아하던 고양이 하나가 갑자기 놀이 세션에 흥미가 줄었는가? 갑자기 고양이 하나가 우리를 그림자처럼 졸졸 따라다니며 끊임없이 우는가? 행동상 어떤 변화가 보인다면 추가적인 조사가 필요하다.

> **잠재적 스트레스 요인**
>
> 새 고양이, 성인 또는 아기의 등장
> 사람이나 고양이의 죽음 또는 상실
> 보호자의 스케줄 변화
> 창밖에 낯선 고양이의 등장
> 사료나 물의 갑작스러운 변화
> 더럽거나 나쁜 곳에 위치한 화장실
> 이사 또는 집의 새 인테리어
> 새 가구 또는 가구 이동
> 개체수 과잉
> 질병
> 병원 입원 또는 호텔링
> 학대
> 감금
> 사람의 접촉 거부 또는 외로움
> 벌
> 지루함
> 사람 가족원들 간의 불화
> 고양이를 좋아하지 않는 가족원과의 동거
> 자연 재해, 험한 날씨, 화재, 다른 비상 상황들

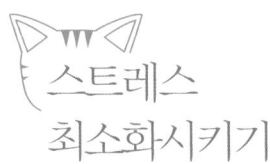
스트레스 최소화시키기

다묘 가정에서 과잉 밀집은 정말 위험하다. 길고양이의 복지가 걱정된다면 우리가 할 수 있는 더 책임감 있고 인도적인 일은 그에게 좋은 가정을 찾아주는 것이지 그게 꼭 '우리 집'일 필요는 없다. 현실적으로 수 마리 고양이를 위한 충분한 공간을 가지고 있는가? 신참 고양이를 위한 보호실로 쓸 공간이 없다면 아마도 새 고양이를 들이는 것은 좋은 생각이 아닐 가능성이 높다.

보호자들은 흔히 이상형 고양이를 고를 필요를 간과하곤 한다. 여섯 마리를 키워도 완벽하게 평화로울 수 있는가 하면, 네 마리만 키우더라도 그 네 마리 모두가 우위 성향이 있을 경우 끝없이 문제에 시달릴 수 있다.

새 고양이를 데려오기로 결심했다면 알맞은 소개 과정을 거쳐야 한다. 새 고양이를 입양하려는 결심은 충동적이었더라도 소개 과정은 '절대' 그래선 안 된다. 부적절한 소개는 모든 고양이에게 엄청난 스트레스를 주고 이는 곧 우리의 스트레스가 된다. 모든 고양이에게 각각 적절한 영역을 제공해준다. 화장실, 사료 급여 장소 또는 잠자는 영역에 돈을 아껴선 안 된다. 수직적 공간을 최대화하고, 고양이들이 숨을 수 있는 공간들을 만들어서 각자 자기만의 안전지대를 찾을 수 있어야 한다.

스트레스 신호를 지켜보고 행동 문제는 조기에 대처한다. 고양이는 습관의 동물이기 때문에 자신의 일과에서 살짝만 벗어나도 극명하게 스트레스를 느끼곤 한다. 잠재적 행동 문제를 조기에 발견하고 치료할 경우 성공적으로 교정할 확률이 훨씬 높고, 그 고양이는 물론 다른 고양이와 사람 가족에게도 훨씬 적은 상처를 남긴다. 스트레스는 고양이의 진짜 적이고 이제쯤이면 독자들은 아마도 이 책에서 논의된 거의 모든 문제를 통해 스트레스가 어떤 잠재적 역할을 하는지 알아차렸을 것이다. 이것을 염두에 두고 특정 행동 문제의 진짜 원인을 찾아 바로잡을 계획을 세워야 한다. 고양이의 스트레스 수준을 낮추는 것이 모든 행동 수정 계획의 주요 부분 중 하나가 되어야 한다.

고양이가 자기가 한 행동에 대해 가족 구성원들로부터 저마다 다른 메시지를 받는 것도 큰 스트레스가 된다. 그러니 모든 가족이 트레이닝 테크닉과 고양이와의 상호작용에 관한 한 일관성 있게 행동해야 한다. 또 고양이는 자기 일과의 친숙함을 사랑하는 동물인 만큼, 우리는 잠재적인 변화가 그들에게 어떤 영향을 미칠지 인지하고 있어야 한다. 필요하다면 고양이들을 편안하게 해주기 위해 시간을 두고 점진적으로 변화를 진행해야 한다. 새로 산 카펫이건 사랑하는 누군가를 잃은 큰 트라우마건 간에 고양이가 익숙해지도록 도와야 한다. 트라우마가 되는 사건이 끝났다고 해서 고양이가 감정적으로 회복됐을 거라 자신해서는 안 된다. 고양이를 계속 살피고 고양이가 보내는 신호에 주의를 기울여야 한다. 다묘 가정에서는 어떤 고양이가 일상적 일과로 돌아가지 않았다는 사실을 놓치기 쉽다. 예를 들어 이사를 했을 경우, 스트레스를 최소화하기 위해 우리가 할 수 있는 모든 일을 다 했고, 그 덕분에 고양이들이 새 집에 적응한 듯 보여 안심할 수 있겠지만, 어떤 고양이는 여전히 적응하지 못하고 고군분투하고 있을 수 있다.

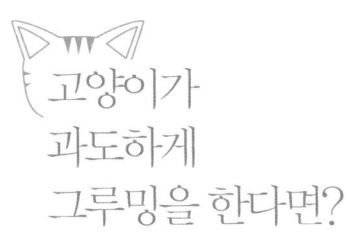

고양이가 과도하게 그루밍을 한다면?

고양이는 수많은 방식으로 스트레스에 반응한다(238쪽 리스트를 보자). 그중 아주 흔한 반응은 보호자들이 자주 간과해버리는 것인데 바로 '과도한 그루밍'이다. 고양이가 워낙에 깔끔한 그루밍족groomer이기 때문에 보호자들은 그 행동이 특별할 게 없다고 치부해버린다. 전치 그루밍displacement grooming *은 고양이가 높은 스트레스 상황이 끝난 후 또는 그동안 자신의 불안감을 줄이거나 심리적 평온을 되찾기 위해서 또는 좌절감을 해소하기 위해서 하는 행동이다.

고양이가 점프를 잘못해서 바닥으로 떨어진 후에 또는 잠을 자다가 굴러 떨어졌을 때 그루밍을 하는 걸 볼 수 있다. 고양이는 그루밍을 하면서 주변을 둘러본다. 누군가 자신의 당황스런 순간을 목격하지는 않았는지 확인하는 것처럼 보이지만, 사실 자세를 바로잡고자 하는 욕구와 더 관련 있을 수 있다. 또 조리대 위로 뛰어오르고 싶은데 그 행동으로 계속 야단을 맞았거나 다시 바닥으로 내려졌을 때 일반적인 전치 그루밍 행동을 한다.

※ 전치란 원래의 대상에게 주어야 할 감정을 덜 위험한 대상에게로 옮기는 것을 말하는 심리학 용어로, 자신의 어떤 감정 상태를 그루밍하는 것으로 표현하는 것을 의미한다. - 옮긴이주

때로 극단적인 그루밍을 하기도 하는데, 털이 다 벗겨질 때까지 한 부위만 그루밍하거나 혀가 닿는 신체 부위 곳곳을 털이 빠지도록 그루밍한다. 이 경우 피부 아래는 정상으로 보이지만 털이 까칠까칠 올라온다. 이 과도한 그루밍을 심인성 탈모psychogenic alopecia라고 부른다.

탈모가 그루밍 때문이더라도 심리적 요인이라 단정 짓기 전에 반드시 수의사에게 데려가 기생충, 알레르기, 갑상선 기능항진 같은 다른 원인은 없는지 진찰받아야 한다. 갑상선 기능 항진으로 인한 과도한 그루밍 행동을 보이는 고양이가 꽤 많다. 감각 과민증 여부도 반드시 확인해야 한다. 고양이의 몸에서 탈모 부분을 발견한다면 지체하지 말고 수의사를 만난다. 탈모의 흔한 원인 중 하나는 벼룩 알레르기 피부염flea allergy dermatitis이다. 고양이가 유난스레 깔끔한 그루밍족이다 보니 실제로 벼룩을 발견하게 되는 경우는 거의 없지만 피부가 발갛게 부어오르고 털이 빠져있는 것은 확인할 수 있다.

심인성 탈모로 진단받으면 그 행동 패턴을 깨기 위해 약물 치료가 필요하다. 스트레스 원인이 제거되어야 하는데 그게 불가능하다면 고양이의 스트레스 내성 한계치를 올리기 위해 행동 수정이 행해져야 한다. 동물행동 전문가와의 상담이 필요할 수 있다. 특히 스트레스 원인을 확인할 수 없다면 또는 고양이의 삶에서 그것이 제거될 수 없는 경우라면 더욱 그렇다. 그 자극이 제거되거나 줄어든 후에도 행동 문제는 물론 과도한 그루밍이 계속될 수 있는데, 이미 습관화되었기 때문이다. 그럴 때는 행동 치료 계획이 필요하다.

헤어볼은 과도한 그루밍의 부작용이다. 배설물에 털이 너무 많이 섞여있진 않은지 모래화장실을 항상 눈여겨보고 고양이가 얼마나 자주 헤어볼을 토하는지 살핀다. 다묘 가정에서는 누가 무엇을 했는지 구분하기 힘들지만, 고양이들에게 일상적인 게 어떤 것인지 잘 알고 있다면 그나마 변화를 빨리 알아챌 수 있다. 고양이가 너무 많은 털을 삼킨다면 장이 막힐 수 있고 외과적 수술로 제거해야 할 수 있다. 우리는 행동 치료 계획을 시작하는 동안 정기적으로 구강 헤어볼 방지 제품을 사용해야 할 수 있다.

해결 방안

우선 과도한 그루밍의 잠재적 원인부터 알아야 한다. 질병 가능성을 배제하기 위해 먼저 수의사의 진단을 받고, 행동상 문제라고 판명되면 탐정이 되어 그 원인을 찾는다.

고양이의 자신감 고취를 돕고, 전치된 불안감(displacement anxiety)을 뭔가 다른 것으로 돌리기 위해서 상호작용 놀이를 한다. 고양이의 초점을 다른 것으로 돌리고 패턴을 깨기 위해 제5장에서 설명했던 전환 테크닉(diversion technique)을 사용할 수 있다. 고양이가 그루밍을 하기 전에 어떤 위치에 앉거나 철퍼덕 눕는다면 전환을 사용할 땐데 단, 그루밍을 시작하기 '전'에 해야 한다. 고양이란 은밀한 그루밍족이기 때문에 이런 신호들을 잡아낼 수 없더라도 걱정하지 말자. 스트레스의 징후를 보이는 몸짓 신호, 또는 일상적으로 고양이에게 스트레스가 되는 사건을 인지하고 그때 전환 테크닉을 사용한다. 그 행동이 일어나기 전에 포착할수록 행동 수정은 더 효과적이다.

수의사가 약물 치료가 필요하다고 결정한다면, 그 고양이를 동물행동전문가에게도 보여야 한다. 동물행동에 관한 정신약리학(psychopharmacology)에 큰 관심이 쏟아지면서 환경 조정과 행동 수정이 전체적인 그림 완성에 얼마나 중요한지 간과되곤 하는데, 치료 계획에는 이들 모두 꼭 포함시켜야 한다.

분리 불안

내가 분리 불안을 이 장(스트레스 관리)에 포함시킨 이유는 사람들이 흔히 고양이는 오랫동안 혼자 남겨져도 아무 문제없다고 생각하기 때문이다. 보통 분리 불안 하면 개만 떠올리는데, 증상은 다를 수 있지만 고양이도 분리 불안으로 고통받기는 마찬가지다. 고양이도 사람과의 접촉이 부족하면 외로움으로 고통받는다. 우리가 프리랜서로 집에서 일하다가 취직이 돼서 종일 집을 떠나있게 됐다고 가정하자. 고양이 입장에서는 하루 중 대부분을 우리와 함께 보내다가 갑자기 밤에 그것도 단 몇 시간만 우리를 볼 수 있게 되었다. 아마도 단묘 가정에서 더 큰 문제겠지만, 다묘 가정도 고양이 중에 우리와 유대감이 특히 강한 누군가가 있다면 문제가 생길 수 있다. 처음에는 우리의 부재가 고양이의 서열 관계에 미치는 영향이 얼마나 큰지 깨닫지 못할 수도 있다.

분리 불안 증상에는 화장실 문제가 자주 포함된다. 고양이가 우리 옷이나 침대 위에 대소변을 할 수 있는데, 이는 우리 냄새가 강하게 나는 곳이기 때문이다. 고양이는 자기 냄새를 우리 냄새와 섞어서 불안감을 해소하려고 애쓴다. 우리 소지품을 씹거나 긁어댈 수도 있다. 여기서 중요한 사항이 있다. 이런 행동에 대해 고양이에게 벌을 줘선 안 된다는 것이다. 고양이의 불안감을 더 높일 뿐이다. 분리 불안의 또 다른 증상으로는 과도한 그루밍 또는 과도한 울음을 꼽을 수 있다.

해결 방안

이제부터는 그 어느 때보다도 고양이와 매일매일 상호작용 놀이 세션을 충실하게 해야 한다. 세션의 횟수를 늘려야 할 수도 있다. 집을 떠나기 직전에 한 번, 집에 돌아왔을 때 한 번, 그리고 잠자리에 들기 전에 또 한 번 한다. 저녁나절 또는 다른 시간에 한 번 더 놀이 시간을 가질 수 있다면 최상이다. 어쨌든 매일 하루에 적어도 두세 번은 해야 한다.

환경풍부화도 분리 불안을 겪는 고양이에게 필수다. 주변을 더 흥미롭게 만들어서 우리가 없을 때도 그것들로 시간을 잘 보내게 한다. 오를 수 있는 받침대가 여러 개 있는 캣타워를 창문 옆에 두면 낮잠 자기, 오르기, 스크래칭하기, 새 관찰하기 등에 두루두루 쓰일 수 있다. 할 수 있다면 새 모이통을 창문 밖에 둬서 새들이 고양이를 즐겁게 해주게 한다. 또 상자나 종이봉투로 터널을 만들고 그 안에 좋아하는 장난감을 숨겨놓는다. 고양이가 먹을 것에 동기부여가 된다면 트릿 볼을 집 안 곳곳에 놓아둘 수도 있다.

그 외 새, 쥐, 물고기, 벌레 등이 출연하는 고양이용 오락 프로그램도 DVD 등으로 시판 중인데, 내 고양이는 DVD에서 '삐약' 또는 '짹짹' 소리를 들을 때마다 텔레비전 앞으로 달려간다. 집에 있을 때도 DVD를 틀어줘서 24시간 우리 무릎에 껌딱지마냥 붙어있는 것 외에도 재미있는 것이 있다는 사실을 가르쳐준다. 낮 동안 고양이를 보러 집에 와줄 수 있는 가까운 이웃이나 친구가 있다면 좋다. 친구가 놀이 세션을 갖거나 DVD를 틀어줄 수도 있다. 특히 우리의 부재가 시작된 첫째 주에 친구가 이렇게 해줄 수 있다면 고양이가 갑작스런 변화에 적응하는 데 큰 도움이 된다.

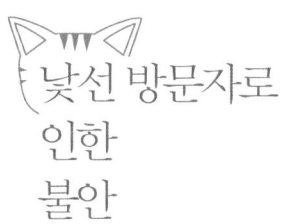
낯선 방문자로 인한 불안

집에 오는 모든 사람을 매혹시키는 사교성이 뛰어난 고양이도 있지만, 초인종 소리만 들어도 침대 아래로 뛰어드는 고양이도 있다. 이 세상 모든 고양이가 자기를 좋아한다고 큰소리치는 고양이 애호가들의 방문은 상황을 더 악화시키곤 한다. 이들은 우리의 만류에도 불구하고 고양이를 쓰다듬기 위해 몸을 숙여 손을 뻗거나 필사적으로 도망가려고 애쓰는 고양이를 안으려들기 때문이다. 이런 일이 몇 번 반복되면 고양이는 초인종이 울릴 때면 숨는 것이 안전하다고 생각하게 된다.

고양이는 자기만의 안전지대를 갖고 있다. 어떤 고양이는 자기 영역 안에 '불쑥 나타난' 낯선 손님을 어찌 해야 할지 몰라 당황한다. 어떤 고양이는 멀리서 손님을 지켜보고, 어떤 고양이는 손님이 접근할 경우 공격성을 보이기까지 하고, 또 누군가는 그냥 사라져서 가구 아래 먼지 뭉치 뒤에 숨는다. 저녁 식사 초대에 와준 친구들의 단순한 행동이 고양이를 밤새 스트레스에 시달리게 만든다는 건 매우 슬픈 일이다.

해결 방안

간단한 연습을 통해 고양이를 손님에게 탈감각화할 수 있다. 우선 거실 또는 손님을 맞을 장소에서 중요한 물건에 펠리웨이를 뿌린다(플러그인 디퓨저를 이미 사용하고 있지 않다면). 그런 다음 친구를 초대한다. 처음에는 고양이 대부분이 이미 좋아하는 조용하고 차분한 친구여야 한다. 집에 들어오기 전 친구의 신발과 바짓단에 펠리웨이를 뿌린다. 친구가 집에 들어왔을 때 겁먹는 고양이가 있다면 친구는 그를 완전히 무시해야 한다. 그 고양이가 다른 방으로 사라지는 쪽을 택한다면 좋다. 고양이에게 진정할 시간을 주기 위해 잠깐 동안 앉아서 조용한 목소리로 친구와 이야기를 한다. 그런

> 펠리프렌드Felifriend는 펠리웨이의 자매품으로 괴팍한 또는 공격적인 고양이를 진찰할 때 수의사에게 유용할 수 있다. 수의사는 자기 손에 이걸 조금 뿌린 다음, 몇 초 후 고양이의 코앞에서 몇 센티미터쯤 떨어진 곳에서 양손을 맞잡는다. 고양이가 이 페로몬을 감지한 후에 수의사는 진찰을 진행할 수 있다. 이 책을 쓰고 있는 현재, 펠리프렌드는 유럽에서만 이용 가능하지만 수일 내에 미국에도 들어올 것이다.
> ※ 2018년 하반기 현재 유럽에서만 판매 중이다. - 옮긴이주

다음 우리는 자리에서 일어나 고양이가 숨어있는 곳으로 간다. 다른 고양이들의 존재가 겁먹은 고양이를 편안하게 하는 데 방해가 된다면 다른 고양이들이 들어오지 못하도록 한다. 고양이가 자기가 숨은 장소에 계속 있게 해주면서 아주 가볍고 차분하게 상호작용 장난감을 가지고 놀이를 한다. 고양이 얼굴 앞에서 장난감을 달랑대선 안 되지만 고양이가 장난감의 움직임에 집중하게 만들어야 한다. 고양이가 숨어있던 곳에서 나오지 않더라도 적어도 어느 정도 흥미에 불을 붙일 수 있다면 고양이의 스트레스 수준은 내려간다. 이때 중요한 것은 겁먹은 고양이가 우리를 보면서 '집사도 "침입자"에 대해 전혀 걱정하지 않고 있으니 나도 걱정할 필요가 없구나.' 하고 생각하는 것이다.

고양이가 활발하게 참여하든 안 하든 몇 분 정도 놀이 시간을 가진 후,

우리는 친구에게 돌아가되 방문은 열어둔다. 그 고양이가 방에서 나오지 않는다면 15분 정도 기다린 다음, 다시 돌아가서 차분하게 절제된 놀이 세션을 한 번 더 하고 다시 친구에게 돌아온다. 그 고양이가 탐험을 시작하더라도 친구는 여전히 그를 무시해야 한다. 고양이가 방의 문지방에 앉는 것을 선택할 수 있다. 아주 큰 발전이다. 고양이가 자신이 마치 상황을 통제하고 있다고 느끼기 시작했기 때문이다. 계속 상호작용 장난감을 가지고 있다가 고양이가 관심을 보인다면 장난감을 이용해 고양이를 유도한다. 하지만 장난감을 친구 앞으로 움직여서는 안 된다. 고양이의 안전지대 안에서 행동을 유지한다. 고양이에겐 이것도 큰 도약임을 기억하자. 주변에 있던 다른 고양이들이 이 장난감으로 놀기 시작해도 되지만, 이로 인해 겁먹은 고양이가 다시 물러나게 되어선 안 된다. 집에 있는 고양이들 간의 관계를 바탕으로 그때그때 상황에 맞게 진행한다.

몇 차례 더 친구에게 방문하게 한 다음, 상호작용 장난감을 친구에게 건네준다. 결국 친구는 고양이와 함께 놀이 세션을 가질 수 있다. 이제 다른 친구들도 초대할 수 있다. 고양이는 다양한 사람에게 익숙해질 것이다.

> 역설적이게도 고양이는 집에 온 손님 중 고양이를 좋아하지 않거나 고양이 관련 알레르기가 있는 사람을 좋아하는 경우가 많다. 그들이 안전하다는 것을 알기 때문이다. 이 손님들은 고양이를 안거나 쓰다듬으려 하지 않는다. 덕분에 고양이는 이런 손님에게 다가가 냄새 조사를 할 수 있다. 심지어 그들 무릎 위에 올라가 앉기도 한다.

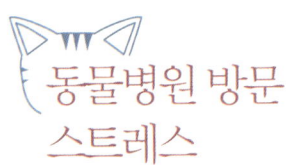
동물병원 방문 스트레스

동물병원 방문을 빼고는 스트레스 이야기를 완성할 수 없다. 우리가 아무리 고양이의 삶에서 스트레스를 줄이려 노력한다 해도 고양이는 수의사를 만나야 한다. 동물들이 자신에게 큰 도움이 되는 수의사를 흰 가운을 뒤집어쓴 적으로 생각하는 것은 안타까운 일이다. 동물병원 방문 스트레스를 줄여줄 수 있는 몇 가지 팁이 있다. 그렇다 하더라도 병원이 고양이가 좋아하는 장소가 되진 못하겠지만, 적어도 조금 더 견딜 만하게 해줄 것이다.

해결 방안

새끼 고양이를 키우고 있다면 지금 당장 동물병원에 익숙해지게 해야 한다. 또 캐리어 안에 들어가기, 차 타고 여행하기에도 익숙해지게 해야 한다. 진료 때문이 아니라, 순수하게 방문 목적으로 동물병원에 고양이를 데려간다(고양이를 더 일찍부터 캐리어, 자동차 여행, 동물병원 스태프들에게 이리저리 만져지거나 쓰다듬어지는 것에 익숙해지게 할수록 좋다). 집에 새로 온 성묘가 동물병원을 오가는 동안 그리고 동물병원에 가서 어떻게 반응할지 모를 때도 우리는 고양이의 참을성을 키워줘야 한다. 차츰차츰 진행해야 하겠지만 캐리어와 동물병원에서 편안히 있는 고양이로 가르치는 것은 긴급 상황에 처했을 때 큰 보상이 된다.

지난 동물병원 방문 때 아주 차분했더라도 고양이는 반드시 캐리어 안에 넣어서 데려가야 한다. 무엇보다 차 안에 고양이를 풀어둔 채 운전하는 것은 위험천만한 일이다. 고양이는 액셀러레이터나 브레이크 페달 아래 쉽게 들어갈 수 있고, 그 외 위험한 방해 요인이 될 수 있다. 또한 사고가 났을 경우 캐리어 안에 있었던 고양이가 생존 확률이 훨씬 더 높다. 안전벨트까지 매야 한다. 캐리어 전체에 안전벨트를 둘러매거나 손잡이 부분에 벨트를 통과시켜 걸 수 있다.

병원에서 언제 어떻게 고양이에게 극도의 스트레스를 주게 될지 아무도 모른다. 고양이는 대기실에 있는 다른 동물 때문에 스트레스를 받을 수도 있고, 고통스러운 절차 때문에 스트레스를 받을 수도 있다. 그러니 고양이를 늘 안전하게 캐리어에 두는 것이 중요하다. 겁먹거나 괴팍해지는 고양이에게는 나사를 풀면 뚜껑과 바닥 부분으로 분리되는 형태의 캐리어가 좋다. 뚜껑만 분리하면 되어 고양이는 친숙한 캐리어 바닥 절반 안에 계속 머물 수 있어 불안감이 줄어든다.

응급 상황이 아니라면 동물병원 진료 시간을 하루 중 제일 덜 바쁜 시간대로 예약한다. 수의사가 약속 시간에 늦는 경향이 있다면 아침 일찍 잡는다. 특히 아침 시간은 여러 동물 손님들의 냄새가 아직 대기실에 남지 않은 때여서 고양이가 다른 동물 냄새에 부정적으로 반응할 경우에 좋다.

고양이를 넣기 20분 전에 캐리어 안쪽 구석에 펠리웨이를 뿌린다. 모든 고양이는 자기만의 캐리어가 있어야 하는데 그래야 스트레스로 인한 공격적 행동의 위험이 없다.

한 번에 한 마리 이상을 데려가야 한다면 가능한 한 제일 친한 고양이들끼리 데려간다. 고양이들은 각자의 캐리어 안에 있더라도 자동차와 같이 감금된 채 움직이는 환경에 놓인 것만으로 스트레스를 받을 수 있다. 만약 스트레스를 받았을 때 소리 높여 우는 고양이가 있다면 차 안에 다른 고양이들까지 흥분시킬 수 있다는 것도 기억한다.

고양이가 차 안에서 혹은 대기실에서 너무 흥분한다면 캐리어를 덮을 가벼운 수건 또는 티셔츠를 챙겨서 간다. 차에서는 괜찮다가 동물병원에 들어가서 놀란다면 접수 담당자에게 연락을 달라고 부탁한 다음, 차례가 될 때까지 차 안에서 기다린다. 진찰실로 고양이를 데리고 들어가기 전에 진찰대에 미리 펠리웨이를 뿌려두어도 좋다. 고양이마다 동물병원에서 보이는 반응이 다르니 그에 맞춰 대처한다. 처음에는 매우 겁먹었다가 좀 지나면 진정되는 고양이도 있고, 반대로 처음 10분은 괜찮다가 그 후에 '펑' 터지고 17분쯤 되면 이빨과 발톱을 총동원하는 고양이도 있다. 각 고양이의 '스타일'을 알고 있어야 수의사의 진료에 협력할 수 있다.

고양이가 입원해야 할 경우에는 종이가방과 우리 냄새가 밴 티셔츠를 몇 벌 가져간다. 고양이는 숨을 장소가 있으면 좀 더 안전하다고 느끼니 스태프에게 종이가방 끝을 소맷단처럼 접어서 케이지 안에 넣고 티셔츠를 바닥에 깔아달라고 부탁한다. 종이가방이 케이지에 비해 너무 크면 끝자락을 몇 차례 돌돌 말아 적당한 크기로 만든다. 화장실 모래도 챙겨가서 고양이가 갑작스러운 모래 변화를 겪지 않게 한다. 나는 고양이가 입원하는 동안 먹을 수 있다면 사료도 가져간다. 입원실에 친숙한 것들을 더 많이 둘수록 고양이는 더 편안해한다.

때로 집에 있던 고양이가 동물병원에 다녀온 고양이에게 공격적 행동을 보일 수 있다. 그렇다면 임시 보호실을 만들어 돌아온 고양이를 그곳에서 차분하게 쉬게 하여 다른 고양이들과 다시 만나기 전에 집 냄새를 몸에 묻힐 수 있게 한다. 이는 집에 돌아온 고양이가 자극을 받은 상태이건 집에 있던 고양이가 부정적으로 반응하건 간에 상황을 처리하는 가장 좋은 방법이다.

제 11 장

노화와 질병

다묘 가정의 삶은 몇 년간은 순조로울 수 있다. 그러다가 갑작스런 질병이 서열 관계에 급격한 변화를 일으킬 수 있다. 몇몇 고양이 간의 관계에 영향을 미칠 수도 있고, 모두에게 영향을 미칠 수도 있다. 고양이 하나가 아프다는 것은 그 고양이만이 아닌 집안 전체의 위기다. 미리 준비하면 질병의 육체적인 면뿐만 아니라 감정적인 측면을 다루는 데 도움이 된다. 고양이는 나이를 먹을수록 더 조심조심 천천히 움직이기 때문에 우리는 고양이가 나이 먹는 사이 일어나는 관계상의 변화를 놓치기 쉽다. 고양이 하나가 더 이상 점프나 타고오르기를 못하게 되고 나서야 또는 햇볕 아래 느긋하게 쉬다가 방해받았다고 성질을 내고 나서야 우리는 그 뚜렷한 변화를 알아차리게 된다. 이런 잠재적 변화에 빨리 대비할수록 노후 관리는 더 쉬워진다.

아픈 고양이

잠재적인 전염성 질병을 가진 고양이는 다른 고양이들로부터 확실하게 분리되어야 하지만, 전염성 없는 만성 질병을 가진 고양이는 환경만 일부 수정해주면 여전히 고양이 가족의 활발한 일원이 될 수 있다. 만성적 문제를 가진 고양이는 그룹 안에서 잘 지내지 못할 수 있고, 통증 또는 불편함 때문에 아량이 줄거나 공격적이 되거나 겁을 먹을 수 있으니 이 경우엔 고양이를 분리시킬 필요가 있다. 아픈 고양이도 개성과 과거의 관계에 따라 한두 마리 정도의 친구들과는 계속 잘 지낼 수 있으니 친구 고양이들을 아픈 고양이가 있는 보호실과 집의 메인 공간 사이로 옮겨주는 것도 좋다. 병든 고양이에게 스트레스는 무조건 금물이다. 그 고양이의 주변 환경이 안전하고 편안한지 확인하고, 그 환경에 고양이의 친구 모두를 포함시킬지 일부만 포함할지 혹은 모두 배제할지를 결정한다. 환경 수정은 장기간 질병으로 고통받는 고양이들에게 기적을 행할 수 있다. 다음은 나이 든 고양이에 관한 것이지만 모든 기본 테크닉은 병든 고양이에게도 적용된다.

노령 고양이

집에 나이 든 고양이가 있다면, 그가 노년 기간을 편안하고 행복하게 보낼 수 있게 모든 것을 다 해주고 싶을 것이다. 다양한 연령의 고양이로 가득 찬 가정이라면 신중하게 몇 가지 계획을 짤 수 있다.

고양이는 나이를 먹으면서 감각이 떨어지기 시작한다. 청각이 약해졌다면 고양이를 쓰다듬거나 들어올리기 전에 놀라지 않도록 그의 시야 범위 안에서 천천히 접근한다. 고양이가 시력이 떨어졌다면 가장 좋아하는 장소로 안전하게 접근할 수 있는 방안을 마련해준다. 가구도 옮기지 말고, 사료그릇이나 모래화장실도 옮기지 않는다. 돌아다니기 쉬운지는 노령의 고양이가 경로들에 익숙한지에 달렸다. 악화되고 있는 고양이의 감각이 다른 고양이들과의 관계에 어떤 영향을 미치는지 살펴본다. 고양이가 다른 고양이 가족 또는 인간 가족의 에너지 넘치는 어린 구성원에 의해 놀라지는 않는지 확인한다.

감각이나 기동성이 떨어진 아프거나 나이 든 고양이는 서열 체계 내에서 지위를 잃을 수 있다. 생존 지향적이고 더 강하고 건강한 고양이가 그룹 안에서 더 높은 지위를 갖는 것은 당연하다. 고양이의 삶에서 이것이 비록 정상적인 일이라 할지라도 우리는 늙고 병든 고양이가 괴롭힘을 당하거나 자기가 좋아하는 영역에서 밀려나지 않게 해주고 싶기 마련이다. 고양이 그룹 내의 서열 관계를 살펴보고 놀이 전환 테크닉을 사용해 공격성을 보이려는 고양이의 관심을 딴 데로 돌려 영역 탈취를 막는다. 이로써 아프거나 나이 든 고양이가 아무 걱정 없이 자신의 지친 뼈를 햇살 가득한 창가 받침대에서 쉬게 할 수 있다.

노묘 돌보기

- 좋아하는 낮잠 장소와 모래화장실에 쉽게 접근하게 해주기
- 다른 고양이들과의 관계 모니터링하기
- 물과 사료 섭취 모니터링하기. 양질의 영양 고수하기. 잔반 금지
- 화장실 사용 변화 모니터링하기. 화장실 실수 너그럽게 이해하기
- 고양이의 육체적 상태를 감안한 상호작용 놀이 시간 맞춤 제공하기
- 정기적으로 동물병원 방문하기
- 노묘를 어떻게 대해야 하는지 가족 모두가 공부하기
- 정기적으로 칫솔질과 빗질하기
- 이유를 알 수 없는 혹, 덩어리 등이 있는지 정기적으로 점검하기
- 필요하다면 다른 고양이들로부터 떨어져있을 수 있는 노묘를 위한 보호실 제공하기

건강검진

고양이가 점점 나이 들수록 수의사를 정기적으로 만나야 한다. 고양이가 나이가 들면 만성신부전, 당뇨, 관절염 같은 몇 가지 노화와 관련된 문제들이 비교적 흔히 생겨나는데, 조기 진단으로 치료 계획을 세울 수 있고, 몇 년간 건강과 편안함을 유지할 수 있다. 나이 든 고양이는 당연히 기력이 떨어지고 잠이 더 많아지긴 하지만 일부 노화와 관련된 문제는 당장 명확하게 나타나지 않는다. 고양이의 신체 상태를 주시하고, 사료와 물 섭취량, 화장실 습관을 계속 모니터링하고, 정기적으로 건강을 점검하는 것은 우리가 사랑하는 늙은 친구의 건강을 보장하는 매우 가치 있는 일이다. 잠재적 질병 문제에 대한 정확한 진단은 노령묘의 행동 변화를 설명해 줄 수도 있다. 단, 수의사를 자주 만나는 일은 노묘 자신에게 스트레스가 될 뿐만 아니라 다른 고양이들에게도 스트레스가 된다는 것도 기억한다.

> 고양이는 8살 정도가 되면 노묘로 간주될 수 있는데, 사람처럼 고양이도 저마다 나이를 다르게 먹는다. 실내에서 지내면서 잘 관리된 고양이의 평균 수명은 12~15년 정도이다.

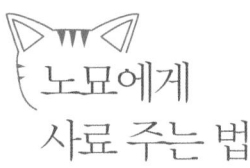
노묘에게 사료 주는 법

담당 수의사가 나이 든 고양이에게 노묘용 처방식을 권하거나 건강 상태에 따라 특별식을 권할 수도 있는데, 다묘 가정의 경우 그 고양이가 다른 고양이들이 먹는 걸 먹고 싶어 한다면 문제가 된다. 그리고 믿거나 말거나 '다른' 고양이가 자기 것 대신 노묘의 처방식을 먹으려는 경우도 있다.

노묘가 적절한 사료를 먹도록 급여 스케줄을 짜두면 섭취량을 모니터할 수 있다. 노묘가 더 이상 높은 곳으로 점프하지 않는다면 먹이를 바닥 높이에 주고 다른 고양이들의 먹이는 좀 더 높은 곳에 올려둔다. 이는 노묘의 처방식이 다른 고양이들에게 매력적이지 않을 때만 효과가 있다. 그렇지 않다면 제6장에 나왔던 것처럼 제한 급여, 즉 하루에 몇 번의 작은 식사를 주는 것이 가장 안전하고 확실한 방책이다.

제한 급여를 결심한다면 하루에 한두 번만 주어서는 안 된다. 노묘는 소화 기능도 떨어졌기 때문에 적은 양을 여러 번 먹는 것이 좋다. 노묘가 사료를 먹지 않거나 자기 할당량을 먹지 않을 게 걱정된다면 그의 식사를 모니터링하는 것은 물론 따로 사료를 줘야 할 수 있다.

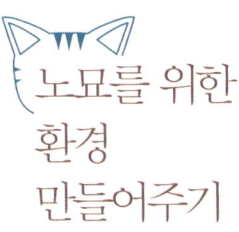

노묘를 위한 환경 만들어주기

높은 곳에 쉽게 올라갈 수 있게 해준다

노묘도 전성기 때는 바닥에서 옷장 꼭대기까지 한 번에 우아하게 뛰어올랐을 것이다. 하지만 이제는 좋아하는 의자에도 올라가기 힘들 수 있다. 고양이는 나이에 상관없이 높은 곳을 좋아하기 때문에 노묘도 높은 공간으로 갈 수 있게 환경을 수정할 필요가 있다.

캣타워는 고양이가 꼭대기 받침대까지 단계적으로 올라갈 수 있어 아주 좋다. 받침대들이 너무 멀리 떨어져있다면 노묘들을 위해 받침대가 가깝게 여러 개 있는 캣타워를 새로 찾거나 기존 캣타워에 받침대 한두 개를 추가해준다. 캣타워 받침대들은 오르내릴 때 편하도록 넓어야 하고 앉았을 때 최대한 편안함을 느끼도록 U자 모양이어야 한다. 온기와 부드러움을 더하기 위해 받침대에 수건을 깔아주어도 좋다.

난방이 되는 창문 해먹도 노묘에게 아주 좋다. 거기까지 이르는 데 문제가 있다면 쉽게 접근할 수 있도록 그 앞에 경사로를 만들어주거나 가구를 놓아준다. 노묘가 낮은 곳의 은신처를 좋아한다면 부드러운 직물이 깔려있는 A자 모양의 텐트형 침대나 난방이 되는 침대를 마련해준다. 다른 방에

나이 든 고양이가 높은 곳에 쉽게 접근할 수 있도록 계단을 만들어준다. 박스 등을 활용할 수도 있다. ⓒabsolutimages

이런 침대를 두는 것은 자기 영역을 유지하고 계속 자기가 좋아하는 공간을 즐기게 도와주는 훌륭한 방법이다. 고양이가 항상 침대에서 자는 것을 좋아하는데 더 이상 점프를 하지 못한다면 반려동물용 경사로를 직접 만들거나 용품점에서 사서 설치해준다. 아니면 직접 작은 미니 계단을 만들 수도 있다.

계단은 침대 높이에 따라 두세 단 정도 있어야 하고, 단은 넓적하고 카펫이 깔려있어야 한다. 직접 만들기 어렵다면 주문 제작업체를 알아볼 수도 있다. 나는 20살 된 앨비를 위해 작은 계단을 만들었는데, 덕분에 앨비는 자기가 너무 좋아하는 햇살 가득한 창문 해먹에 쉽게 올라갈 수 있다.

화장실

노묘, 특히 관절염을 가진 노묘는 화장실에 들어가고 나오는 것도 힘들 수 있다. 이 경우 입구가 낮은 화장실이 좀 더 편하다.

고양이의 모래화장실 습관을 모니터하면 내재된 질병 문제에 기민하게 대비할 수 있다. 다묘 가정에서는 어려울 수 있지만, 고양이는 영역적 습관의 동물이기 때문에 어떤 고양이가 자주 특정 화장실에 가는 경향이 있는지 알아차릴 수 있다. 노묘의 화장실 실수는 너그럽게 이해해줘야 한다. 방광 통제력이 줄어들어 제때에 화장실에 가는 것이 어려워질 수 있다. 당뇨나 만성 신부전을 가진 고양이도 실수를 할 수 있다. 고양이가 자다가 소변을 보는 모습을 볼 수도 있다. 감각이 무뎌지면서 고양이는 깊게 잠을 자는 사이 미처 자기 방광의 신호를 알아채지 못할 수 있다. 이런 것들에 아주 관대해져야 한다. 고양이가 소변 실수를 했다면 피부가 상하지 않도록, 너무 많이 그루밍을 해야 하는 스트레스를 줄여주도록, 동료 고양이들이 그에게 부정적인 반응을 보이는 것을 막도록 즉시 고양이에게서 오줌을 닦아줘야 한다. 노묘가 화장실까지 너무 많이 걸으려 하지 않는다면 화장실 개수를 더 늘릴 필요가 있다.

병든 고양이의 냄새는 다른 동료 고양이들에게 불안감을 줄 수 있다. 어떤 고양이는 약 또는 병든 고양이의 낯선 오줌 냄새에 흥분할 수 있고 그래서 화장실 밖에 배변을 시작할 수도 있다. 이때는 꼼꼼하게 모래를 떠낸다. 문제가 일어날 신호를 주의 깊게 살피고 화장실 개수를 늘려서 걱정되는 고양이가 더 많은 선택권을 가질 수 있게 해준다. 아픈 고양이를 향해 두려움이나 공격성을 보이는 고양이가 있다면 아픈 고양이에게 스트레스 주는 것을 막기 위해 그를 분리시켜야 한다.

놀이 시간과 운동

노묘는 더 이상 한창 때처럼 빛의 속도로 장난감을 덮치거나 그 유명한 곡예 수준의 도약을 할 수 없지만 여전히 놀이 시간을 좋아한다. 사실 노묘를 활동적으로 지내도록 유도하는 것은 건강을 유지하는 데 중요하다. 운동은 장운동과 순환을 향상시키는 데도 도움이 된다. 또한 놀이 스케줄은 노묘가 너무 앉아만 있거나 우울해지지 않도록 해준다.

놀이 시간 일과는 노묘의 건강 상태와 신체에 맞춰 수정돼야 한다. 점프, 달리기, 타고 오르기 같은 더 이상 편안하게 할 수 없는 것들을 억지로 하게 해선 안 된다. 고양이의 능력 안에서 장난감의 움직임을 유지한다. 고양이 눈앞 바닥에서 몇 센티미터 좌우로 씰룩씰룩 움직이는 정도여야 할 수도 있다. 놀이 세션 시간도 더 짧아져야 한다. 고양이의 능력에 맞춰서 게임을 해주면 고양이는 훨씬 더 즐거워할 것이고 운동 혜택도 크다. 고작 장난감을 발로 건드리는 게 전부라 해도 말이다. 조금의 활동도 노년기의 고양이에겐 많은 도움이 된다. 고양이의 능력과 바람에 세심하게 신경 쓰되 도를 넘지 않도록 한다.

노묘는 집 안에 있는 더 젊은 고양이들과 함께 그룹 상호작용 놀이 세션에 참여할 능력이 안 되기 때문에 그를 위한 일대일 놀이 세션을 별도로 준비한다. 좋은 친구 사이인 노묘가 한 쌍 있어서 서로 협력해서 논다면 그들끼리 미니 그룹 세션을 할 수 있다. 아니라면 개별 세션을 해서 노묘의 특정 욕구에 초점을 맞춘다.

젊은 고양이처럼 행동하고 의자에서 캣타워로 쉽게 뛰어오르는 노묘라 해도 놀이 시간 동안은 그 움직임에 세심하게 신경 쓴다. 높이 뛰거나 장난감을 쫓아 지칠 때까지 달리면 관절에 무리가 간다. 고양이의 수많은 사냥 테크닉에는 매복 습격이라는 정신적 자극이 포함된다는 것도 기억하자. 노묘에게도 육체적 활동만큼이나 정신적 자극이 필요하다.

낮잠 시간

노묘는 그 어느 때보다도 낮잠을 사랑한다. 노묘가 자기가 제일 좋아하는 곳에서 방해받지 않고 낮잠을 잘 수 있게 해준다. 낮잠 자는 노묘를 '뛰어올라 덮치기' 사냥 기술을 연마할 목표물로 여기는 어린 고양이가 있다면 주기적으로 분리해야 한다.

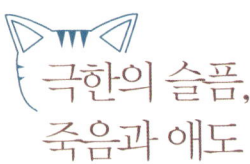
극한의 슬픔, 죽음과 애도

 가족의 죽음은 사람이건 고양이건 항상 비탄에 빠지게 한다. 가족의 죽음에 우리 삶은 송두리째 흔들리고 '일상'적인 삶으로 되돌아가려면 온힘을 쏟아야 한다. 고양이들도 가족원의 죽음에 고통을 느끼고 슬퍼한다. 게다가 동물은 왜 '우리'가 평소처럼 하던 대로 행동하지 않는지 이해하지 못하기 때문에 더 혼란스럽다.

 고양이 중 누구라도 나이가 들면 생각하고 싶지 않아도 죽음에 대비해야 한다. 또 집 안의 다른 고양이들에게 큰 영향을 미칠 일인 만큼 모두가 이를 잘 견뎌낼 방법도 찾아야 한다.

 고양이가 슬퍼한다고 생각해본 적 없을 수도 있지만 고양이도 슬퍼한다. 고양이의 관점에서 바라보자. 갑자기 친구(또는 사람 가족원)를 잃은 고양이는 그 사람 또는 친구가 어디로 사라져버렸는지 이해할 수 없다. 그리고 자신의 세상이 바뀌었다는 것을 알아차리기 시작한다. 보호자는 아주 낯설게 행동하고 고양이들의 서열 관계도 바뀌었다. 더 나쁘게는 자기가 혼자라고 생각할지도 모른다.

 우리는 슬퍼하는 고양이를 편안하게 해주려고 그들을 더 많이 안아준다.

그런데 고양이는 감정적 스펀지고 우리가 전달하는 감정에 무척 민감한 동물이라는 점을 명심해야 한다. 아무도 고양이 머릿속에 경종-이것이 너희 세상의 끝이라는-을 울리길 원치 않을 것이다. 그러니 포옹을 상호작용 놀이 시간과 가볍고 평범한 어조의 목소리 대화로 대신하자. 고양이를 포옹할 때는 너무 강렬하지 않도록 원래 하던 대로 하도록 노력하자. 비록 놀이 시간은 지금 우리가 원하는 것이 아니지만, 고양이에게는 자신의 일과의 견고함을 확인하는 게 필요하다. 뭔가 끔찍한 일이 일어났다 해도 자기 세상의 대부분은 똑같이 남아있다는 것을 알려줄 필요가 있다. 힘들어도 우리가 가능한 한 밝고 평범한 목소리와 태도를 유지해야 하는 이유다.

고양이 중 하나가 죽었을 때 다묘 가정의 고양이들은 영역의 재협상과 서열 변동을 거치게 된다. 새 고양이가 서열에 영향을 미쳐 영역 다툼이 일어나는 것처럼 한 고양이가 그 환경에서 사라졌을 때도 마찬가지로 이런 일이 일어난다. 고양이 가정은 전체적인 서열 변화를 갖게 된다. 그 혹독함의 정도는 죽은 고양이의 지위와 개성에 따라 달라진다.

고양이들은 자기 친구를 찾으며 그가 좋아하던 장소 근처에 머물러 애도하는 기간을 가질 수 있다. 누군가는 더 많이 울어대고, 누군가는 식음을 전폐할 수도 있다. 일부는 우리 관심을 더 요구할 수도 있고, 어떤 고양이는 과도한 그루밍으로 불안함을 달랠 것이다. 또 누군가는 나머지 가족들로부터 완전히 떨어져 지낼 수도 있다. 이 기간 동안 고양이들의 반응을 잘 지켜봐야 잠재적 문제가 더 커지는 것을 막을 수 있다. 상호작용 놀이 시간과 함께 고양이용 오락 프로그램, 캣닢 파티 등으로 집에 즐거운 요소들을 늘린다. 고양이가 슬픔을 헤쳐 나가는 것이 정말 힘들어 보이거나 식음을 전폐한다면 수의사와 상담한다.

죽은 고양이의 빈자리를 채운답시고 바로 새 고양이를 들여선 안 된다. 사람이건 고양이건 모두가 고양이를 잃은 슬픔에서 완전히 벗어날 때까지

기다려야 한다. 새 고양이는 누군가의 '대체'로 취급되어선 안 된다.

고양이들이 동료 또는 가족의 죽음에 얼마나 까다롭게 반응할지 알 수 없다. 그저 우리는 항상 경계를 게을리 하지 않고 그들이 필요한 것을 제공해주는 데 최선을 다해야 한다. 그들은 고양이 키스, 그르렁그르렁 소리와 함께 우리 옆에 있어주는 것으로 우리 노력에 보답을 줄 것이다.

미국 뉴욕의 하츠데일 동물 묘지. 보호자는 입양부터 생이 끝나는 순간까지 고양이의 행복한 삶을 책임지는 존재가 되어야 한다. ⓒJeffrey M. Frank

제 12 장

행동 문제 치료를 위한 팁

행동 문제를 해결하러 애쓰지만 실패만 거듭하고 있다고 낙담하지 말자. 얼마든지 도움을 받을 곳이 있다. 그러니 실패라고 단정 지을 필요는 없다.

행동 문제는 정말 복잡하다. 고양이는 우리가 이해하는 언어로 자기가 무엇 때문에 괴로운지 말할 수 없기 때문에 우리는 고도의 탐정 기술을 사용해야 한다. 그러려면 객관성을 유지해야 하고 문제 상황에 대한 감정에서 스스로를 분리시켜야 하는데 일부 보호자에게는 정말 어려운 일이다. 그야말로 너무 어려운 문제라서 우리로서는 시도조차 힘든 문제도 있다. 특히 공격적 행동과 관련된 사례들이 그렇다.

행동 문제를 바로잡으려 시도하기 전에 '정상' 행동부터 이해하는 것이 중요하다. 예를 들어, 고양이는 으르렁거리며 공격적인 신호들을 보낼 수 있는데 그것이 낯선 고양이를 향하는 것이라면 '정상' 행동이다. 정상적인 것이 무엇인지 알면 적절한 행동 수정을 적용할 수 있다. 그게 정상인지 아닌지 확신이 들지 않는다면 전문가에게 조언을 구한다.

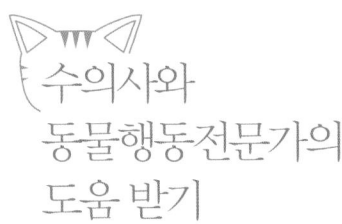

수의사와 동물행동전문가의 도움 받기

고양이행동컨설팅은 점차 인기 있는 분야가 되어가고 있다. 전문적인 도움을 구할 때 1단계는 수의사와 이야기하는 것이다. 많은 수의사가 동물행동에 대해 우리보다 정확히 알고 있고, 문제에 관한 진단을 내리고 잘 처치할 수 있다.※

일단 내재된 건강상의 문제가 있는지를 먼저 점검하고, 그런 다음에 질병 이력, 행동, 환경적 상황, 한집에 사는 다른 고양이·반려동물·사람, 그 행동이 표출되게 하는 상황 등을 고려한다. 수의사는 이 극적으로 가치 있는 모든 정보를 필요로 하고 우리는 동물병원 밖에서 일어나는 모든 것에 대해 수의사의 눈과 귀가 되어주어야 한다. 수의사가 내재된 질병 원인을 배제한 다음에는 동물행동전문가를 소개해줄 수도 있다.※

어떤 동물행동전문가는 자격증이 있고 또 누군가는 없는데, 누구나 스스로를 행동전문가로 부를 수 있지만 그렇다고 그들이 적절한 지식을 가졌다

※ 아직 고양이 행동 치료를 전문으로 하는 곳이 거의 없다시피 한 국내 실정에 맞지 않는 부분들이 많지만 필요한 독자들을 위해 편집하지 않고 남긴다. - 편집자주
※ 국내의 경우 특히 고양이 행동전문가들이 극히 드물다. - 옮긴이주

는 의미는 아니다. 가장 안전한 접근 경로는 공인응용 동물행동학자certified applied animal behaviorist에게 연락하는 것이다. 공인 동물행동학자를 만나지 않기로 한다면 그다음에는 수의사의 추천을 받은 뛰어난 평판을 가진 행동전문가를 고른다. 많은 뛰어난 비공인 행동전문가가 있지만 아무에게나 우리 고양이를 맡기고 싶지는 않을 것이다. 나는 수십 년간 이 분야에서 일해오면서 잘못된 조언을 하는 무자격자들을 너무 많이 목격했다.

행동전문가는 진짜 '반려동물 탐정'이다. 이들에게 우리가 주는 조각 정보들은 큰 그림을 맞추는 데 필요한 중요한 실마리가 되고, 이를 통해 이들은 진단을 내리고 치료 계획을 세운다. 어떤 행동전문가는 가정방문을 기본으로 일하고, 어떤 사람들은 클리닉 예약제로만 일한다. 인근 지역에 행동전문가가 없다면 전화나 이메일 상담을 하는 사람도 찾을 수 있다. 행동전문가가 고양이를 직접 만나는 것보다는 확실히 이상적이지 않지만 아무것도 안 하는 것보다는 훨씬 낫다. 나로서는 고양이와 그 고양이의 환경을 봐야만 문제의 원인을 정확하게 판단할 수 있다고 생각하기 때문에 가정방문을 고수한다.

클리닉 예약제로 운영하는 행동전문가도 고양이를 위해 필요한 모든 필수 진단 정밀검사 스케줄을 짤 것이다. 가정방문을 고수하는 행동전문가는 검사가 필요하다면 수의사 또는 동물병원과 함께 일한다. 행동전문가는 고양이의 심도 있는 행동 이력을 필요로 한다. 이들은 정말 많은 질문을 할 것이고, 상담 전에 상담자 질문지를 작성해달라고 요청할 것이다.

일단 진단이 내려지면 행동전문가는 치료 계획 지도를 그린다. 행동 수정은 시간이 걸리는 일임을 기억해야 한다. 꽤 오랫동안 지속되어온 문제를 반나절 만에 바로잡을 수는 없다. 진단 후, 행동 치료의 성공 여부는 보호자가 계획을 얼마나 잘 고수하느냐에 달려있다.

약물 치료

약물 개입

행동 수정만으로도 행동 문제를 바꿀 수 있는 경우는 많지만, 반대로 약물 치료만으로는 문제 해결이 쉽지 않거나 아예 답이 되지 않을 수 있다. 즉 행동 수정이 병행되어야만 성공적이다. 고양이의 반응 또는 형성된 연관을 바꾸지 않는다면 영원히 약에 의존해야만 하고 약을 끊으면 바람직하지 않은 행동이 다시 고개를 쳐든다. 향정신성 약물psychoactive drug은 부적절하게 사용될 경우, 증상만 치료할 뿐 진짜 문제는 덮어버리는 것으로 끝난다. 향정신성 약물은 소화제나 두통약처럼 '두루두루 적용되도록 만들어진' 상비약 같은 것이 아니니 반드시 수의사 또는 수의행동전문가들에게 처방을 받아야 한다. 우리가 먹는 향정신성 약물을 고양이에게 직접 주는 행위는 절대 '금물'이다. 물론 다른 고양이에게 처방된 약을 또 다른 고양이에게 줘서도 안 된다. 많은 약이 잠재적으로 심각한 부작용을 가지고 있고, 고양이는 아주 예민한 신체 체계를 가졌다. 고양이에게 약물 치료를 결심했다면 극단적인 주의가 필요하다.

고양이에게 향정신성 약물의 사용은 '허가외사용extra label'으로 간주된다.

대개 인체용으로 개발되어 동물에게 사용하는 것에 대해 미국 식품의약국(FDA)의 승인이 나지 않은 채 수의 의약에 사용되는 경우다.* 또한 특정 종의 동물에게 사용이 승인되었으나 다른 동물 종에는 승인을 받지 못하고 특정 의학적 상태에 사용되는 약도 있다. 비록 허가외사용으로 꽤 많은 약이 널리 처방되고 있고 수년간 아무 문제가 없었다 하더라도 여전히 위험할 수 있다. 그러니 수의용 허가외사용이 허락되고 대부분의 사례에서 동물들이 많은 훌륭한 약의 혜택을 받고 있지만 우리 고양이에게 '어떤' 약이 처방되는지 알 필요가 있다.

수의사나 수의행동학자가 고양이에게 처방한 약을 잘 먹일 자신이 없다면 좀 더 입에 맞는 형태로 조제가 가능한지 알아본다. 어떤 처방약은 향이 첨가된 물약이나 반죽 형태로 만들 수 있다. 어떤 처방약은 피부를 통해 흡수되는 형태로 만들어 귀 끝 안쪽에 발라 혈류로 흡수되게 할 수 있다.

약물 치료를 처방받기 전에

◇ 수의사는 모든 적절한 진단 테스트를 포함해 철저하게 건강 진단을 해야 한다. 고양이는 적혈구·백혈구 수치 검사(complete blood count, CBC)를 포함한 혈액검사를 받아야 한다. 심전도도 추천하는데 특히 노묘나 건강상 문제 이력을 가진 고양이는 필요하다.

◇ 고양이의 심도 있는 행동 이력이 필요하다. 수의사는 행동 이력을 반드시 알아야 약으로 인해 바람직하지 않은 행동 부작용이 생기는 걸 막을 수 있다.

◇ 항상 먼저 행동 수정을 시도하고 효과가 있을 때까지 시간을 두고 기다린다.

◇ 수의사가 우리에게 행동전문가를 추천해줄 수 있다.

※ 이는 해외나 국내나 마찬가지 실정이다. 동물에게 꼭 필요한 약이지만 인체용으로 승인되었을 뿐 동물용이 미개발 상태 또는 미승인 상태인 탓에 수의사의 책임하에 허가외사용으로 처방된다. - 옮긴이주

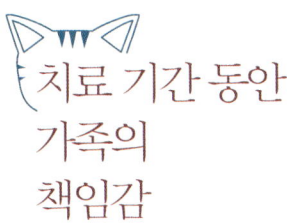

치료 기간 동안 가족의 책임감

행동 치료는 온 가족의 협력이 필수적이다. 한둘의 성인이 주도적으로 진행하고 1차적 책임을 진다 해도 모두가 일관성을 유지해 고양이에게 혼란스럽게 뒤섞인 메시지를 주지 않아야 한다. 또 가족 모두가 그 문제의 원인과 앞으로 생길 수 있는 문제의 예방책을 아는 것도 중요하다. 교육이 최고의 도구이니 시간을 가지고 온 가족이 고양이에게 필요한 것과 고양이의 의사소통법에 대해 충분히 배운다. 특히 고양이의 행동 뒤에 숨은 동기를 오해하지 않도록 주의한다. 예를 들어, "고양이가 날 싫어해." 또는 "나한테 복수하고 있어."라면서 고양이가 못된 행동을 한다고 느끼는 가족이 있을 수 있다. 화가 나 이성을 잃은 가족에겐 경고를 한다. 이는 가족의 위기가 될 수 있지만 누군가 이성을 잃었다면 그 고양이의 스트레스 수준은 그야말로 급등한다. 가족 간의 관계는 치료 결과에 영향을 미친다. 서로에게 소리를 지르는 배우자나 가족원은 집을 스트레스 지속 상태로 만들 수 있고, 그러면 모든 고양이도 고도로 예민한 상태에 있게 된다. 가족은 다 함께 치료에 전념해야 한다. 행동 문제는 절대 하룻밤 사이에 고쳐지지 않는다는 사실을 기억한다.

새 집 찾아주기

누구도 생각하고 싶지 않은 주제지만, 어떤 보호자들은 갑자기 자신이 벼랑 끝에 매달린 느낌이 들 수 있다. 행동 문제 때문에 고양이에게 새 집을 찾아주거나 안락사를 시키기로 결심하기 전에, 부디 수의사와 행동전문가에게 조언을 구하자. 너무 많은 동물이 충분히 고쳐질 수 있는 행동 문제 때문에 보호소에 버려지거나 죽음에 이른다.

안전이 문제가 되고 고양이 중 하나가 가족원을 다치게 하는 것이 걱정된다면 고양이를 별도의 공간에 두고 즉시 수의사에게 조언을 구한다.

때로 그 고양이는 다른 환경에서 사는 게 더 좋을 수도 있다. 고양이의 문제 행동이 우리 집에 있는 없앨 수 없는 자극에 의해 일어날 수도 있기 때문이다. 그렇다면 그 고양이는 그 자극이 없는 곳에서 더 행복할 수 있다.

행동 문제 때문에 새 집으로 보내려고 한다면 고양이를 입양하려는 사람에게 사실대로 밝혀야 한다. 그 고양이가 새 집에서 완벽하게 행동할 수 있지만, 장래의 보호자는 그 이력에 대해 알 권리가 있다. 또 적절한 행동 수정을 위해 그들에게 정보를 주는 것은 매우 중요하다.

안락사

슬프게도 안락사는 보호자가 불편한 곳에 오줌을 싸고, 스크래칭을 하고 또는 불편할 때 울어대는 소위 '문제' 고양이들을 가진 보호자들에게 너무 자주 손쉬운 해결책이 된다. 치료될 수도 있는 행동 문제 때문에 건강한 고양이의 삶이 끝나버리는 것은 정말 비극이다. 고양이를 안락사시키려고 생각하고 있다면 부디 당장 수의사에게 상담을 구하고 행동전문가를 만나자. 가정방문을 요청하거나 클리닉을 방문할 형편이 안 된다면 제발 전화나 이메일 상담을 하는 행동전문가에게라도 연락하자. 할 수 있는 온갖 방법을 다 해보고 최선을 다한 탓에 지칠 대로 지쳤다면 그나마 최후의 방편으로 안락사를 택했더라도 죄책감이 덜 들 것이다. 그 행동 수정 과정은 미래에 또 다른 고양이에게 일어날 문제를 피하게 해줄 것이다.

"행복한 강아지, 고양이 곁에는 공부하는 보호자가 있습니다.
그런 여러분 곁에는 페티앙북스가 있겠습니다."

페티앙북스는 2001년부터 반려 동물 전문지 '페티앙'을 시작으로 반려동물 책을 만들고 있습니다. 우리 생활 속 반려동물은 물론 지구별에 살고 있는 모든 동물에 대한 이야기들을 따뜻한 시선으로 소개하겠습니다. petianbooks@gmail.com로 원고를 보내주세요.

다묘 가정을 위한 고양이 행동학 백서
슬기로운 다묘생활

1판 1쇄 인쇄 | 2019년 1월 20일
1판 1쇄 발행 | 2019년 2월 1일

지은이 | 팸 존슨 베넷
옮긴이 | 김소희
발행인 | 김소희
발행처 | 페티앙북스
편집고문 | 박현종
편집 | 김소희
교정 교열 | 정재은
마케팅 | 김은수

주소 | 서울시 서초구 반포대로 122 107호
전화 | 02.584.3598 팩스 | 02.584.3599
이메일 | petianbooks@gmail.com
블로그 | www.PetianBooks.com
페이스북 | www.facebook.com/PetianBooks
인스타그램 | www.instagram.com/PetianBooks
ISBN | 979-11-955009-5-6 (13490)

이 책의 한국어 판권은 페티앙북스에 있습니다. 이 책의 내용 일부 또는 전부를 재사용하시려면 저작권자 및 페티앙북스의 동의를 얻어야 합니다.
한국어판ⓒ페티앙북스

값은 표지에 있습니다. 잘못된 책은 구입하신 서점에서 바꾸어 드립니다.

이 도서의 국립중앙도서관 출판예정도서목록(CIP)은 서지정보유통지원시스템 홈페이지(http://seoji.nl.go.kr)와 국가자료종합목록시스템(http://www.nl.go.kr/kolisnet)에서 이용하실 수 있습니다. (CIP제어번호 : CIP2018037783)